Rechtsnachfolge in Familienunternehmen durch Bestimmungsvermächtnis

Forschungen zum deutschen und internationalen Erb- und Familienrecht

Herausgegeben von Christina Eberl-Borges und Rudolf Meyer-Pritzl

Band 16

PETER LANG

Levin von Borries

Rechtsnachfolge in Familienunternehmen durch Bestimmungsvermächtnis

PETER LANG

Bibliografische Information der Deutschen Nationalbibliothek
Die Deutsche Nationalbibliothek verzeichnet diese Publikation in der Deutschen Nationalbibliografie; detaillierte bibliografische Daten sind im Internet über http://dnb.d-nb.de abrufbar.

Zugl.: Mainz, Univ., Diss., 2020

D 77
ISSN 1868-694X
ISBN 978-3-631-83844-0 (Print)
E-ISBN 978-3-631-84434-2 (E-PDF)
E-ISBN 978-3-631-84435-9 (EPUB)
E-ISBN 978-3-631-84436-6 (MOBI)
DOI 10.3726/b17933

Peter Lang – Berlin · Bern · Bruxelles · New York · Oxford · Warszawa · Wien

Diese Publikation wurde begutachtet.

www.peterlang.com

Meiner Frau Diana

Danksagung

Ich möchte mich an dieser Stelle ganz herzlich bei all den Menschen aus meinem Umfeld bedanken, die mich auf dem Weg zu dieser Arbeit unterstützt und begleitet haben.

Mein größter Dank gebührt zunächst Frau Prof. Dr. Eberl-Borges für die wohlwollende Förderung und Unterstützung während der letzten Jahre, sowie die gewährten Freiheiten bei der Auswahl und der Erarbeitung des Themas. Zudem danke ich Frau Prof. Dr. Eberl-Borges und Herrn Prof. Dr. Meyer-Pritzl für die Aufnahme dieser Arbeit in die Schriftenreihe „Forschungen zum deutschen und internationalen Erb- und Familienrecht".

Weiterhin möchte ich mich bei Herrn Prof. Dr. Christopher Keim für die hilfreichen Ratschläge während der Themensuche und bei Herrn Prof. Dr. Andreas Roth für die Erstellung des Zweitgutachtens bedanken. Zudem bedanke ich mich bei Herrn Rechtsanwalt Keßler und der Stiftung Vorsorge für die finanzielle Unterstützung während des Verfassens dieser Arbeit.

Ein ganz besonderer Dank gilt meiner Frau Diana. Ohne Deine unermüdliche Unterstützung, deine kritischen Anmerkungen und deine gelegentlichen Ablenkungen wäre diese Arbeit so nicht möglich gewesen.

Ebenso möchte ich mich ganz herzlich bei meinen Eltern, Marianne und Reinhart, und meinen Schwiegereltern, Sabine und Reinhard, für die langjährige Unterstützung auf dem Weg zu meiner Promotion bedanken.

Ein abschließender Dank gebührt den Mitarbeitern des Lehrstuhls Prof. Dr. Eberl-Borges an der Johannes-Gutenberg Universität Mainz und der Kanzlei KARST Rechtsanwälte für die vertrauensvolle und interessante Zusammenarbeit während der Entstehung dieser Arbeit.

Inhaltsverzeichnis

Literaturverzeichnis

Amann, Herrmann, Das Verjährungsrecht nach der Schuldrechtsreform aus notarieller Sicht, DNotZ 2002, 94-126

Ballreich, Hilbert (Hrsg.), Fallkommentar Umwandlungsrecht, 6. Auflage, 2019

Baumbach, Aldolf/Hopt, Klaus J., Handelsgesetzbuch 38. Auflage, 2018

Baumbach, Adolf/Hueck, Alfred (Hrsg.), Gesetz betreffende die Gesellschaft mit beschränkter Haftung, 22. Auflage, 2019

Baur, Fritz, Nutzungen eines Unternehmens bei Anordnung von Vorerbschaft und Testamentsvollstreckung, JZ 1958, 465-468

Ders., Der Testamentsvollstrecker als Unternehmer, Festschrift Dölle Band I, S. 249-271

Beck-online.GROSSKOMMENTAR, *hrsg. v. Gsell, Beate/Krüger, Wolfgang/Lorenz, Stephan/Reymann, Christoph* (zitiert: *Bearbeiter* in BeckOGK, Stand)

Beck´scher Online-Kommentar, BGB, *hrsg. v. Bamberger, Georg/Roth, Herbert/Hau, Wolfgang/Poseck,* Roman, 52. Edition, Stand 01.08.2019 (zitiert: *Bearbeiter* in BeckOK BGB)

Beck´scher Online-Kommentar, GmbHG, *hers. v. Ziemons, Hildegard/Jaeger, Carsten/Pöschke,* Moritz, 41 Edition, Stand 01.08.2019 (zitiert: *Bearbeiter* in BeckOK, GmbHG)

Beck´scher Online-Kommentar, HGB, *hrsg. v. Häublein, Martin/Hoffmann-Theinert, Roland,* 26. Edition, Stand 15.10.2019 (zitiert: *Bearbeiter* in BeckOK HGB)

Beck´scher Online-Kommentar, ZPO, *hrsg. v. Vorwerk, Volkert/Wolf, Christian,* 34. Edition, Stand: 01.09.2019 (zitiert: *Bearbeiter* in BeckOK ZPO)

Beck´sches Formularhandbuch Erbrecht, *hrsg. v. Keim, Christopher/Lehmnann, Daniel* 4. Auflage, 2019 (zitiert: *Bearbeiter* in Keim/Lehmann)

Beck´sches Notar-Handbuch, *hrsg. v. Heckschen, Heribert/Herrler, Sebastian/Münch, Christoph,* 7. Auflage, 2019

Bengel, Manfred/Reimann, Wolfgang (Hrsg.), Handbuch der Testamentsvollstreckung, 6. Auflage, 2017

Bestelmeyer, Horst, Zur Anwendbarkeit des § 2306 Abs. 2 BGB bei angeordneter aufschiebend bedingter oder auflösend bedingter Nacherbfolge, Rpfleger 2007, 1-12

Beuthien, Volker, Die Miterbenprokura, Festschrift für Robert Fischer, S. 1-18, 1979

Blasche, Sebastian, Vinkulierungsklausel in GmbH-Gesellschaftsverträgen, RNotZ 2013, 515-534

Blümich, Einkommenssteuergesetz, Körperschaftssteuergesetz, Gewerbesteuergesetz, hrsg. v. Heuermann, Bernd/Brandis, Peter, 149. Ergänzungslieferung, Stand: August 2019

Bonefeld, Michael, Pflichtteilsanspruch bei aufschiebenden oder auflösenden Bedingungen, zugleich Anmerkung zu OLG Köln, Urteil vom 02.05.2015 – 7 U 115/14, ZErb 2015, 216-219

Brambrig, Günter, Auswirkungen der Schuldrechtsreform auf das Erbrecht, ZEV 2002, 137-140

Brox, Hans, Zweckmäßige Gestaltung der Erbfolge im Unternehmen, JA 1980, 561-566

Ders., Die Bestimmung des Nacherben oder des Gegenstandes der Zuwendung durch den Vorerben, Festschrift Bartholomeyczik zum 70 Geburtstag, S. 41-57

Brox Hans/Walker, Wolf-Dietrich, Erbrecht, 28. Auflage, 2018

Burandt, Wolfgang/Rojahn, Dieter, Erbrecht, 3. Auflage, 2019

Crezelius, Georg, Unternehmenserbrecht, 2. Auflage, 2009

Damrau, Jürgen/Mayer, Jörg, Zur Vor- und Nachvermächtnislösung beim sogenannten Behindertentestament – Zugleich eine Entgegnung auf ein Gutachten des Deutschen Notarinstituts (DNotI-Report 1999, 149) und auf Hartmann (ZEV 2001, 89), ZEV 2001, 293-297

Damrau, Jürgen/Tanck, Manuel (Hrsg.), Praxiskommentar Erbrecht, 3. Auflage, 2014

Dauner-Lieb, Barbara, Unternehmen in Sondervermögen, 1. Auflage, 1998

Demuth, Björn, Nachfolgegestaltung für die Personenhandelsgesellschaft durch Aussetzung von Vermächtnissen: Zivilrechtliche und steuerliche Probleme mit Lösungsvorschlägen, BB 2001, 945-951

Dobroschke, Eduard, Die Unternehmensnachfolge Minderjähriger, DB 1967, 803-806

Donner, Günther, Der Testamentsvollstrecker des eingetragenen Einzelkaufmanns, des offenen Handelsgesellschafters, de Komplementärs und des Kommanditisten, DNotZ 1944, 143-150

Ebeling, Jürgen, Korrekturvermächtnisse im Berliner Testament und deren erbschaftssteuerliche Folgen, ZEV 2000, 87-90

Ebenroth, Carsten Thomas, Erbrecht, 1. Auflage, 1992

Ebenroth, Carsten Thomas/Boujong, Karlheinz/Joost, Detlef/Strohn, Lutz (Hrsg.), Handelsgesetzbuch, Band 1, §§ 1-342e HGB, 4. Auflage, 2020 (zitiert: *Bearbeiter* in EBJS)

Eickelberg, Jan, Die Ausschlagung zugunsten Dritter als taktisches Gestaltungsmittel, ZEV 2018, 489-496

Erman BGB, *hrsg. v. Westermann, Peter,* 15. Auflage, 2017

Everts, Arne, Die Testamentsvollstreckung an Personengesellschaftsbeteiligungen in der notariellen Praxis, MittBayNot 2003, 427-437

Firsching, Karl/Graf, Lother (Begr.), Nachlassrecht, 11. Auflage, 2019

Flume, Werner, Die Erbennachfolge in den Anteil einer Personengesellschaft und die Zugehörigkeit des Anteils zum Nachlass, NJW 1988, 161-164

Fortunato, Ségio Fernandes Früchte und Nutzungen, 1. Auflage, 2012

Frank, Johann, Die Nacherbeneinsetzung unter Vorbehalt anderweitiger Vorbehalt anderweitiger Verfügung des Vorerben, MittBayNot 1987, 231-237

Frank, Michael Adam, Umwandlung einer Personengesellschaft in eine Kapitalgesellschaft durch den Testamentsvollstrecker – Ist eine Umwandlungsanordnung anzuraten? ZEV 2003, 5-8

Frey, Johannes, Flexibilisierung der Nachlassgestaltung im Lichte von § 2065 BGB, 1. Auflage, 1999

Frieser, Andreas, Formularhandbuch des Fachanwalts Erbrecht, 3. Auflage, 2017

Ders., Fachanwaltskommentar Erbrecht, 4. Auflage, 2013

Gehse, Oliver, Die Bestimmung des Hofnacherben durch den Hochvorerben, RNotZ 2008, 339-342

Goebel, Joachim, Drittbestimmung des Unternehmensnachfolger Erben? Eine Rückbesinnung auf die reichsgerichtliche Rechtsprechung zur materiellen Höchstpersönlichkeit des Testaments, DNotZ 2004, 101-118

Ders., Probleme der treuhänderischen und der echten Testamentsvollstreckung über ein vermächtnisweise erworbenes Einzelunternehmen, ZEV 2003, 261-267

Gottwald, Uwe, Fristen im Erbrecht: Fristsetzung durch das Nachlassgericht und durch Beteiligte, ZEV 2006, 347-350

Grigoleit, Hans Christoph, Aktiengesetz, 1. Auflage, 2013

Grossfeld, Bernhard Theodor, Höchstpersönlichkeit der Erbenbestimmung und Auswahlbefugnis Dritter, JZ 1968, 113, 122

Göbel, Wolfgang, Gestaltung der Gesellschaftsnachfolge für den Todesfall, DNotZ 1979, 133-155

Götte, Tilmann, Die Gewinn- und Auseinandersetzungsansprüche bei einer Gesellschafternachfolge aufgrund rechtsgeschäftlichen Eintrittsrechts, DNotZ 1988, 603-612

Habersack, Matthias/Wicke, Hartmut, Umwandlungsgesetz, 1. Auflage, 2019

Haegele, Karl, Handelsrechtliche Fragen um den Testamentsvollstrecker in der Rechtsprechung und im Schrifttum, Rpfleger 1956, 182-185

Ders., Möglichkeiten und Grenzen der Bestimmung von Erben und Vermächtnisnehmern durch Dritte, Rpfleger 1965, 355-360

Ders., Zulässigkeit der Bezeichnung eines Erben oder eines Vermächtnisnehmers durch einen Dritten, BWNotZ 1972, 74-79

Ders., Der Testamentsvollstrecker im Handels- und Gesellschaftsrecht, Rpfleger 1973, 113-116

Ders., Der Testamentsvollstrecker im Handels- und Gesellschaftsrecht (III), RPfleger 1973, 203-206

Hannes, Frank (Hrsg.), Formularbuch Vermögens- und Unternehmensnachfolge, 1. Auflage, 2011

Helms, Tobias, Erbrechtliches Drittbestimmungsverbot und kautelarjuristische Praxis, ZEV 2007, 1-6

Henssler, Martin/Strohn, Lutz (Hrsg.), Gesellschaftsrecht, 4. Auflage, 2019

Holch, Georg, Testamentsvollstreckung an einer OHG-Beteiligung, DNotZ 1958, 282-302

Hueck, Alfred, Schuldenhaftung bei Vererbung eines Handelsgeschäfts, ZHR 108, 1-31

Hölscher, Nikolas, § 2307 BGB: Unerkanntes Risiko für das vorzeitige Unternehmertestament? ZEV 2015, 676-682

Hölters, Wolfgang, Aktiengesetz, 3. Auflage, 2017

Ivens, Michael, Leitlinien zur Unternehmensnachfolge: Die Vererbung von Personengesellschaftsanteilen, ZEV 2010, 615-618

Ivo, Malte, Die Vererbung von GmbH-Geschäftsanteilen, ZEV 2006, 252-257

Ders., Die Vererbung von Kommanditanteilen, ZEV 2006, 302-306

Jakobs, Horst Heinrich/Schubert, Werner, Die Beratung des Bürgerlichen Gesetzbuchs, Erbrecht 1. Teilband, 1. Auflage, 2002

Jauernig, Bürgerliches Gesetzbuch, *hrsg. v. Stürner, Rolf,* 17. Auflage, 2018

Joachim, Norbert/Lange, Niels Pflichtteilsrecht, 3. Auflage, 2017

John, Uwe, Testamentsvollstreckung über ein einzelkaufmännisches Unternehmen, BB 1980, 757-761

Joussen, Jacob, Das Testament zugunsten behinderter Kinder, NJW 2003, 1851-1853

Juris Praxiskommentar, Band 5, Erbrecht, hrsg. v. *Ludyga, Hannes,* 8. Auflage, 2017

Jünemann, Matthias, Die Position des Bestimmungsvermächtnisnehmers, ZEV 2011, 163-167

Kappler, Tobias/Kappler, Susanne, Die vorweggenommene Erbfolge: Ein schillerndes Konstrukt, MittBayNot 2019, 217-222

Dies., Die vorweggenommene Erbfolge, 1. Auflage, 2017

Karczewski, Christoph, Erbrecht und älter werdende Gesellschaft: Probleme des § 2065 BGB, ZEV 2018, 192-197

Kaufhold, Sylvia, Vereinbarungen über den Nachlass oder einzelne Nachlassgegenstände ohne Mitwirkung des künftigen Erblassers, ZEV 1996 454-457

Keim, Christopher, Das Gebot der höchstpersönlichen Erbenbestimmung bei der Testamentsgestaltung, FamRZ 2003, 137-140

Ders., Wie kann die Verjährungsfrist von Pflichtteilsansprüchen verlängert werden? ZEV 2004, 173-176

Ders., Neues Recht in niedriger Dosierung: Das Gesetz zur Änderung des Erb- und Verjährungsrechts und seine Bedeutung für den Notar, MittBayNot 2010, 85-95

Ders., „Wer sich um mich kümmert, soll mein Erbe werden" – Belohnende letztwillige Zuwendungen und § 2065 BGB, ZEV 2014, 72-75

Ders., Die höchstpersönliche Struktur der Verfügung von Todes wegen, 1. Auflage, 1991

Keller, Hilmer, Fortführung eines in ungeteilter Erbengemeinschaft betriebenen Handelsgeschäfts durch Erbteilerwerber? ZEV 1999, 174-176

Kipp, Theodor/Coing, Helmut, Erbrecht, 14. Auflage, 1990

Klunzinger, Eugen, Die erbrechtliche Ermächtigung zur Auswahl des Betriebsnachfolgers durch Dritte, BB 1970, 1197-1201

Koller, Ingo/Kindler, Peter/Roth, Wulf-Henning/Drüen, Klaus-Dieter (Hrsg.), Handelsgesetzbuch, 9. Auflage (2019);

Kollmeyer, Daniel, Unternehmensnachfolge und Geschwisterabfindung durch Bestimmungs- und Zweckvermächtnisse in der Praxis, NJW 2017, 3271-3274

Krug, Walter (hers.), Nomos Prozesshandbuch Pflichtteilsprozess, 2. Auflage, 2018

Kuchinke, Kurt, Probleme bei letztwilliger Zuwendung für Stiftungszwecke, Festschrift Neumayer zum 65. Geburtstag, S. 389-406

Larenz, Karl/Wolf, Manfred, Allgemeiner Teil des Bürgerlichen Rechts, 8. Auflage. 1984

Lange, Heinricht, Die Rechtsmacht des Testamentsvollstreckers und ihre Grenzen, JuS 1970, 101-108

Lange, Heinrich/Kuchinke, Kurt Erbrecht, 5. Auflage, 2001

Lange, Knut Werner, Kann die Verjährung des Pflichtteilsanspruchs verlängert werden? ZEV 2003, 433-436,

Ders., Testamentsvollstreckung an einem GmbH-Anteil, Festschrift 25 Jahre Deutsches Notarinstitut S. 665-676, 2018

Lange, Rudolf/Wulff, Hans/Lüdtke-Handjery, Christian, Höfeordnung, 9. Auflage, 1991

Langenfeld, Geritt, Testamentsgestaltung und Steuerrecht: Das Berliner Testament mit Supervermächtnis, JuS 2002, 351-353

Langenfeld, Gerrit/Fröhler, Oliver, Testamentsgestaltung, 5. Auflage, 2015

Leipold, Dieter, Wandlungen in den Grundlagen des Erbrechts? AcP 180, 160, 195.

Lenz, Tobias, Vererbung von GmbH-Geschäftsanteilen, GmbHR 2000, 927-929

Lieder, Jan/Pommerening, Paul, Nießbrauchrecht und Kapitalgesellschaftsanteile im Erbfall, ZEV 2019, 564-570

Lorz, Rainer/Kirchdörfer, Rainer, Unternehmensnachfolge, 2. Auflage, 2011

Lutter, Marcus (Hrsg.), Umwandlungsgesetz, Band II, 6. Auflage, 2019

Löhnig, Martin, Die Verjährung der im fünften Buch des BGB geregelten Ansprüche, ZEV 2004, 267-273

Mayer, Jörg, Das zwecklose Zweckvermächtnis – Möglichkeiten und Grenzen der Drittbestimmung bei Vermächtnissen, MittBayNot 1999, 447-452

Ders., Die Testamentsvollstreckung über GmbH-Anteile, ZEV 2002, 209-216

Mayer, Jörg/Süß, Rembert/Tanck, Manuel/Bittler, Jan/Wälzholz, Eckart (Hrsg.), Handbuch Pflichtteilsrecht, 3. Auflage, 2013

Mayer, Norbert, Die Bestimmung des Erben durch Dritte, ZEV 1995, 247-249

Ders., Ermächtigung des Vorerben zur Beseitigung der Nacherbschaft, ZEV 1996, 104-106

Marotzke, Wolfgang, Die Mitglieder in einer offenen Handelsgesellschaft als Gegenstand der Testamentsvollstreckung, JZ 1986, 457-469

Meincke, Jens Peter/Hannes, Frank/Holtz, Michael, Erbschaftssteuer- und Schenkungssteuergesetz, 17. Auflage, 2018

Menz, Werner, Die Regelung der Unternehmensnachfolge bei noch jugendlichen Erben, Stellungnahme I, DB 1966, 1719

Michalski, Lutz, Nachfolgeklauseln in der GmbH-Satzung, GmbHR 1998, 301-302

Motive zu dem Entwurfe eines Bürgerlichen Gesetzbuches für das Deutsche Reich, Band V. Erbrecht, Amtliche Ausgabe, 1888

Mugdan, Benno, Die gesamten Materiellen zum Bürgerlichen Gesetzbuch, Band V, Erbrecht, 1. Auflage, 1899

Muscheler, Karlsheinz, Das Vor- und Nachvermächtnis, AcP 208, 69-100

Musilak, Hans-Joachim/Voit, Wolfgang (Hrsg.), Zivilprozessordnung, 16. Auflage, 2019

Möhring, Rudolf, Fruchterwerb nach geltendem Recht, 1. Auflage, 1954

Münchener Anwalts Handbuch Erbrecht, *Scherer, Stephan (Hrsg.),* 5. Auflage, 2018 (zitiert: *Bearbeiter* in MAH Erbrecht)

Münchner Kommentar zum Aktiengesetz, *hrsg. v. Goette, Wulf/Habersack, Matthias/Kalss, Susanne,* Band II, §§ 76-117 AktG, MitbestG, DrittelbG, 5. Auflage, 2019 (zitiert: *Bearbeiter* in MüKo AktG)

Münchener Kommentar zum Bürgerlichen Gesetzbuch, *hrsg. v. Säcker, Franz Jürgen/Rixecker, Roland/Oetker, Hartmut/Limperg, Bettina* (zitiert: *Bearbeiter* in MüKo BGB)

Band I, §§ 1-240 BGB, AllgPersönlR, ProstG, AGG, 8. Auflage, 2018

Band III, §§ 311- 432 BGB, 8. Auflage, 2019

Band XI, §§ 1922-2385 BGB, §§ 27-35 BeurkG, 8. Auflage, 2020

Band XI, §§ 1922-2385 BGB, §§ 27-35 BeurkG, 3. Auflage, 1997

Münchener Kommentar zum FamFG, *hrsg. v. Rauscher, Thomas,* Band II, §§ 271-493 FamFG, IZVR, EuZR, 3. Auflage, 2019 (zitiert: *Bearbeiter* in MüKo FamFG)

Münchener Kommentar zum GmbHG, *hrsg. v. Fleischer, Holger/Goette, Wulf,* Band I, §§ 1-34 GmbHG, 3. Auflage, 2018 (zitiert: *Bearbeiter* in MüKo GmbHG)

Münchner Kommentar zum Handelsgesetzbuch, *hrsg. v. Karsten Schmidt* (zitiert: *Bearbeiter* in MüKo HGB)

Band I, §§ 1-104a HGB, 4. Auflage, 2016

Band II, §§ 105-160 HGB, 4. Auflage, 2016

Münchener Handbuch des Gesellschaftsrechts, Band I, BGB-Gesellschaft, Offene Handelsgesellschaft, Partnerschaftsgesellschaft, Partenreederei, EWIV, *hrsg. v. Gummert, Hans/Weipert, Lutz,* 5. Auflage, 2019

Münchener Vertragshandbuch, Band 6, Bürgerliches Recht II, *hrsg. v. Herrler, Sebastian,* 7. Auflage, 2016

Michalski, Lutz/Heidinger, Andreas/Leible, Stefan/Schmidt, Jessica (Hrsg.), Kommentar zum Gesetz betreffend die Gesellschaft mit beschränkter Haftung (GmbHG-Gesetz), 3. Auflage, 2017 (zitiert: *Bearbeiter* in MHLS)

Nieder, Heinrich/Kössinger, Reinhard (Hrsg.), Handbuch der Testamentsgestaltung, 5. Auflage, 2015

Nomos Kommentar, BGB, Band 5, Erbrecht, *hrsg. v. Kroiß, Ludwig/Ann, Christoph/Mayer, Jörg,* 5. Auflage, 2018

Oetker, Hartmut (Hrsg.), Handelsgesetzbuch, 6. Auflage, 2019

Palandt, Otto (Begr.), Bürgerliches Gesetzbuch, 79. Auflage, 2020

Pauli, Rudolf, Unternehmensnachfolge durch Vermächtnis, 1. Auflage, 2007

Pentz, Adolf, Pflichtteil bei aufschiebend bedingten Zuwendungen, MDR 1998, 751-753

Perzborn, Phillipp, Gesellschaftsvertragliche Nachfolgeregelungen bei Gesellschaften mit beschränkter Haftung und Aktiengesellschaften, RNotZ 2017, 405-427

Piltz, Detlef J., Steuerliche Flexibilität nach dem Tode durch offene Vermächtnisse, ZEV 2005, 469-473

Priester, Hans-Joachim, Nachfolgeklauseln im GmbH-Vertrag, GmbHR 1981, 206-213

Ders., Testamentsvollstreckung am GmbH-Anteil, Festschrift Stimpel zum 68. Geburtstag, S. 463-483

Protokolle der Kommission für die zweite Sitzung des Entwurfs des Bürgerlichen Gesetzbuches, Band V. Erbrecht, 1899

Reimann, Wolfgang, Testamentsvollstreckung an Gesellschaftsanteilen jetzt möglich? Anmerkungen zum Urteil des BGH vom 14.05.1986 - IVa ZR 155/84 - MittBayNot 1986, 191, MittBayNot 1986, 232-234

Reimann, Wolfgang/Bengel, Manfred/Mayer, Jörg, Testament und Erbvertrag, 6. Auflage, 2015

Reymann, Christoph, Das Vermächtnis des Kommanditisten, ZEV 2006, 307-310

Riedel, Christopher H., Gesellschaftsvertragliche Nachfolgeregelungen - Auswirkungen auf Pflichtteil und Erbschaftssteuer, ZErb 2003, 212-221

Ders., Praxishandbuch Unternehmensnachfolge, 2. Auflage, 2018

Roth, Wolfgang/Maulbetsch, Thomas, Früchte und Nutzungen beim Vermächtnis, NJW-Spezial 2012, 167

Roth, Wolfgang/Maulbetsch, Thomas/Schulte, Johannes, Vermächtnisrecht, 1. Auflage, 2013

Ruhwinkel, Sebastian, Die Erbengemeinschaft, 1. Auflage, 2013

Rötelmann, Anmerkung zu OLG Celle, Beschluss v. 16.12.1957 - 7 Wlw 149/57, NJW 1958, 953-955

Schindler, Andreas, Pflichtteilsanspruch für aufschiebend bedingte Nacherben nur bei Ausschlagung? ZEV 2015, 316-318

Schlitt, Gerhard, Zur Anrechnung aufschiebend bedingter Vermächtnisse auf den Pflichtteil, NJW 1992, 28-30

Ders., Das Universalvermächtnis, ZErb 2006, 226-229

Schmidt, Karsten, Die Erbengemeinschaft nach einem Einzelkaufmann – Verfassung, Haftung, Umwandlung und Minderjährigenschutz, NJW 1985, 2785, 2793;

Ders., Anteilssteuerung durch Vinkulierungsklauseln, GmbHG 2011, 1289-1297

Ders., Der Einzelunternehmer, JuS 2017, 809-816

Ders., Gesellschaftsrecht, 4. Auflage (2002);

Schmidt, Siegfried, Ehegattentestament und Neues Erbschaftssteuerrecht, BwNotZ 1998, 97-101

Schmidt, Einkommenssteuergesetz hrsg. v. Weber-Grellet, Heinricht, 38. Auflage, 2019

Schmitt, Joachim/Hörtnagl, Robert/Stratz, Christian, Umwandlungsgesetz Umwandlungssteuergesetz, 8. Auflage, 2018

Schwarz, Michael, § 2178 und (Zweck-)Auflage, ZEV 2012, 27-28

Schäfer, Carsten, Das bedingte Austrittsrecht nach § 139 HGB in der GbR, NJW 2005, 3665-3669

Schön, Wolfgang, Der Nießbrauch an Sachen: gesetzliche Struktur und rechtsgeschäftliche Gestaltung, 1. Auflage, 1992

Sens, Katrin, Die Erbenbestimmung durch Dritte, 1. Auflage, 1990

Sieber, Wolfgang, Zur Gestaltung der Testamentsvollstreckung bei der Vererbung der Stellung eines persönlich haftenden Gesellschafters, Festschrift Hueck zum 70. Geburtstag, S. 321-341

Sikora, Markus/Soutier, Martin, Vorweggenommene Erbfolge in der Gestaltungspraxis, JA 2012, 53-59

Semler, Johannes/Stengel, Arndt (Hrsg), Umwandlungsgesetz, 4. Auflage, 2017

Soergl, Theodor (Begr.), Bürgerliches Gesetzbuch mit Einführungsgesetz und Nebengesetzen, 13. Auflage, 2003

Band 1, §§ 1-103 BGB

Band 22, §§ 2064-2273 BGB, 1-35 BeurkG

Band 23, §§ 2274-2385 BGB

Von Staudinger, Julius (Begr.), Kommentar zum Bürgerlichen Gesetzbuch

Buch II, §§ 311-311c (Vertragsschluss), Neubearbeitung 2018

Buch V, §§ 1967-2063 (Rechtsstellung des Erben), Neubearbeitung 2016

Buch V, §§ 2064-2273 (Testament 1), Neubearbeitung 2019

Buch V, §§ 2303-2345 (Pflichtteil, Erbunwürdigkeit), Neubearbeitung 2015

Buch V, §§ 2303-2345 (Pflichtteil, Erbunwürdigkeit), 2006

Stecker, Enno, Pflichtteilsansprüche bei Wiederverheiratungsvermächtnisses im Berliner Testament, ZEV 1996, 327-330

Stein, Thomas, Das aufschiebend bedingte Vermächtnis: Eine Möglichkeit zur mehrfachen Nutzung der Steuerfreibeträge und zur Steueroptimierung, ZEV 2011, 572-575

Steffen, Wilhem/Ernst, Johannes, Höfeordnung mit Höfeverfahrensordnung, 3. Auflage, 2010

Strohal, Emil/Plank, Gottlieb (Hrsg.), Planks Kommentar zum Bürgerlichen Gesetzbuch nebst Einführungsgesetz, Band 5, Erbrecht, 4. Auflage, 1930

Sudhoff, Heinrich, Die Regelung der Unternehmensnachfolge bei noch jugendlichen Erben, Stellungnahme II, DB 1966, 1720

Sünner, Eckart, Drittbestimmung bei letztwilligen Zuwendungen nach englischem und deutschem Recht, 1. Auflage, 1970

Tiedtke, Klaus/Peterek, Jörg, Zurechnung von Einkünften, die zwischen Erbfall und Vermächtniserfüllung anfallen, ZEV 2007, 349-355

Todtenhöfer, Jens, Testamentsvollstreckung an GmbH-Anteilen in der notariellen Praxis, RNotZ 2017, 557-577

Tzschaschel, Hans U., Das private Unternehmertestament, 7. Auflage, 1989

Ulmer, Peter, Gesellschaftsnachfolge im Erbrecht, ZGR 1972, 195-222

Ders., Testamentsvollstreckung an Kommanditanteilen? ZHR 1982, 555-579

Ders., Nachzugehörigkeit vererbter Personengesellschaftsbeteiligungen, NJW 1984, 1496-1502

von *Godin, Reinhard,* Nutzungsrecht an Unternehmen und Unternehmensbeteiligungen, 1. Auflage, 1949

von Oertzen, Christian, Zurechnung von Einkünften zwischen Erbfall und Vermächtniserfüllung und Folgeprobleme, ZEV 1996, 459-461

Wagner, Franz, Der Grundsatz der Selbstentscheidung bei Errichtung letztwilliger Verfügungen – eine gesetzgeberische Unentschlossenheit, 1. Auflage 1997

Weidlich, Dietmar, Die Testamentsvollstreckung an Beteiligungen einer werbenden OHG oder Kommanditgesellschaft, ZEV 1994, 205-214

Ders., Testamentsvollstreckung an einem einzelkaufmännischen Unternehmen – Zulässigkeit aufgrund geänderter Gesetzeslage? NJW 2011, 641-646

Westermann, Harry, Die Auswahl des Nachfolgers im frühzeitigen Unternehmertestament, Festschrift für Philipp Möhring zum 75. Geburtstag, S. 183-198

Winkler, Karl, Der Testamentsvollstrecker, 22. Auflage, 2016

Werner, Rüdiger, Die Testamentsvollstreckung an einer GmbH & Co. KG, ZErb 2008, 195-203

Wöhrmann, Otto/Stöcker, Hans/ Wöhrmann/Heinz, Das Landwirtschaftserbrecht, 10. Auflage, 2012

Wübben, Karl, Anwartschaften im Erbrecht und ihre kautelarjuristische Ausgestaltung, 1. Auflage, 2001

Zawar, Rolf, Das Vermächtnis in der Kautelarjurisprudenz, 1. Auflage, 1983

Zimmermann, Walter, Die angemessene Testamentsvollstreckervergütung, ZEV 2001, 334-340

Zimmermann, Reinhard, Quos Titius voluerit – Höchstpersönliche Willensentscheidung des Erblassers oder power of appointment? 1. Auflage, 1996

Abkürzungsverzeichnis

a.A.	andere Ansicht
AcP	Archiv für die civilistische Praxis
AktG	Aktiengesetz
BayOblG	Bayrisches Oberstes Landesgericht
BayOLG	Bayrisches Oberlandesgericht
BB	Der Betriebsberater
BeckOK	Beck´scher Online-Kommentar
Begr.	Begründer
BGB	Bürgerliches Gesetzbuch
BGH	Bundesgerichtshof
BWNotZ	Zeitschrift für das Notariat in Baden-Württemberg
DB	Der Betrieb
Ders.	Derselbe
DNotI	Deutsches Notarinstitut
DNotZ	Deutsche Notar-Zeitschrift
DStR	Das Deutsche Steuerrecht
Einl.	Einleitung
f.	folgende
ff.	fortfolgende
FamFG	Gesetz über das Verfahren in Familiensachen und in den Angelegenheiten der freiwilligen Gerichtsbarkeit
FamRZ	Zeitschrift für das gesamte Familienrecht
FS	Festschrift
GbR	Gesellschaft bürgerlichen Rechts
GmbH	Gesellschaft mit beschränkter Haftung
GmbHG	Gesetz betreffend die Gesellschaft mit beschränkter Haftung
GmbHR	Die GmbH-Rundschau
HGB	Handelsgesetzbuch
Hrsg.	Herausgeber
hrsg. v.	herausgegeben von
HöfeO	Höfeordnung
JA	Juristische Arbeitsblätter
JuS	Juristische Schulung
JZ	Juristische Zeitung
KG	Kammergericht

KG	Kommanditgesellschaft
LG	Landgericht
MAH	Münchener Anwalts Handbuch
MDR	Monatszeitschrift für Deutsches Recht
MittBayNot	Mitteilung des Bayrischen Notarvereins, der Notarkasse und der Landesnotarkammer Bayern
MittRhNotK	Mitteilung der Rheinischen Notarkammer
MoMiG	Gesetz zur Modernisierung des GmbH-Rechts und zur Bekämpfung von Missbräuchen
MüKo	Münchener Kommentar
NJW	Neue Juristische Wochenschrift
NJW-RR	NJW Rechtsprechungs-Report Zivilrecht
OHG	Offene Handelsgesellschaft
OLG	Oberlandesgericht
RG	Reichsgericht
RPfleG	Rechtspflegergesetz
RPfleger	Der Deutsche Rechtspfleger
RNotZ	Rheinische Notar-Zeitschrift
UmwG	Umwandlungsgesetz
vgl.	vergleiche
Vorb.	Vorbemerkung
ZErb	Zeitschrift für Steuer- und Erbrechtspraxis
ZEV	Zeitschrift für Erbrecht und Vermögensnachfolge
ZGR	Zeitschrift für Unternehmens- und Gesellschaftsrecht
ZHR	Zeitschrift für das gesamte Handelsrecht und Wirtschaftsrecht
ZPO	Zivilprozessordnung

1. Kapitel: Einleitung

Die Testierfreiheit des Erblassers[1] ist durch den in § 2065 Abs. 2 BGB enthaltenen Grundsatz der materiellen Höchstpersönlichkeit begrenzt. Will der Erblasser durch Verfügung von Todes wegen von der gesetzlichen Erbfolge abweichen, muss er die wesentlichen Entscheidungen seiner Rechtsnachfolge selbst treffen. Die Bestimmung des Erben durch einen Dritten ist danach unzulässig. Um dem Erblasser aber eine flexible Testamentsgestaltung zu ermöglichen, lässt das Gesetz an verschiedenen Stellen Ausnahmen von dem Verbot der erbrechtlichen Drittbestimmung zu. § 2151 BGB gibt dem Erblasser dabei die Möglichkeit, „mehrere mit einem Vermächtnis in der Weise bedenken, dass der Beschwerte oder ein Dritter zu bestimmen hat, wer von den mehreren das Vermächtnis erhalten soll."

Die juristische Literatur sieht die praktische Bedeutung des Bestimmungsvermächtnisses im Wesentlichen im Bereich der Unternehmensnachfolge.[2] Unter dem Stichwort des sogenannten „vorzeitigen Unternehmertestaments"[3] wird ein Gestaltungsvorschlag diskutiert, nach dem der Erblasser seinen Ehegatten als Erbe einsetzt und seine noch minderjährigen Kinder hinsichtlich des von ihm geführten Unternehmens mit einem Bestimmungsvermächtnis bedenkt. Die Bestimmung des konkreten Vermächtnisnehmers und Unternehmensnachfolgers wird dabei auf eine Vertrauensperson des Erblassers übertragen und soll erfolgen, sobald das jüngste Kind ein gewisses Alter erreicht oder die Berufsausbildung abgeschlossen hat. In der Zeit zwischen dem Erbfall und der Bestimmung des Vermächtnisnehmers wird das Unternehmen durch einen, mit den entsprechenden Befugnissen ausgestatteten, Testamentsvollstrecker fortgeführt.

Die Anordnung des Bestimmungsvermächtnisses verleiht dem Erblasser die Möglichkeit, das Unternehmen auch dann im Wege des Erbrechts auf eines seiner Kinder zu übertragen, wenn er deren Eignung zur Führung des Unternehmens im Zeitpunkt der Testamentserrichtung nicht abschließend beurteilen

---

1 Aus Gründen der besseren Lesbarkeit wird im Folgenden die männliche Form genannt.

2 *Wolf* in Soergel, § 2151, Rn. 1; *Hölscher* in BeckOGK § 2151, Rn. 40 (Stand 01.10.2019); *Mayer* MittBayNot 1999, 447, 451; *Haegele* RPfl 1973, 203, 204; *Weidlich* in Palandt § 2151, Rn. 1.

3 *Kollmeyer* NJW 2017, 3271; *Hölscher* ZEV 2015, 676; *Horn/J. Mayer* in Nomos Kommentar § 2151, Rn. 20; *Reymann* in Juris Praxiskommentar § 2151, Rn. 47; *Müller-Christmann* in BeckOK BGB § 2151, Rn. 1, 52.

kann. Neben den tatsächlichen Unwägbarkeiten eines solchen Vorgehens, sind jedoch auch zentrale Rechtsfragen des Bestimmungsvermächtnisses bisher nicht abschließend geklärt. Aus diesem Grund soll der Gestaltungsvorschlag des vorzeitigen Unternehmertestaments im Folgenden einer umfassenden Prüfung unterzogen werden.

Die Arbeit nimmt ihren Ausgang in einer Untersuchung der Reichweite des erbrechtlichen Drittbestimmungsverbotes und dessen Auswirkungen auf das Bestimmungsvermächtnis. Anschließend wird die Rechtsnatur des Bestimmungsvermächtnisses eingehend begutachtet. Dabei liegt ein Schwerpunkt auf der Frage, welche Rechte den Bedachten in der Schwebephase zwischen dem Erbfall und der Bestimmung des Vermächtnisnehmers zustehen. Von praktischer Bedeutung ist hier insbesondere die Frage, unter welchen Voraussetzungen die Bedachten Pflichtteilsansprüche gegen die Erben gelten machen können und wem die während der Schwebephase im Unternehmen erwirtschafteten Gewinne zustehen. Danach wendet sich die Arbeit der Auswahlentscheidung des Dritten zu. Hier gilt es insbesondere zu klären, wie das zwischenzeitliche Versterben eines Bedachten die Entscheidung des Dritten beeinflusst, ob und in welchem Umfang die Entscheidung einer gerichtlichen Kontrolle unterliegt und welche Rechte den Bedachten im Falle der Untätigkeit des Bestimmungsberechtigten zustehen.

Als Mittel zur Unternehmensnachfolge kommt das Bestimmungsvermächtnis jedoch letztlich nur dann in Betracht, wenn das Überleben des Unternehmens bis zur Bestimmung des Vermächtnisnehmers gewährleistet ist. In rechtlicher Hinsicht führt dies zu der Frage welche Befugnisse dem Testamentsvollstrecker an dem im Nachlass enthaltenen Unternehmen zustehen und wie der Erblasser diese im Wege der Testamentsgestaltung beeinflussen kann. Dabei geht es in erster Linie darum, die Handlungsfähigkeit des Unternehmens für die Zeit nach dem Erbfall sicher zu stellen und drohende Haftungsrisiken so weit wie möglich zu reduzieren.

Die Arbeit findet ihren Abschluss in einer Zusammenfassung der Untersuchungsergebnisse und endet mit einem testamentarischen Gestaltungsvorschlag.

2. Kapitel: Übertragung von Familienunternehmen auf die nächste Generation

A. Grundzüge der vorweggenommenen Erbfolge

Zur Übertragung des Familienunternehmens auf einen Abkömmling bieten sich dem Inhaber verschiedene Möglichkeiten. Die in der Praxis wohl am häufigsten anzutreffende Gestaltung stellt die Übertragung des Unternehmens im Wege der vorweggenommenen Erbfolge dar. Dabei wird das Unternehmen schon zu Lebzeiten des Unternehmers auf einen oder mehrere Abkömmlinge übertragen. Dies bietet dem künftigen Erblasser die Möglichkeit, sich bei Zeiten aus dem familiären Betrieb zurückzuziehen und im Hinblick auf die Unternehmensnachfolge rechtzeitig für klare Verhältnisse zu sorgen.[4] Der künftige Erblasser und der Übernehmende schließen dazu einen sogenannten Übergabevertrag. Grundlage dieses Übergabevertrages ist typischerweise eine gemischte Schenkung[5] oder eine Schenkung unter Auflage.[6] Der Inhaber verpflichtet sich, sämtliche Rechte und Gegenstände des Unternehmens auf den Übernehmenden zu übertragen. Als Gegenleistung kann etwa ein lebenslanges Wohnrecht, eine Rentenzahlung oder ein Nießbrauch[7] an dem übertragenen Unternehmen vereinbart werden.[8] Darüber hinaus werden regelmäßig Rückforderungsrechte und Regelungen zum Schutz ungewollter Verfügungen des Übernehmenden in den Vertrag aufgenommen.[9]

Neben der eigenen Absicherung im Alter ist das Interesse des späteren Erblassers beim Vorhandensein mehrerer Abkömmlinge typischerweise darauf gerichtet, eine Gleichberechtigung der Geschwister zumindest in Grundzügen sicher zu stellen. Hierzu kommt etwa eine Abfindungs- oder Ausgleichszahlung durch

4 *Kappler/Kappler* MittBayNot 2019, 217, 218.

5 *Sikora/Soutier* JA 2012, 53, 53.

6 *Kappler/Kappler* MittBayNot 2019, 217, 219 f.

7 Zur Einordnung des Gewinns des Unternehmens als Nutzungen im Sinne der §§ 1030, 100, 99 Abs. 1 und 2 BGB analog vgl. Kapitel 6. B. III. 3.

8 *Lorz/Kirchdörfer* in Unternehmensnachfolge, Kapitel 5 Rn. 23 ff.; *Sikora/Soutier* JA 2012, 53, 54 ff.

9 *Sikora/Soutier* JA 2012, 53, 58; zur rechtlichen Ausgestaltung *Kappler/Kappler* in „Die vorweggenommene Erbfolge“, Rn. 518 ff.

den Übernehmenden, eine Kommanditbeteiligung an dem übertragenen Unternehmen oder eine Berücksichtigung im Rahmen des Erbrechts in Betracht.[10]

B. Übertragung im Wege des Erbrechts

Bisweilen kommt es aber vor, dass sich der Unternehmer, etwa krankheitsbedingt, sehr frühzeitig mit der Frage konfrontiert sieht, wer sein Unternehmen im Falle seines Todes fortführen soll. Daneben mag es Unternehmer geben, die für den Fall eines unerwarteten frühzeitigen Versterbens Vorsorge treffen möchten. Ein Vorgehen im Wege der vorweggenommenen Erbfolge ist in diesen Fällen ungeeignet, den Willen des Unternehmers zu verwirklichen, denn das Unternehmen soll im Optimalfall noch viele Jahre durch ihn selbst betrieben werden. Ebenfalls ist es denkbar, dass es Inhaber gibt, die trotz des Erreichens eines gewissen Alters nicht bereit sind, die Führung des Unternehmens zu Lebzeiten aus den Händen zu geben. In all diesen Fällen bietet sich dem Unternehmer die Möglichkeit, die Rechtsnachfolge in sein Unternehmen durch eine Verfügung von Todes wegen zu regeln.

I. Möglichkeiten der erbrechtlichen Gestaltung

Trifft der Erblasser keine rechtlichen Vorkehrungen, kommt es im Erbfall zum Eingreifen der gesetzlichen Erbfolge, §§ 1924 ff. BGB. Entspricht die durch das Gesetz vorgesehene Verteilung des Nachlasses nicht dem Willen des Erblassers,

---

10 Ohnehin kann die lebzeitige Übertragung wesentlicher Vermögenswerte nicht isoliert vom Erbrecht betrachtet werden. Durch die Übertragung reduziert sich der Wert des nach dem Erbfall zu verteilenden Nachlasses. Hieraus können sich für die pflichtteilsberechtigten Personen, abhängig vom Zeitpunkt der Übertragung, Pflichtteilsergänzungsansprüchen gemäß § 2325 BGB ergeben. Ist nach der Übertragung des Unternehmens kein wesentlicher Nachlasswert mehr vorhanden, besteht das Risiko, dass die Pflichtteilsberechtigten gemäß § 2329 Abs. 1 S. 1 und 2 BGB unmittelbar gegen den Unternehmensnachfolger vorgehen und auf diesem Wege die wirtschaftliche Existenz des Familienunternehmens gefährden. Um dies zu verhindern, kann es sich gegebenenfalls anbieten, im Rahmen der Nachfolgeplanung mit den nicht bedachten Abkömmlingen einen Pflichtteilsverzicht im Sinne des § 2346 Abs. 1 und 2 BGB zu vereinbaren. Darüber hinaus besteht die Möglichkeit, die Zuwendung des Unternehmens unter der Anrechnung auf einen späteren Pflichtteilsanspruch zu gewähren, § 2315 BGB. Durch die Anrechnungserklärung kann zumindest im Hinblick auf einen Pflichtteilsanspruch des enterbten Unternehmensnachfolgers ein Mindestmaß an Geschwistergleichberechtigung sichergestellt werden, wenn im Übergabevertrag nicht ohnehin einen Pflichtteilsverzicht des Übernehmenden enthalten ist.

hat er die Möglichkeit, durch die Errichtung einer Verfügung von Todes wegen eine abweichende Regelung zu treffen. Auf diesem Wege kann der Erblasser eine Person als Erben und Unternehmensnachfolger einsetzen (§ 1937 BGB), Vor- und Nacherbschaft anordnen (§§ 2100 ff. BGB), das Unternehmen als Sachgesamtheit einzelnen Personen als Vermächtnis zuwenden (§§ 1939, 2147 ff. BGB) und den Erben oder Vermächtnisnehmer im Wege der Auflage zu einem bestimmten Verhalten verpflichten (§§ 2192 ff. BGB). Darüber hinaus kann er die Durchführung der Verfügung von Todes wegen durch die Anordnung einer Testamentsvollstreckung sicherstellen (§§ 2197 ff BGB).

1. Rechtsnachfolge in ein Einzelunternehmen

Bestimmt der Erblasser einen Alleinerben, geht der gesamte Nachlass, einschließlich aller Bestandteile des vom Erblasser geführten Handelsunternehmens, auf den Erben über, § 1922 Abs. 1 BGB. Sind mehrere Personen als Erben berufen, entsteht mit Eintritt des Erbfalls eine Erbengemeinschaft gemäß §§ 2032 ff. BGB. Hierdurch kann die Fortführung des Unternehmens vor erhebliche Probleme gestellt werden. Die Erbengemeinschaft ist als solche nicht rechtsfähig[11] und nach ihrer gesetzlichen Konzeption auf die Abwicklung des Nachlasses gerichtet.[12] Dennoch ist allgemein anerkannt, dass die Erben berechtigt sind, das vom Erblasser herrührende Einzelunternehmen ohne zeitliche Beschränkung in ungeteilter Erbengemeinschaft im Sinne des § 22 Abs. 1 HGB fortzuführen.[13] Sie dürfen unter der Firma des Handelsgeschäfts im Rechtsverkehr auftreten und können unter dieser klagen und verklagt werden.[14] Wird das Unternehmen durch die Erbengemeinschaft fortgeführt, sind die Miterben in ihrer gesamthänderischen Verbundenheit als Inhaber des Handelsgeschäfts in das Handelsregister einzutragen[15] und haften für die im Unternehmen begründeten

---

11 *Weidlich* in Palandt § 2032, Rn. 1; BGH, Urteil vom 21.12.1988 – VIII ZR 277//87, zitiert nach NJW 1989, 2133, 2134; BGH, Urteil vom 11.09.2002 – XII ZR 187/00, zitiert nach NJW 2002, 3389, 3390.

12 *Brox* JA 1980, 561, 561; *Riedel* in Praxishandbuch Unternehmensnachfolge § 4, Rn. 301; *Schmidt* NJW 1985, 2785, 2786.

13 BGH, Urteil vom 17.01.1951 – II ZR 16/50, zitiert nach NJW 1951, 311, 312; *Weidlich* in Palandt § 2032, Rn. 4; *Lohmann* in BeckOK BGB § 2032, Rn. 17; *Gergen* in MüKo BGB § 2032, Rn. 53; *Keller* ZEV 1999, 174, 174; *Löhnig* in Staudinger § 2032, Rn. 26; *Ruhwinkel* in Die Erbengemeinschaft, S. 83.

14 *Weidlich* in Palandt § 2032, Rn. 5.

15 *Weidlich* in Palandt § 2032, Rn. 5; *Lohmann* in BeckOK BGB § 2032, Rn. 17; *Gergen* in MüKo BGB § 2032, Rn. 53; *Stürner* in Jauernig § 2032, Rn. 4.

Verbindlichkeiten persönlich und unbeschränkt.[16] Die Entscheidung der Erben über die Fortführung des Handelsgeschäfts hat einstimmig zu erfolgen, § 2038 Abs. 1 BGB.[17] Das Ausscheiden einzelner Miterben steht der Fortführung des Handelsgeschäfts durch die Erbengemeinschaft jedoch nicht entgegen.[18]

Die Fortführung des Handelsgeschäfts führt für sich genommen nicht zu der Entstehung einer Gesellschaft unter den Miterben.[19] Die Fortführung des Unternehmens in der Rechtsform einer OHG setzt vielmehr den Abschluss eines Gesellschaftsvertrages und die Einbringung der Unternehmensbestandteile in die Gesellschaft voraus.[20] Im Einzelfall können zwar Regelungen der OHG auf das Innenverhältnis zwischen den Miterben Anwendung finden.[21] Dies ändert jedoch nichts an dem Grundsatz, dass den Miterben die Verwaltung des Nachlasses, und damit auch die Geschäftsführung und Vertretung des Handelsgeschäfts gemäß § 2038 Abs. 1 S. 1 BGB, gemeinschaftlich zusteht.[22] Die Erben

---

16 *Gergen* in Müko BGB § 2032, Rn. 53; *Weidlich* in Palandt § 2032, Rn. 6.

17 *Ann* in Nomos Kommentar § 2032, Rn. 19; *Ruhwinkel* in Die Erbengemeinschaft, S. 85. Die Entscheidung der Erben, den Geschäftsbetrieb im Sinne des § 27 Abs. 2 HGB einzustellen kann hingegen durch Mehrheitsbeschluss im Sinne des §§ 2038 Abs. 2, 745 Abs. 1 BGB ergehen, vgl. *Riedel* in Praxishandbuch Unternehmensnachfolge § 4, Rn. 298.

18 *Weidlich* in Palandt § 2032, Rn. 4; *Gergen* in MüKo BGB § 2032, Rn. 56; *Rißmann/Szalai* in BeckOGK § 2032, Rn. 17 (Stand 01.10.2019); *Riedel* in Praxishandbuch Unternehmensnachfolge § 4, Rn. 298, 300.

19 *Keller* ZEV 1999, 174, 174; *Otto* in Münchener Vertragshandbuch, Band 6, Bürgerliches Recht II S. 920; *Rißmann/Szalai* in BeckOGK § 2032, Rn. 16 (Stand 01.10.2019); *Gergen* in MüKo BGB § 2032, Rn. 55; *Riedel* in Praxishandbuch Unternehmensnachfolge § 4, Rn. 300; *Löhnig* in Staudinger § 2032, Rn. 26; *Ruhwinkel* in Die Erbengemeinschaft, S. 83.

20 *Flechtner* in Burandt/Rojahn § 2032, Rn. 25; *Weidlich* in Palandt § 2032, Rn. 7. Der Abschluss eines Gesellschaftsvertrages kann auch konkludent erfolgen. Dies setzt jedoch voraus, dass sämtliche Miterben durch schlüssiges Verhalten zum Ausdruck bringen, das Unternehmen von nun an in der Rechtsform einer Gesellschaft weiter betreiben zu wollen, vgl. *Gergen* in MüKo BGB § 2032, Rn. 55; *Rißmann/Szalai* in BeckOGK § 2032, Rn. 16 (Stand 01.10.2019).

21 BGH, Urteil vom 21.05.1955 – IV ZR 7/55, zitiert nach NJW 1955, 1227, 1227 f.; *Weidlich* in Palandt § 2032, Rn. 5; a.A. *Gergen* in MüKo BGB § 2032, Rn. 55 und *Löhnig* in Staudinger § 2032, Rn. 27, die die Regelungen der OHG nur dann anwenden wollen, wenn sich die Miterben zumindest konkludent auf die Gründung einer Gesellschaft geeinigt haben.

22 *Beuthien* in FS Fischer S. 1, 4; *Rißmann/Szalai* in BeckOGK § 2032, Rn. 15 (Stand 01.10.2019); *Flechtner* in Burandt/Rojahn § 2032, Rn. 25.

müssen Entscheidungen, die das Unternehmen betreffen, folglich einstimmig, zumindest jedoch gemäß den §§ 2038 Abs. 2 S. 1, 745 Abs. 1 S. 1 BGB durch Mehrheitsbeschluss treffen. Zwar können die Miterben einem Dritten für das in Erbengemeinschaft betriebenen Unternehmen Prokura erteilen.[23] Die Erteilung einer Miterbenprokura ist nach der Rechtsprechung des Bundesgerichtshofes jedoch unzulässig.[24] Tritt ein Miterbe im Rechtsverkehr als Vertreter des Unternehmens auf, handelt er zugleich im Namen seiner Miterben und im eigenen Namen. Die Prokura wäre folglich nur durch die übrigen Miterben des Handelnden zu erteilen. Ein solches Vorgehen ist mit § 48 Abs. 1 HGB nicht vereinbar, der die Erteilung der Prokura durch den „Inhaber des Unternehmens“ vorschreibt.[25] Die Miterben haben demzufolge keine Möglichkeit, aus ihrer Mitte einen Vertreter zu bestimmen, der ähnlich einem Geschäftsführer in das Handelsregister einzutragen wäre. Dieses Fehlen einer an den Erfordernissen des Geschäftsverkehrs ausgerichteten „Handlungsorganisation und Haftungsverfassung“[26] führt in der Praxis zu gravierenden Nachteilen gegenüber der Führung eines Handelsgeschäfts in der Rechtsform einer Gesellschaft.[27] Aus diesem Grund wird vielfach die Empfehlung ausgesprochen, das in der Erbengemeinschaft gebundene Unternehmen so schnell wie möglich im Wege der Teilauseinandersetzung in eine Personenhandels- oder Kapitalgesellschaft einzubringen.[28]

Neben den beschriebenen organisatorischen Hürden bei der Fortführung des Handelsgeschäfts sind auch die drohenden wirtschaftlichen Nachteile einer Erbauseinandersetzung bei der Nachfolgeplanung zu berücksichtigen. Grundsätzlich kann jeder Miterbe gemäß § 2042 Abs. 1 BGB jederzeit die Auseinandersetzung

23 *Ann* in Nomos Kommentar § 2032, Rn. 20; *Ruhwinkel* in Die Erbengemeinschaft, S. 87.

24 BGH, Urteil vom 24.09.1959 – II ZR 46/59, zitiert nach NJW 1959, 2114, 2116; dem folgend *Ann* in Nomos Kommentar § 2032, Rn. 20; *Weidlich* in Palandt § 2032, Rn. 5, 73; *Löhnig* in Staudinger § 2032, Rn. 27; *Lohmann* in BeckOK BGB § 2032, Rn. 17; *Flechtner* in Burandt/Rojahn § 2032, Rn. 28; a.A. *Gergen* in MüKo BGB § 2032, Rn. 57; *Beuthien* in FS Fischer S. 1, 9 f.

25 BGH, Urteil vom 24.09.1959 – II ZR 46/59, zitiert nach NJW 1959, 2114, 2116; *Lohmann* in BeckOK BGB § 2032, Rn. 17.

26 *Dauner-Lieb* in Unternehmen in Sondervermögen, S. 408.

27 Zum praktischen Bedürfnis einen der Miterben mit den Befugnissen zur Geschäftsführung auszustatten vgl. *Beuthien* in FS Fischer S. 1, 4 f.

28 *Ruhwinkel* in Die Erbengemeinschaft, S. 88; *Riedel* in Praxishandbuch Unternehmensnachfolge § 4, Rn. 301; *Schmidt* NJW 1985, 2785, 2786; *Weidlich* in Palandt § 2032, Rn. 7; *Rißmann/Szalai* in BeckOGK § 2032, Rn. 15 (Stand 01.10.2019); *Flechtner* in Burandt/Rojahn § 2032, Rn. 27.

der Erbengemeinschaft verlangen, wodurch die Auflösung und Verwertung des Unternehmens droht. Dies entspricht typischerweise nicht dem Willen des Erblassers. Zwar hat dieser die Möglichkeit, einem bestimmten Erben einzelne Gegenstände im Wege der Teilungsanordnung gemäß § 2048 BGB zuzuweisen und so die Verteilung des Nachlasses im Voraus zu bestimmen. Für die Unternehmensnachfolge wird sich ein solches Vorgehen jedoch in der Regel nicht als zweckmäßig erweisen,[29] denn die Teilungsanordnung lässt die Quote, mit der die Erben am Nachlass beteiligt sind, unberührt. Stellt das Unternehmen den wesentlichen Nachlasswert dar, wäre der Unternehmensnachfolger gegenüber den Miterben zu einer entsprechenden Ausgleichszahlung verpflichtet.[30] Hierdurch droht dem Unternehmensnachfolger eine schwere finanzielle Belastung, die sich negativ auf den Fortbestand des Unternehmens auswirken kann. Darüber hinaus ist für die Ermittlung des Ausgleichsanspruchs eine exakte Bewertung des im Nachlass enthaltenen Unternehmens erforderlich.[31] Dies kann in der Praxis mit vielschichtigen Problemen verbunden sein, wodurch der Auseinandersetzung der Erbengemeinschaft eine erhebliche Verzögerung droht.

Zusammenfassend lässt sich daher festhalten, dass die Einsetzung mehrerer Erben in Erbengemeinschaft grundsätzlich nicht geeignet ist, die Fortführung des im Nachlass enthaltenen einzelkaufmännischen Unternehmens im Sinne des Erblassers langfristig sicherzustellen.[32] Um die genannten Probleme zu vermeiden, hat der Erblasser die Wahl, den gewünschten Unternehmensnachfolger zum Alleinerben einzusetzen oder das Unternehmen im Wege des Vermächtnisses einer bestimmten Person zuzuwenden.[33]

---

29 *Tzschaschel* in „Das private Unternehmertestament“ S. 5.

30 *Piltz* ZEV 2005, 469, 470; *Weidlich* in Palandt § 2048, Rn. 1; *Eberl-Borges* in Nomos Kommentar § 2048, Rn. 8; *Ann* in MüKo BGB § 2048, Rn. 2.

31 Zu den unterschiedlichen Methoden zur Bewertung eines Unternehmens *Eberl-Borges* in Nomos Kommentar § 2048, Rn. 21 f.

32 *Langenfeld/Fröhler* in „Testamentsgestaltung“ Kap. 7, Rn. 48; *Schmidt* NJW 1985, 2785, 2786; *Dietz* in Beck´sches Notar-Handbuch, § 17, Rn. 356.

33 Ordnet der Erblasser ein Vermächtnis an, geht das Unternehmen zunächst auf die Erben (-Gemeinschaft) über. Ist das Vermächtnis sofort fällig, werden die Erben das Geschäft aber selbst nicht aktiv fortführen oder den Geschäftsbetrieb jedenfalls innerhalb der Frist des § 27 Abs. 2 HGB einstellen. Soll das Unternehmen hingegen erst zu einem späteren Zeitpunkt auf den Vermächtnisnehmer übertragen werden, ist eine Fortführung durch die Erben erforderlich, sodass eine Einsetzung mehrerer Erben nicht empfohlen werden kann.

2. *Besonderheiten bei der Vererbung von Personengesellschaftsanteilen*

Ist der Erblasser Gesellschafter einer Personenhandelsgesellschaft, sind für die Unternehmensnachfolge die Besonderheiten des Gesellschaftsrechts zu beachten. Verstirbt ein Gesellschafter, scheidet er gemäß § 131 Abs. 3 Nr. 1 HGB mit dem Tod aus der Gesellschaft aus. Die Gesellschaft wird unter den überlebenden Gesellschaftern fortgesetzt.[34] Der Erbe ist nach der gesetzlichen Grundregel nicht berechtigt, in die Gesellschaft einzutreten. Der Geschäftsanteil des Erblassers fällt nicht in den Nachlass und geht nicht im Wege der Universalsukzession auf den Erben über. Dem Erben steht daher lediglich ein Abfindungsanspruch gemäß §§ 736, 738 BGB gegen die Gesellschaft zu.

a. *Erbrechtliche Nachfolgeklauseln*

Die Gesellschafter sind aber berechtigt, die Vererblichkeit des Geschäftsanteils im Gesellschaftsvertrag ausdrücklich zu vereinbaren. Zur Ausgestaltung der Nachfolgeregelung bieten sich den Gesellschaftern verschiedene Möglichkeiten. Hier ist zunächst zwischen einer unmittelbar mit dem Erbfall eintretenden Rechtsnachfolge in den Geschäftsanteil (sog. erbrechtliche Nachfolgeklausel) und einem lediglich schuldrechtlich wirkenden Eintrittsrecht (sog. Eintrittsklausel) des Berechtigten zu differenzieren. Im Bereich der erbrechtlichen Nachfolgeregelung ist sodann weiter zwischen einer einfachen und einer qualifizierten Nachfolgeklausel zu unterscheiden. Sieht der Gesellschaftsvertrag vor, dass alle Erben des Gesellschafters die Nachfolge in den Geschäftsanteil entsprechend ihrer Erbquote antreten, spricht man von einer einfachen Nachfolgeklausel.[35] Soll die Gesellschaft hingegen nur mit einer oder mehreren bestimmten Personen fortgesetzt werden und sind neben dieser Person/diesen Personen noch weitere Personen als Erben berufen, liegt eine sogenannte qualifizierte Nachfolgeregelung vor.[36]

Setzt der Erblasser eine Person als Alleinerbe ein, die nach dem Gesellschaftsvertrag zur Nachfolge in die Gesellschaft berechtigt ist, gestaltet sich die Nachfolge in den Geschäftsanteil aus rechtlicher Sicht unproblematisch. Wird der Erblasser

---

34 Die GbR wird durch den Tod eines Gesellschafters hingegen gemäß § 727 Abs. 1 BGB aufgelöst.

35 *Ivo* ZEV 2006, 302, 303; *Kössinger* in Nieder/Kössinger § 20, Rn. 20 ff.

36 *Schmidt* in MüKo HGB § 139, Rn. 16; *Kamanabrou* in Oetker § 139, Rn. 16; *Ivo* ZEV 2006, 302, 304; *Kössinger* in Nieder/Kössinger § 20, Rn. 33 ff.

hingegen von mehreren Personen beerbt, ist die Rechtsprechung des Bundesgerichtshofes zur „erbrechtlichen Sondernachfolge in die Mitgliedschaft"[37] an einer Personengesellschaft zu beachten. Diese beruht auf dem Umstand, dass die zwischen den Miterben bestehende Erbengemeinschaft als nicht rechtsfähige Gesamthandsgemeinschaft[38] nicht als Gesellschafter einer Personengesellschaft in Betracht kommt.[39] Wird ein Gesellschafter durch mehrere Personen beerbt, wird der Geschäftsanteil des Verstorbenen daher nicht in der Erbengemeinschaft gebunden, sondern automatisch zwischen den nach dem Gesellschaftsvertrag zur Nachfolge berechtigten Erben aufgeteilt.[40] Hierdurch erwirbt jeder nachfolgeberechtigte Erbe unmittelbar mit dem Erbfall einen seiner Erbquote entsprechenden Teil der vererbten Beteiligung.[41] Eine gesonderte Erbauseinandersetzung bezogen auf den Geschäftsanteil ist nicht erforderlich.[42] Übersteigt der Wert der Gesellschaftsbeteiligung den nach seiner Erbquote auf den Nachfolger entfallenden Anteil am Nachlass, ist dieser gegenüber den Miterben zum Ausgleich verpflichtet.[43] Entspricht die Ausgleichspflicht nicht dem Willen des Erblassers, kann dieser dem Unternehmensnachfolger den Wert der Beteiligung im Wege des Vorausvermächtnisses gemäß § 2150 BGB zuwenden.[44]

Enthält der Gesellschaftsvertrag eine erbrechtliche Nachfolgeklausel, kann jeder nachfolgeberechtigte Erbe eines persönlich haftenden Gesellschafters seinen Verbleib in der Gesellschaft davon abhängig machen, dass der auf ihn entfallende Geschäftsanteil in eine Kommanditbeteiligung umgewandelt wird, § 139

37 Zitat nach *Langenfeld/Fröhler* in „Testamentsgestaltung" § 7, Rn. 61; BGH, Urteil vom 22.11.2956 – II ZR 222/55, zitiert nach NJW 1957, 180; BGH, Urteil vom 10.02.1977 – II ZR 120/75, zitiert nach NJW 1977, 1339.

38 *Weidlich* in Palandt § 2032, Rn. 1; BGH, Urteil vom 21.12.1988 – VIII ZR 277//87, zitiert nach NJW 1989, 2133, 2134; BGH, Urteil vom 11.09.2002 – XII ZR 187/00, zitiert nach NJW 2002, 3389, 3390.

39 BGH, Urteil vom 22.11.2956 – II ZR 222/55, zitiert nach NJW 1957, 180, 180; *Klöhn* in Henssler/Strohn § 139 HGB, Rn. 18; *Kamanabrou* in Oetker § 139, Rn. 7; *Schmidt* in MüKo HGB § 139, Rn. 13.

40 *Langenfeld/Fröhler* in „Testamentsgestaltung" § 7 Rn. 60; *Kamanabrou* in Oetker § 139, Rn. 7.

41 BGH, Urteil vom 22.11.2956 – II ZR 222/55, zitiert nach NJW 1957, 180; *Ivens* ZEV 2010, 615, 616; *Ivo* ZEV 2006, 302, 302; *Schmidt* in MüKo HGB § 139, Rn. 13; *Ruhwinkel* in Die Erbengemeinschaft, S. 90.

42 *Ivens* ZEV 2010, 615, 616; *Lehmann-Richter* in BeckOK HGB § 139, Rn. 16.

43 Vgl. *Ivens* ZEV 2010, 615, 616; *Kamanabrou* in Oetker § 139, Rn. 22; *Schmidt* in MüKo HGB § 139, Rn. 20; *Langenfeld/Fröhler* in „Testamentsgestaltung" § 7, Rn. 75.

44 *Langenfeld/Fröhler* in „Testamentsgestaltung" § 7, Rn. 69.

Abs. 1 HGB.[45] Lehnen die Mitgesellschafter diesen Antrag ab, steht dem Erben gemäß § 139 Abs. 2 HGB ein Recht zur außerordentlichen Kündigung der Mitgliedschaft zu.[46] Folgen dem Erblasser mehrere Erben in die Beteiligung nach, steht jedem Miterben ein selbstständiges Wahlrecht zu.[47]

b. Eintrittsklausel

Alternativ zu den soeben beschriebenen Nachfolgeklauseln haben die Gesellschafter die Möglichkeit, eine sogenannte Eintrittsklausel in den Gesellschaftsvertrag aufzunehmen. Die Eintrittsklausel vermittelt dem Berechtigten einen schuldrechtlichen Anspruch auf Aufnahme in die Gesellschaft.[48] Dogmatisch betrachtet handelt es sich um einen Vertrag zugunsten Dritter im Sinne der §§ 328, 331 BGB.[49]

Anders als im Falle der Nachfolgeklausel, die einen unmittelbaren Eintritt des Erben in die Gesellschaft im Zeitpunkt des Erbfalls bewirkt, muss die begünstigte Person hier nicht zum Kreis der Erben gehören.[50] Im Zeitpunkt des Erbfalls bewirkt die Eintrittsklausel zunächst dieselben Rechtsfolgen wie eine reine Fortsetzungsklausel.[51] Der Erblasser scheidet mit dem Tode gemäß § 131 Abs. 3 Nr. 1 HGB aus der Gesellschaft aus und sein Geschäftsanteil wächst den übrigen Gesellschaftern an.[52] Durch den Eintritt in die Gesellschaft erwirbt der Berechtigte dann einen neuen Geschäftsanteil.[53] Macht der Gesellschaftsvertrag zur Ausgestaltung dieses neuen Anteils keine konkreten Angaben, ist im Zweifel davon auszugehen, dass die rechtliche Stellung des Eintretenden in der Gesellschaft der des Erblassers entsprechen soll.[54] Bestand die Gesellschaft vor dem Tod des Erblassers lediglich aus zwei Gesellschaftern, führt der Tod des Erblassers zur Auflösung der Gesellschaft.[55] In diesem Fall ist die Klausel auf

---

45 Ausführlich zur Regelung des § 139 HGB *Schmidt* ZGR 1989, 445, 447 ff.

46 Zum Austrittsrecht *Schäfer*, NJW 2005, 3665, 3666.

47 *Ruhwinkel* in Die Erbengemeinschaft, S. 89; *Riedel* in Praxishandbuch Unternehmensnachfolge, § 4, Rn. 338; *Klöhn* in Henssler/Strohn, § 139 HGB, Rn. 36.

48 *Göbel* DNotZ 1979, 133, 153.

49 *Göbel* DNotZ 1979, 133, 152; *K. Schmidt* in „Gesellschaftsrecht", § 45 V 6a; *Klöhn* in Henssler/Strohn, § 139 HGB, Rn. 86; *Roth* in Baumbach/Hopt, § 139, Rn. 51.

50 *Ulmer* ZGR 1972, 195, 217; *Kilian* in Henssler/Strohn, § 727 BGB, Rn. 19.

51 *Riedel* in Praxishandbuch Unternehmensnachfolge, § 4, Rn. 334.

52 *Kindler* in Koller/Kindler/Roth/Drüen, § 139, Rn. 25.

53 *Götte* DNotZ 1988, 603, 604; *Riedel* ZErb 2003, 212, 216.

54 *Roth* in Baumbach/Hopt, § 139, Rn. 50.

55 *Kilian* in Henssler/Strohn, § 727 BGB, Rn. 20.

die Neugründung einer Gesellschaft zwischen dem überlebenden Gesellschafter und dem Eintrittsberechtigten gerichtet.[56]

Da die Gesellschaftsbeteiligung im Falle der Eintrittsklausel nicht unmittelbar mit dem Erbfall auf den Berechtigten übergeht, findet das Wahlrecht des § 139 HGB keine Anwendung.[57] Der Berechtigte hat lediglich die Wahl, ob er im bisherigen Umfang des Erblassers in die Gesellschaft eintritt oder nicht. Die überlebenden Gesellschafter müssen somit keine Umwandlung in Folge des Erbfalls fürchten. Des Weiteren bietet diese Gestaltung den Vorteil, dass die Eintrittsklausel nicht zwingend auf den Inhalt der letztwilligen Verfügung – auf deren Errichtung die Mitgesellschafter keinen Einfluss haben – abgestimmt sein muss.[58]

c. *Vermächtnis*

Wendet der Erblasser seinem Nachfolger die Gesellschaftsbeteiligung im Wege eines Vermächtnisses zu, erwirbt der Vermächtnisnehmer mit dem Tod des Erblassers einen schuldrechtlichen Anspruch gegen den Erben. Die Durchführung eines solchen Vermächtnisses setzt daher zunächst voraus, dass der Gesellschaftsvertrag eine Nachfolgeklausel enthält, die den Übergang des Geschäftsanteils auf den Erben ermöglicht. Haben die Gesellschafter keine von § 131 Abs. 3 Nr. 1 HGB abweichende Regelung getroffen, geht das Vermächtnis ins Leere. Der Vermächtnisnehmer kann dann allenfalls die in den Nachlass fallende Abfindungsforderung beanspruchen.[59] Für den Übergang der Beteiligung auf die Erben gelten die soeben zur Sondernachfolge beschriebenen Regeln. Kommt es im Zuge des Erbganges zu einer Zerteilung des Geschäftsanteils auf mehrere Erben, muss der Vermächtnisnehmer seinen Anspruch aus § 2174 BGB gegen jeden Erben isoliert durchsetzen.[60] Werden die Anteile der einzelnen Erben auf den Vermächtnisnehmer übertragen, verschmelzen sie dort erneut zu einem Geschäftsanteil.[61]

---

56 *Kilian* in Henssler/Strohn, § 727 BGB, Rn. 20; vgl. hierzu auch das Muster bei *Riedel* in BeckOGK § 1922 BGB, Rn. 589 (Stand: 01.11.2019).

57 *Göbel* DNotZ 1979, 133, 153; *Döbereiner* in Münchener Vertragshandbuch Band 6 Bürgerliches Recht II, S. 1107.

58 *Göbel* DNotZ 1979, 133, 152; *Götte* DNotZ 1988, 603, 612; *Döbereiner* in Münchener Vertragshandbuch Band 6 Bürgerliches Recht II, S. 1107; *Klöhn* in Henssler/Strohn § 139 HGB, Rn. 87. Zur vermächtnisweisen Zuwendung des Abfindungsanspruchs bei der erbrechtlichen Eintrittsklausel, vgl. Kapitel 9. A. II.

59 *Reymann* in Juris Praxiskommentar § 2174, Rn. 123.

60 *Demuth* BB 2001, 945, 947; *Reymann* in Juris Praxiskommentar § 2174, Rn. 123.

61 *Demuth* BB 2001, 945, 947; Reymann ZEV 2006, 307; 307.

Die Übertragung des Geschäftsanteils setzt als sogenanntes Grundlagengeschäft die Zustimmung der übrigen Gesellschafter voraus.[62] Vielfach wird jedoch für den Fall, dass die Übertragung in Vollziehung einer Verfügung von Todes wegen erfolgt, eine Zustimmungspflicht der Mitgesellschafter aus § 242 BGB angenommen, sofern kein Ablehnungsgrund in der Person des Vermächtnisnehmers besteht.[63] Enthält der Gesellschaftsvertrag eine einfache Nachfolgeklausel, kann dieser Klausel darüber hinaus im Wege der Auslegung regelmäßig eine vorweggenommene Zustimmung zur Übertragung des Geschäftsanteils auf den Vermächtnisnehmer entnommen werden.[64] Dies soll nach einer Entscheidung des OLG Stuttgart jedenfalls dann gelten, wenn der Vermächtnisnehmer zur Familie und dem Kreis der gesetzlichen Erben des verstorbenen Gesellschafters gehört.[65] Denn der Gesellschaftsvertrag enthält bezüglich der nachfolgeberechtigten Person keine Einschränkungen und aus Sicht der Mitgesellschafter macht es keinen Unterschied, ob der Nachfolger als Erbe oder Vermächtnisnehmer in die Gesellschaft eintritt.[66] Dasselbe muss gelten, wenn der Vermächtnisnehmer durch eine qualifizierte Nachfolgeklausel im Gesellschaftsvertrag begünstigt wird.[67] Ist der Vermächtnisnehmer nach dem Gesellschaftsvertrag hingegen

62 *Roth* in Baumbach/Hopt § 105, Rn. 70; *Schmidt* in MüKo HGB § 139, Rn. 15; *Reymann* in Juris Praxiskommentar § 2174, Rn. 123.

63 *Klein/Lindemeier* in Münchener Handbuch des Gesellschaftsrechts Band I, § 79, Rn. 20; *Schmidt* in MüKo HGB § 139, Rn. 15; *Lorz* in EBJS § 139, Rn. 16; *Kamanabrou* in Oetker § 139, Rn. 12; BGH, Urteil vom 08.11.2004 - II ZR 350/02, zitiert nach ZEV 2005, 71, 72 (Zustimmung im Wege der vorweggenommenen Erbfolge wegen Krankheit). Eine solche Zustimmungspflicht kann meines Erachtens jedenfalls dann nicht angenommen werden, wenn der Gesellschaftsvertrag über eine qualifizierte Nachfolgeklausel verfügt und der Vermächtnisnehmer nicht zum privilegierten Personenkreis zählt. Denn die Treuepflicht der Gesellschafter kann die eingeschränkte Vererblichkeit nicht überwinden.

64 *Ivo* ZEV 2006, 302, 303; *Schmidt* in MüKo HGB § 139, Rn. 15, 4; *Lorz* in EBJS § 139, Rn. 16; *Kamanabrou* in Oetker § 139, Rn. 12; a.A. wohl *Göbel* DNotZ 1979, 133, 144.

65 OLG Stuttgart, Urteil vom 03.12.1991 - 12 U 99/91, zitiert nach DStR 1992, 623. Zu diesem Ergebnis kommt das OLG im Wege der ergänzenden Vertragsauslegung.

66 OLG Stuttgart, Urteil vom 03.12.1991 - 12 U 99/91, zitiert nach DStR 1992, 623; *Schmidt* in MüKo HGB § 139, Rn. 15; zur vergleichbaren Rechtsfrage bei der Nachfolge den Anteil an einer GmbH: *Blasche* RNotZ 2013, 515, 520; *Lieder/Pommerening* ZEV 2019, 564, 568 (zur Erbauseinandersetzung); a.A. *Schmidt* GmbHG 2011, 1289, 1294 unter Verweis auf die rechtliche Differenzierung zwischen Gesamtrechtnachfolge und Vermächtnis.

67 So auch *Reymann* in Juris Praxiskommentar § 2174, Rn. 123; *ders.* ZEV 2006, 307, 308; Ivo ZEV 2006, 302, 304.

nicht zur Nachfolge berechtigt, setzt die Übertragung der Beteiligung die nachträgliche Zustimmung der Mitgesellschafter voraus. Wird diese verweigert, kann der Vermächtnisnehmer lediglich die Abtretung der nach § 717 S. 2 BGB frei übertragbaren Vermögensrecht verlangen.[68] Dem Erblasser muss im Rahmen der Nachfolgeplanung daher dringend zu einer frühzeitigen Abstimmung seiner letztwilligen Verfügung mit dem Gesellschaftsvertrag geraten werden.[69]

3. *Rechtsnachfolge in die Beteiligung an einer Kapitalgesellschaft*

a. *Erbfolge*

Ist der Erblasser Gesellschafter einer GmbH, gehen die Geschäftsanteile mit Eintritt des Erbfalls unmittelbar auf den Erben über, § 1922 Abs. 1 BGB, § 15 Abs. 1 GmbHG. Die Vererblichkeit der Geschäftsanteile kann – im Gegensatz zur rechtsgeschäftlichen Übertragung[70] – nicht vertraglich ausgeschlossen werden.[71] Kommt es mit dem Erbfall zur Entstehung eine Erbengemeinschaft, steht die Mitgliedschaft den Miterben in gesamthänderischer Verbundenheit zu, § 18 GmbHG.[72] Eine Sonderrechtsnachfolge wie im Falle der Beteiligung an einer Personengesellschaft findet nicht statt.[73] Enthält der Gesellschaftsvertrag eine Regelung, nach der nur bestimmte Personen die Nachfolge in die Gesellschaft antreten sollen, entfaltet diese keine erbrechtliche Wirkung. Die Beteiligung geht auch in diesem Fall zunächst auf alle Erben über.[74] Die Erben können für diesen Fall aber durch den Gesellschaftsvertrag verpflichtet werden, die geerbte Beteiligung gegen eine näher bestimmte Abfindung[75] an einen Mitgesellschafter oder

---

68 OLG Stuttgart, Urteil vom 05.11.2015 – 19 U 19/15, zitiert nach Juris; *Göbel* DNotZ 1979, 133, 146; *Klein/Lindemeier* in Münchener Handbuch des Gesellschaftsrechts Band I, § 79, Rn. 20.

69 *Ivo* ZEV 2006, 302, 305.

70 *Servantus* in Baumbach/Hueck § 15, Rn. 37; *Verse* in Henssler/Strohn § 15 GmbHG, Rn. 82; *Ivo* ZEV 2006, 252, 252.

71 Dies folgt aus einem Umkehrschluss aus § 15 Abs. 5 GmbHG, vgl. BayOblG, Beschluss vom 24.11.1988 – BReg. 3 Z111/88, zitiert nach NJW-RR, 1989, 687, 688; *Lieder/Pommerening* ZEV 2019, 564, 567.

72 *Priester* GmbHR 1981, 206, 206 f.; *Michalski* GmbHR 1998, 301, 301; *Lenz* GmbHR 2000, 927, 927; *Riedel* in Praxishandbuch Unternehmensnachfolge, § 4, Rn. 343; *Löhnig* in Staudinger § 2032, Rn. 32.

73 *Mayer* ZEV 2002, 209 f.; *Ivo* ZEV 2006, 252, 253.

74 *Lieder/Pommerening* ZEV 2019, 564, 567; *Priester* GmbHR 1981, 206, 209.

75 Zur Abfindung *Lenz* GmbHR 2000, 925, 927; *Priester* GmbHR 1981, 206, 210 ff.

einen Dritten abzutreten.[76] Eine unwirksame Nachfolgeklausel wird dabei regelmäßig in eine solche Abtretungsklausel umzudeuten sein.[77] Die Bestimmung der durch die Abtretungsklausel begünstigen Person kann entweder bereits im Gesellschaftsvertrag oder nachträglich durch einen Gesellschaftsbeschluss erfolgen.[78]

b. Vermächtnis

Wendet der Erblasser den Geschäftsanteil seinem Nachfolger im Wege des Vermächtnisses[79] zu, geht die Beteiligung zunächst auf den Erben über. Anschließend hat dieser den Geschäftsanteil unter Wahrung der Form des § 15 Abs. 3 GmbHG an den Vermächtnisnehmer abzutreten.[80]

Enthält der Gesellschaftsvertrag eine Klausel, die die Übertragung der Geschäftsanteile im Sinne des § 15 Abs. 5 GmbHG einschränkt oder ausschließt (sog. Vinkulierungsklausel), ist im Wege der Auslegung zu ermitteln, ob die Klausel auch auf die Erfüllung der Vermächtnisforderung Anwendung finden soll.[81] Sieht der Gesellschaftsvertrag keine Nachfolgeregelung für den Erbfall in Form einer Nachfolge-, Abtretungs- oder Einziehungsklausel vor, wird der Gesellschaftsvertrag regelmäßig dahingehen auszulegen sein, dass die Vinkulierungsklausel die Abtretung an den Vermächtnisnehmer nicht erfasst.[82] Denn der Gesellschafter ist nach dem Vertrag berechtigt, seinen Rechtsnachfolger von Todes wegen frei zu bestimmen und für das Schutzbedürfnis der Mitgesellschafter macht es keinen Unterschied, ob der Nachfolger als Erbe oder

---

76 BGH, Urteil vom 5.11.1984 – II ZR 147/83, zitiert nach DNotZ 1986, 34, 35; *Sevatius* in Baumbach/Hueck § 15, Rn. 13; *Priester* GmbHR 81, 206, 208; *Lenz* GmbHR 2000, 927, 928 f.; für ein entsprechendes Vertragsmuster vgl. *Michalski* GmbHR 1998, 301, 301.

77 *Wilhelmi* in BeckOK GmbHG § 15, Rn. 60; *Verse* in Henssler/Strohn § 15 GmbHG, Rn. 28; *Ebbing* in MHLS § 15, Rn. 27.

78 *Lenz* GmbHR 2000, 927, 928; *Wilhelmi* in BeckOK GmbHG § 15, Rn. 59.

79 Als Verfügung von Todes wegen unterliegt das Vermächtnis nicht der Formvorschrift des § 15 Abs. 4 GmbHG, vgl. *Servatius* in Baumbach/Hueck § 15, Rn. 15; *Verse* in Henssler/Strohn § 15 GmbHG, Rn. 34.

80 *Lenz* GmbHR 2000, 927, 927; *Reymann* in Juris Praxiskommentar § 2174, Rn. 119.

81 *Blasche* RNotZ 2013, 515, 520; *Reichert/Weller* in MüKo GmbHG § 15, Rn. 466; *Verse* in Henssler/Strohn § 15 GmbHG, Rn. 34; *Ebbing* in MHLS § 15, Rn. 38.

82 *Blasche* RNotZ 2013, 515, 520; *Perzborn* RNotZ 2017, 405, 409 f.; OLG Düsseldorf, Urteil vom 28.12.1989 – 6 U 119/98, zitiert nach NJW-RR 1991, 1056, 1057 f. (zur Teilungsanordnung); a.A. *Ebbing* in MHLS § 15, Rn. 38.

Vermächtnisnehmer in die Gesellschaft eintritt.[83] Eine strenge Auslegung der Vinkulierungsklausel könnte so den Willen des Erblassers ohne zwingenden Grund vereiteln.

Hält der Gesellschaftsvertrag demgegenüber nähere Bestimmungen zur erbrechtlichen Nachfolge bereit, ist danach zu differenzieren, ob der Vermächtnisnehmer zu dem durch die Klausel privilegierten Personenkreis zählt.[84] Ist dies der Fall, ist die Abtretung ohne weitere Einschränkungen zulässig. Ist der Vermächtnisnehmer im Gesellschaftsvertrag hingegen nicht als Nachfolger vorgesehen, ist zum Schutz der überlebenden Gesellschafter im Zweifel von einer umfassenden Geltung der Vinkulierungsklausel auszugehen.[85]

Schließt der Gesellschaftsvertrag die Abtretung des Geschäftsanteils nach dem bisher gesagten aus, ist das Vermächtnis gemäß § 2171 Abs. 1 BGB unwirksam.[86] Setzt die Übertragung des Geschäftsanteils an den Vermächtnisnehmer hingegen die Zustimmung der Gesellschafter voraus, hat der Erbe alle in seiner Macht stehenden Maßnahmen zu ergreifen, um die Übertragung auf den Vermächtnisnehmer sicher zu stellen.[87] Sein Einfluss in der Gesellschaft ist jedoch zwangsläufig durch den Umfang der vom Erblasser herrührenden Beteiligung begrenzt. Aus diesem Grund kommt der inhaltlichen Abstimmung zwischen der Verfügung von Todes wegen und dem Gesellschaftsvertrag – wie im Falle der der OHG – bei der Nachfolgeplanung zentrale Bedeutung zu.

---

83 *Blasche* RNotZ 2013, 515, 520; *Lieder/Pommerening* ZEV 2019, 564, 568 (zur Erbauseinandersetzung); a.A. *Schmidt* GmbHG 2011, 1289, 1294 unter Verweis auf die rechtliche Differenzierung zwischen Gesamtrechtnachfolge und Vermächtnis.

84 *Lieder/Pommerening* ZEV 2019, 564, 568 (zur Erbauseinandersetzung).

85 *Servatius* in Baumbach/Hueck § 15, Rn. 15; *Reichert/Weller* in MüKo GmbHG § 15, Rn. 466; *Lenz* GmbHR 2000, 927, 927. Weitergehend *Ebbing* in MHLS § 15, Rn. 27; der die Zweifelsregel immer dann anwenden will, wenn der Vermächtnisnehmer nicht zugleich Erbe geworden ist. Für eine Anwendung der Vinkulierungsklausel unabhängig vom Vorliegen einer erbrechtlichen Regelung im Gesellschaftsvertrag vgl. auch OLG Düsseldorf, Urteil vom 23.01.1987 – 7 U 244/85, zitiert nach NJW-RR 1987, 732, 733 f. (zur Teilungsanordnung).

86 *Lenz* GmbHR 2000, 927, 927; *Perzborn* RNotZ 2017, 405, 411.

87 Der Erbe ist in diesem Zusammenhang unter anderem verpflichtet, die Zustimmung bei der Gesellschaft zu beantragen und im Rahmen der Abstimmung für die Zulässigkeit der Abtretung zu stimmen, vgl. *Reichert/Weller* in MüKo GmbHG § 15, Rn. 467; *Ebbing* in MHLS § 15, Rn. 38; *Wilhelmi* in BeckOK GmbHG § 15, Rn. 72.

II. Regelungen der Drittbestimmung im Erbrecht

Das Erb- und Gesellschaftsrecht hält also geeignete Mittel bereit, um die Übertragung des Unternehmens auf den gewünschten Nachfolger anzuordnen. Im Falle einer frühzeitigen Testamentserrichtung stellt sich dabei jedoch nicht selten das Problem, dass der Erblasser im Zeitpunkt der Errichtung der Verfügung von Todes wegen noch gar nicht absehen kann, welcher seiner – möglicherweise noch minderjährigen – Abkömmlinge nach den persönlichen Verhältnissen, Qualifikationen und der entsprechenden Berufserfahrung am besten geeignet sein wird, das Unternehmen in seinem Sinne fortzuführen. Die Benennung eines konkreten Unternehmensnachfolgers ist daher nicht möglich.

Aus diesem Grunde kann ein praktisches Bedürfnis des Erblassers bestehen, in seiner letztwilligen Verfügung nur den Kreis möglicher Unternehmensnachfolger – etwa seine Kinder – zu bestimmen, ohne sich bereits auf einen konkreten Nachfolger festzulegen und die endgültige Auswahl nach seinem Tode einem Dritten zu überlassen. Bei einer derartigen Gestaltung sind jedoch die Besonderheiten des Erbrechts zu beachten.

1. § 2065 Abs. 2 BGB

Ausgangspunkt der erbrechtlichen Drittbestimmung ist die Norm des § 2065 Abs. 2 BGB. Diese regelt, dass der Erblasser die Bestimmung der Person, die eine Zuwendung erhalten soll, sowie die Bestimmung des Gegenstandes der Zuwendung nicht einem Dritten überlassen darf. Nach dem dort verankerten Grundsatz der materiellen Höchstpersönlichkeit von Verfügungen von Todes wegen muss der Erblasser die zentralen Entscheidungen seiner Rechtsnachfolge selbst treffen.[88] Die nachträgliche Bestimmung der Person des Erben durch einen Dritten ist damit nach dem Wortlaut des Gesetzes unzulässig.

2. Die Bestimmung des Nacherben durch den Vorerben

§ 2065 Abs. 2 BGB steht auch der Bestimmung des Nacherben durch einen Dritten entgegen.[89] Rechtsprechung und Literatur erachten es aber für zulässig, dass der Erblasser die Anordnung der Nacherbschaft unter die auflösende Bedingung

---

88 *Weidlich* in Palandt § 2065 Rn. 1; *Loritz* in Soergel § 2065 Rn. 1.

89 *Selbherr* in Nomos Kommentar § 2065, Rn. 21; Ausführlich hierzu *Wagner* in Der Grundsatz der Selbstentscheidung bei Errichtung letztwilliger Verfügungen, S. 101 ff.

einer abweichenden Verfügung durch den Vorerben stellt.[90] Der Erblasser kann beispielsweise im gemeinschaftlichen Testament den überlebenden Ehegatten als Vorerbe und die gemeinsamen Kinder als Nacherben einsetzen, die Anordnung der Nacherbschaft aber unter die auflösende Bedingung stellen, dass der überlebende Ehegatte einen der Nacherben als seinen Alleinerben einsetzt.[91] In gleicher Weise kann der Erblasser die Anordnung der Nacherbschaft von der auflösenden Bedingung einer lebzeitigen Verfügung des Vorerben über den Nachlass oder wesentliche Nachlassgegenstände abhängig machen.[92] Errichtet der überlebende Ehegatte nachträglich ein entsprechendes Testament oder trifft er eine solche lebzeitige Verfügung, kommt es zum Eintritt der auflösenden Bedingung und der überlebende Ehegatte wird rückwirkend vom Vorerben zum Vollerben.[93] Der nachträglich Bestimmte wird in diesem Fall Erbe des überlebenden Ehegatten und nicht Nacherbe des zuerst Verstorbenen; der Empfänger der lebzeitigen Zuwendung erwirbt das Eigentum vom unbeschränkten Vollerben.

Der Einsatz einer auflösenden Bedingung kann im Einzelfall ein willkommenes Mittel der Drittbestimmung darstellen. Zur Gestaltung der Unternehmensnachfolge ist ein solches Vorgehen aber jedenfalls dann nicht geeignet, wenn der überlebende Ehegatte selbst nicht in der Lage ist, das Unternehmen bis zur Übertragung auf die nächste Generation fortzuführen. Im Falle des gemeinschaftlichen Ehegattentestaments wäre darüber hinaus das Risiko des Vorversterbens des Ehepartners zu beachten.[94] Neben diesen eher praktischen Überlegungen ist des Weiteren zu beachten, dass der Erblasser die Bestimmung seines Nachfolgers bei einer solchen Gestaltung vollständig aus den Händen gibt und auch die durch die letztwillige Verfügung als Nacherben eingesetzten potenziellen Unternehmensnachfolger keine Möglichkeit haben, auf eine abweichende Verfügung des Vorerben hinzuwirken. Der Erblasser hat weder die Möglichkeit,

---

90 BGH, Urteil vom 26.04.1951 – IV ZR 4/50, zitiert nach NJW 51, 959, 960; BGH, Urteil vom 04.12.1980 – IVa ZR 46/80, zitiert nach NJW 81, 2051, 2052; *Weidlich* in Palandt § 2100, Rn. 7; *Leipold* in MüKo BGB § 2065, Rn. 19; *Helms* ZEV 2007, 1, 3; *Mayer* ZEV 1996, 104, 105; a.A. *Frank* MittBayNot 1987, 231, 233 f.

91 *Weidlich* in Palandt § 2065, Rn. 6; *Langenfeld/Fröhler* in „Testamentsgestaltung" § 7, Rn. 109.

92 OLG Hamm, Beschluss vom 24.08.1999 – 15 W 218/99, zitiert nach ZEV 2000, 197, 198; *Leipold* in MüKo BGB § 2065, Rn. 20; *Mayer* ZEV 1996, 104, 106.

93 *Langenfeld/Fröhler* in „Testamentsgestaltung" § 7, Rn. 109.

94 Verstirbt der Ehepartner wider Erwarten vor dem Unternehmer, kommt es mit dem Tod des Unternehmers zur Entstehung einer Erbengemeinschaft, ohne das es zuvor zum Eintritt des Vorerbfalls oder der auflösenden Bedingung hätte kommen können.

sachliche Auswahlkriterien für die Bestimmung des Unternehmensnachfolgers vorzugeben, noch kann er einen Zeitpunkt für die Entscheidung des Vorerben bestimmen. Trifft der Vorerbe keine abweichende Verfügung, kommt es mit dem Eintritt des Nacherbfalls zur Entstehung einer Nacherbengemeinschaft. Schließlich ist zu beachten, dass der Einsatz der Bedingungslösung abhängig vom Wert des Unternehmens dazu führen kann, dass das Unternehmen in relativ kurzer Zeit zweimal mit Erbschafts- oder Schenkungssteuer belastet wird. Die aufschiebend bedingte Nacherbeneinsetzung kann daher für die Unternehmensnachfolge nicht empfohlen werden.

3. *§ 2048 S. 2 BGB*

Nach dem Grundsatz der materiellen Höchstpersönlichkeit ist eine Drittbestimmung im Erbrecht grundsätzlich unzulässig. Das Gesetz hält aber an verschiedenen Stellen Ausnahmen von diesem Grundsatz bereit, um eine flexible Testamentsgestaltung zu ermöglichen. So gibt § 2048 S. 2 BGB dem Erblasser das Recht, anzuordnen, dass die Auseinandersetzung der Erben nach dem billigen Ermessen eines Dritten erfolgen soll. Der Erblasser kann sich also darauf beschränken, z.B. seine Kinder als Erben einzusetzen und ergänzend einem Dritten das Recht übertragen, zu bestimmen, welches seiner Kinder im Zuge der Teilung das Unternehmen erhalten soll. Wie oben[95] jedoch bereits ausgeführt, wird ein solches Vorgehen aufgrund der Zusammensetzung des Nachlasses und den sich daraus ergebenden Ausgleichsansprüchen in den meisten Fällen nicht zu empfehlen sein.

4. *Land- und Forstwirtschaftserbrecht*

Ist der Erblasser Inhaber eines land- und forstwirtschaftlichen Betriebes, sind teilweise Spezialvorschriften zu beachten, die die Normen des bürgerlichen Rechts ergänzen. Dabei ist die Rechtslage in den einzelnen Bundesländern jedoch höchst unterschiedlich. In Bayern, Berlin, Bremen, dem Saarland, Brandenburg, Mecklenburg-Vorpommern, Sachsen, Sachsen-Anhalt und Thüringen existiert derzeit kein gesondertes Landwirtschaftserbrecht. Für entsprechende Betriebe gelten folglich die §§ 2049, 2312 BGB und die §§ 13 ff. GrdstVG.[96]

---

95 Kapitel 2. B. I. 1.

96 *Wöhrmann* in Wöhrmann/Stöcker/Wöhrmann, „Das Landwirtschaftserbrecht", Einl. Rn. 31 ff.

In den Ländern Hamburg, Niedersachsen, Nordrhein-Westfahlen und Schleswig-Holstein gilt die Höfeordnung[97] für land- und forstwirtschaftliche Höfe im Sinne des § 1 HöfeO. Sinn und Zweck des Hoferbrechts ist es, den landwirtschaftlichen Betrieb als Ganzes zu erhalten.[98] § 5 HöfeO sieht hierzu abweichend von den §§ 1924 ff. BGB eine gesetzliche Hoferbfolge vor. Danach bilden die Kinder und Abkömmlinge des Erblassers die erste Ordnung, in der zweiten Ordnung folgt der überlebende Ehegatte. Sollten weder Abkömmlinge, noch ein Ehegatte vorhanden sein, treten die Eltern (3. Ordnung) beziehungsweise die Geschwister des Erblassers (4. Ordnung) die gesetzliche Hoferbfolge an. § 5 HöfeO wird durch die Bestimmung des § 14 Abs. 3 HöfeO ergänzt. Nach dieser Vorschrift kann der Erblasser seinem Ehegatten durch Verfügung von Todes wegen – abweichend von § 2065 Abs. 2 BGB – die Befugnis erteilen, unter den Abkömmlingen des Erblassers den Hoferben zu bestimmen. Mit Eintritt des Erbfalls geht der Hof zunächst auf den gesetzlichen Hoferben über. Dieser erlangt die Stellung eines Vollerben und unterliegt keinen Verfügungsbeschränkungen.[99] Erfolgt eine wirksame Bestimmung durch den Ehegatten, so tritt der Bestimmte gemäß § 14 Abs. 3 S. 4 HöfeO in die Rechtsstellung des bisherigen gesetzlichen Hoferben ein. Hierdurch wird er zum Rechtsnachfolger des Erblassers. Der Eintritt entfaltet keine Rückwirkung auf den Erbfall.[100]

In Rheinland Pfalz gilt das Landesgesetz über die Höfeordnung, in Hessen die Hessische Landgüterordnung. In Baden-Württemberg gilt teilweise das Badische Gesetz, die geschlossenen Hofgüter betreffend, im Übrigen gelten die §§ 2049, 2312 BGB und die §§ 13 ff. GrdstVG. Keines dieser Gesetze sieht eine § 14 Abs. 3 HöfeO vergleichbare Drittbestimmung vor.

---

97 Höfeordnung in der Fassung der Bekanntmachung vom 26. Juli 1976 (BGBl. I S. 1933), zuletzt geändert durch Artikel 24 des Gesetzes vom 20. November 2015 (BGBl. I S. 2010).

98 *Wöhrmann* in Wöhrmann/Stöcker/Wöhrmann, „Das Landwirtschaftserbrecht", § 14, Rn. 1.

99 *Wöhrmann* in Wöhrmann/Stöcker/Wöhrmann, „Das Landwirtschaftserbrecht", § 14, Rn. 93; *Lüdtke-Handjery* in Lange/Wulff/Lüdtke-Handjery in „Höfeordnung" § 14, Rn. 100.

100 *Wöhrmann* in Wöhrmann/Stöcker/Wöhrmann, „Das Landwirtschaftserbrecht", § 14, Rn. 95; *Ernst* in Steffen/Ernst, „Höfeordnung mit Höfeverfahrensordnung", § 14 Rn. 37; *Lüdtke-Handjery* in Lange/Wulff/Lüdtke-Handjery in „Höfeordnung" § 14, Rn. 100.

5. *§§ 2151 ff. BGB*

Während das Erbrecht in § 2065 Abs. 2 BGB die Erbenbestimmung durch Dritte dem Grundsatz nach verbietet, sehen die §§ 2151 ff. BGB für das Vermächtnis eine Reihe von Ausnahmen vom Grundsatz der materiellen Höchstpersönlichkeit vor und lassen eine Drittbestimmung in weitem Umfang zu. Nach § 2151 BGB kann der Erblasser „mehrere mit einem Vermächtnis in der Weise bedenken, dass der Beschwerte oder ein Dritter zu bestimmen hat, wer von den mehreren das Vermächtnis erhalten soll." § 2153 BGB gibt dem Erblasser die Möglichkeit, mehrere mit einem Vermächtnis zu bedenken und einem Dritten die Bestimmung der Anteile überlassen. Im Rahmen des Wahlvermächtnisses nach § 2154 BGB kann der Erblasser dem Dritten die Wahl überlassen, welchen von mehreren Gegenständen der Vermächtnisnehmer erhalten soll. Und nach § 2156 BGB kann der Erblasser sich darauf beschränken, einen bestimmten Zweck zu bestimmen und die Bestimmung der konkreten Leistung dem billigen Ermessen eines Dritten zu überlassen. Dem Erblasser steht es darüber hinaus zu, die verschiedenen Elemente der Drittbestimmung in der letztwilligen Verfügung miteinander zu kombinieren.[101]

6. *Auflage*

Ähnliches gilt für die Auflage. Hier kann der Erblasser, sofern er den Zweck der in Rede stehenden Auflage angeordnet hat, gemäß § 2193 Abs. 1 BGB „die Bestimmung der Person, an welche die Leistung erfolgen soll, dem Beschwerten oder einem Dritten überlassen."

101 *Ebeling* ZEV 2000, 87, 88; *Hölscher* in BeckOGK § 2151, Rn. 45 (Stand 01.10.19); *Keim* ZEV 2014, 72, 75; *Schmidt* BwNotZ 1998, 97, 101; *Langenfeld* JuS 2002, 351, 352 f.

3. Kapitel: Reichweite des § 2065 Abs. 2 BGB

Wie soeben angedeutet, erfordert der Grundsatz der materiellen Höchstpersönlichkeit des § 2065 Abs. 2 BGB, dass der Erblasser die zentralen Entscheidungen über seine Rechtsnachfolge von Todes wegen selbst trifft. Eine Entscheidung über die Person des Erben im Wege der (postmortalen) Stellvertretung durch einen Dritten ist unzulässig.[102] § 2065 Abs. 2 BGB zwingt den Erblasser jedoch nicht, seinen Erben namentlich zu benennen,[103] solange sich die Person des Zuwendungsempfängers im Wege der Auslegung bestimmen lässt. Die Norm verbietet daher nach allgemeiner Ansicht lediglich die Bestimmung, nicht aber die Bezeichnung des Erben durch einen Dritten.[104] Vor diesem Hintergrund stellt sich die Frage, welcher Spielraum dem Dritten im Rahmen des § 2065 Abs. 2 BGB bei der Benennung des Erben eingeräumt werden darf. Die für die Beratung und Testamentsgestaltung maßgebliche Rechtsprechung hat hierzu in den letzten 80 Jahren eine beachtenswerte Wandlung durchlaufen.

A. Entwicklung der Rechtsprechung zu § 2065 Abs. 2 BGB

I. Reichsgericht

Ausgangspunkt der Betrachtung ist eine Entscheidung des Reichsgerichts aus dem Jahre 1939. In der Entscheidung heißt es, der Erblasser könne „sich damit begnügen, einen begrenzten Kreis von Personen zu bezeichnen, aus dem der Erbe nach bestimmten fachlichen Gesichtspunkten, z.B. seiner Eignung für die besondere Aufgabe, durch einen Dritten bindend ausgewählt werden soll, sofern nur der Personenkreis so eng begrenzt ist und die Gesichtspunkte für die Auswahl so genau festgelegt sind, dass für eine Willkür des Dritten kein Raum bleibt, sondern die Entscheidung auf sein Urteil über das Vorliegen jener

---

102 OLG Köln, Beschluss vom 01.02.1994 – 23 Wlw 20/93, zitiert nach MittRhNotK 1994, 117, 118, *Haegele* BWNotZ 1972, 74, 75.

103 *Weidlich* in Palandt § 2065 Rn. 7; RGZ 159, 296, 299; BGH, Urteil vom 18.11.1954 – IV ZR 152/54, zitiert nach NJW 1955, 100.

104 BGH, Urteil vom 18.11.1954 – IV ZR 152/54, zitiert nach NJW 1955, 100, 101; *Selbherr* in Nomos Kommentar § 2065, Rn. 9; *Weidlich* in Palandt § 2065, Rn. 8; *Karczewski* ZEV 2018, 192, 196.

Voraussetzungen abgestellt ist, mag dieses auch ein reines Werturteil darstellen oder ein solches einschließen."[105] Das Reichsgericht billigte damit eine testamentarische Anordnung, nach der von mehreren Söhnen der Nichte des Erblassers derjenige Erbe werden solle, den diese als den Geeigneten erachten werde, den vermachten Grundbesitz „zu bewirtschaften und in sozialem Geiste zu wirken."[106] Legt man ein solches Verständnis der materiellen Höchstpersönlichkeit zu Grunde, enthält § 2065 Abs. 2 BGB für die Bestimmung eines Erben und Unternehmensnachfolgers durch einen Dritten praktisch keine Hindernisse. Der Erblasser wäre lediglich gehalten, eine Reihe von Kriterien in seine Verfügung von Todes wegen aufnehmen, die für die Bestimmung des Unternehmensnachfolgers maßgeblich sein sollen, um eine willkürliche Auswahl des Dritten zu verhindern. Subjektive Wertungen des Dritten bei der Beurteilung, welcher von mehreren Abkömmlingen mit einer im Wesentlichen vergleichbaren Ausbildung besser zur Fortführung des Unternehmens geeignet ist, würden einer wirksam angeordneten Drittbestimmung nicht entgegenstehen.

II. Bundesgerichtshof

Nach einer Grundsatzentscheidung des Bundesgerichtshofs aus dem Jahre 1954 liegt eine zulässige Bezeichnung der Person oder des Gegenstandes der Zuwendung durch einen Dritten hingegen nur vor, wenn die vom Erblasser im Testament gemachten Angaben derart bestimmt sind, dass jede mit der notwendigen Sachkenntnis ausgestattete Person anhand von objektiven Kriterien in der Lage ist, die Person oder den Gegenstand zu benennen.[107] Dies führt gegenüber der Rechtsprechung des Reichsgerichts zu einer erheblichen Beschränkung der auf den Dritten übertragbaren Befugnisse. Denn dieser soll nur noch berechtigt sein, das Vorliegen bestimmter objektiver Voraussetzungen zu prüfen, ihm darf

---

105 RG, Urteil vom 06.02.1939 – IV 188/38, zitiert nach RGZ 159, 296, 299.

106 RG, Urteil vom 06.02.1939 – IV 188/38, zitiert nach RGZ 159, 296, 297.

107 BGH, Urteil vom 18.11.1954 – IV ZR 152/54, zitiert nach NJW 1955, 100, 101. Der BGH führt hier an: „Wenn es auch Grenzfälle geben mag, die so klar liegen, dass die Entscheidung der Frage von jeder sachkundigen Person in gleicher Weise getroffen würde, wird es doch bei der überwiegenden Mehrzahl der in Betracht kommenden Möglichkeiten so sein, dass die subjektive Auffassung und Wertung der zur Entscheidung berufenen Personen den Ausschlag gibt." Dies verdeutlicht das Regel-Ausnahme-Verhältnis bei der Abgrenzung zwischen Drittbezeichnung und Drittbestimmung.

jedoch keine subjektive Ermessens- oder Beurteilungsentscheidung mehr übertragen werden.

Die im Zusammenhang mit § 2065 Abs. 2 BGB gelegentlich zitierte[108] Entscheidung BGH NJW 1966, 1410[109] stellt nur scheinbar eine Ausnahme zu der strengen Linie des Bundesgerichtshofes dar. Der Entscheidung lag ein Sachverhalt zugrunde, nach dem der Erblasser in seiner Verfügung von Todes wegen einen Hoferben eingesetzt und gleichzeitig der überlebenden Ehefrau das Recht eingeräumt hatte, davon abweichend eines der Enkelkinder des Erblassers als Hoferben zu bestimmen. Der Bundesgerichtshof hielt ein solches Vorgehen für zulässig, bemühte zur Begründung jedoch nicht die oben genannte Entscheidung des Reichsgerichts, sondern stützte die Entscheidung auf eine analoge Anwendung des § 14 Abs. 3 HöfeO.[110] In seinem unmittelbaren Anwendungsbereich sieht § 14 Abs. 3 S. 1 HöfeO eine Ausnahme zu § 2065 Abs. 2 BGB vor. Danach kann der überlebende Ehegatte, wenn der Hofeigentümer in seiner letztwilligen Verfügung keinen gewillkürten Hoferben benannt hat, unter den Abkömmlingen des Eigentümers den Hoferben bestimmen, sofern ihm in der Verfügung dieses Recht gewährt wurde. Der gesetzliche Hoferbe nach § 5 HöfeO ist in diesem Fall nur auflösend bedingt berufen.[111]

Der Fall, der der Entscheidung zugrunde lag, unterscheidet sich von dem in § 14 Abs. 3 HöfeO geregelten dadurch, dass der Erblasser in dem zu entscheidenden Fall testamentarisch einen (vorläufigen) Hoferben benannt hatte, der Ehegatte aber berechtigt sein sollte, hiervon abweichend einen anderen Hoferben unter den Abkömmlingen des Erblassers zu bestimmen. Beide Fälle seien nach dem Bundesgerichtshof aber insofern rechtlich vergleichbar, als die Entscheidung über die Person des endgültigen Hoferben auf einen Zeitpunkt verschoben werden solle, in dem sich die Eignung zur Übernahme und Fortführung des Hofes sachgerechter feststellen ließe, als im Zeitpunkt der Testamentserrichtung.[112]

---

108 *Gehse* RNotZ 2008, 339, 340; *Litzenburger* in BeckOK BGB § 2065, Rn. 17.

109 BGH, Beschluss vom 17.03.1966 – V BLw 48/65 (Celle), zitiert nach NJW 1966, 1410.

110 Die Höfeordnung gilt nach wie vor in den nördlichen Bundesländern Hamburg, Niedersachsen, Nordrhein-Westfalen und Schleswig-Holstein. Einige Länder, unter anderem Rheinland-Pfalz, haben eine eigene Höfeordnung erlassen. Zum Landwirtschaftserbrecht in den einzelnen Bundesländern vgl. auch die Ausführungen auf den Seiten 19 f.

111 Vgl. hierzu *Lüdtke-Handjery* in Lange/Wulff/Lüdtke-Handjery § 14, Rn. 100.

112 BGH, Beschluss vom 17.03.1966 – V BLw 48/65 (Celle), zitiert nach NJW 1966, 1410, 1411.

Interessant ist der Weg über die Analogie zu § 14 Abs. 3 HöfeO auch deshalb, weil das OLG Celle[113] wenige Jahre vor dem Beschluss des Bundesgerichtshofes aus dem Jahr 1966 eine Entscheidung in einem ähnlich gelagerten Fall noch maßgeblich mit der weiten Auslegung von § 2065 Abs. 2 BGB durch das Reichsgericht begründet hatte. Das OLG zitiert hierzu zunächst die Formel des Reichsgericht, ergänzte diese jedoch um den wohl aus der Rechtsprechung des Bundesgerichtshofes übernommenen Zusatz, dass der vom Erblasser zur Auswahl Bestimmte über die erforderliche Sachkunde verfügen müsse, um zu einer objektiven Auswahlentscheidung gelangen zu können.[114] Auf dieser Grundlage billigte das OLG die Erbenbestimmung eines Dritten, die sich an den Vorgaben des Erblassers orientiere, unter den Söhnen denjenigen auszuwählen, „welcher sich nach seiner Vorbildung, Veranlagung und seinen sonstigen Fähigkeiten am besten eigne(t), den Hof selbst zu bewirtschaften."[115] Diese Vorgaben seien so strikt, dass für ein Ermessen des Dritten kein Raum bleibe.[116] Nur abschließend überprüft das OLG das gefundene Ergebnis anhand einer vergleichenden Gegenüberstellung des gefundenen Ergebnisses mit den Wertungen des § 14 Abs. 3 HöfeO.[117] Hiermit weicht das OLG erkennbar von der in BGHZ 15, 199 getroffenen Grundentscheidung des Bundesgerichtshofes ab, nach der die Drittbestimmung ihre Grenze in § 2065 Abs. 2 BGB findet, wenn die „subjektive Auffassung und Wertung der zur Entscheidung berufenen Person den Ausschlag gibt".[118]

III. Oberlandesgerichte

Folgerichtig stützte der Bundesgerichtshof seine Entscheidung in dem oben genannten Fall[119] allein auf die analoge Anwendung des § 14 Abs. 3 HöfeO, ließ jedoch die Möglichkeit ungenutzt, die Ausführungen des OLG Celle zum Anlass zu nehmen, die eigene Rechtsprechung gegenüber den Vorgaben des

---

113 OLG Celle, Beschluss vom 16.12.1957 – 7 Wlw 149/57, zitiert nach NJW 1958, 953.

114 OLG Celle, Beschluss vom 16.12.1957 – 7 Wlw 149/57, zitiert nach NJW 1958, 953, 954.

115 OLG Celle, Beschluss vom 16.12.1957 – 7 Wlw 149/57, zitiert nach NJW 1958, 953.

116 OLG Celle, Beschluss vom 16.12.1957 – 7 Wlw 149/57, zitiert nach NJW 1958, 953, 954.

117 OLG Celle, Beschluss vom 16.12.1957 – 7 Wlw 149/57, zitiert nach NJW 1958, 953, 954 f.

118 BGH, Urteil vom 18.11.1954 – IV ZR 152/54, zitiert nach NJW 1955, 100, 101.

119 BGH, Beschluss vom 17.03.1966 – V BLw 48/65 (Celle), zitiert nach NJW 1966, 1410.

Reichsgerichts klarer abzugrenzen und die Anforderungen des § 2065 Abs. 2 BGB weiter zu präzisieren. Auch dies mag ein Grund sein, warum sich die Rechtsprechung der Oberlandesgerichte zu § 2065 Abs. 2 BGB in der Folge in teilweise äußerst unterschiedliche Richtungen entwickelte. So blieb das Bayerische Obererste Landesgericht der Linie des Bundesgerichtshofes in mehreren Entscheidungen treu[120] und entschied etwa, dass eine Verfügung, nach welcher der Vorerbe berechtigt sein soll, unter den Abkömmlingen denjenigen als Nacherben auszuwählen, der für die Erhaltung und Bewirtschaftung des Grundbesitzes am besten geeignet ist, wegen eines Verstoßes gegen § 2065 Abs. 2 BGB nichtig sei, weil dem Dritten durch die Prüfung der Eignung ein Auswahlermessen zukomme.[121]

Das OLG Köln entwickelte hingegen einen anderen Ansatz. Ausgehend von der Überlegung, dass jede Drittbestimmung, erfolge sie auch anhand von objektiv überprüfbaren Kriterien, letztlich immer mit einer subjektiven Entscheidung verbunden sei, könnte es nicht richtig sein, im Rahmen des § 2065 Abs. 2 BGB jegliche Wertung auszuschließen.[122] Aufgrund der fließenden Grenze zwischen Bestimmung und Bezeichnung eines Erben sei es daher geboten, einen Verstoß gegen § 2065 Abs. 2 BGB nur dann anzunehmen, wenn die Bestimmung des Erben der Willkür des Dritten unterliegt und die Ermessensentscheidung nicht mehr an objektive Kriterien gebunden ist.[123] Hiermit orientiert sich das OLG in der Sache an der Entscheidung des Reichsgerichts[124] und widerspricht der Rechtsprechung des Bundesgerichtshofes.

Dabei führt auch die vom OLG in Bezug genommene Entscheidung des Bundesgerichtshofes WM 1970, 930[125] nicht zu einer anderen Bewertung. Dieser Entscheidung lag ein Sachverhalt zugrunde, nach dem der Erblasser die Zuwendung eines Grundstücks von der Bedingung abhängig gemacht hatte, dass der Begünstigte „durch Führung und Leistung unter Beweis gestellt hat, dass er die Gewähr bietet, das Grundstück ordnungsgemäß zu verwalten und zu

120 Vgl. etwa BayObLG, Beschluss vom 27.11.1990 – BReg. 1a Z 76/88, zitiert nach BeckRS 2010, 29700 und BayObLG, Beschluss vom 18.03.2004 – 1Z BR 44/03, zitiert nach FamRZ 2005, 65; so auch OLG München, Beschluss vom 03.02.2017 – 34 Wx 342/16, zitiert nach ZEV 2017, 325, 326 f.

121 BayObLG, Beschluss vom 18.03.2004 – 1Z BR 44/03, zitiert nach FamRZ 2005, 65, 68.

122 OLG Köln, Beschluss vom 19.03.1984 – 2 Wx 5/84, zitiert nach OLGZ 1984, 299, 301.

123 OLG Köln, Beschluss vom 19.03.1984 – 2 Wx 5/84, zitiert nach OLGZ 1984, 299, 302.

124 RG, Urteil vom 06.02.1939 – IV 188/38, zitiert nach RGZ 159, 296.

125 BGH, Urteil vom 27.04.1970 – III ZR 152/67, zitiert nach WM 1970, 930.

erhalten."[126] Ein Verstoß gegen § 2065 Abs. 2 BGB war in dieser Verfügung nach Ansicht des Bundesgerichtshofes nicht zu sehen, weil der Erblasser den Empfänger und den Gegenstand der Zuwendung ausdrücklich benannt hatte und der zur Überprüfung berufene Testamentsvollstrecker anhand der Ausbildung und dem Charakter des Zuwendungsempfängers den Eintritt der Bedingung überprüfen konnte. Der Fall unterscheidet sich von den anderen hier zu § 2065 Abs. 2 BGB diskutierten Fällen dadurch, dass der Testamentsvollstrecker den Eintritt der Bedingung in der Person des Bedachten allein anhand eines Durchschnittsmaßstabs zu beurteilen hatte[127] und nicht unter mehreren Erbprätendenten mit gegebenenfalls ähnlichem Bildungsweg den Geeigneteren im Wege einer Ermessensentscheidung aussuchen sollte. Die Entscheidung stellt daher keine Abweichung von der bisherigen Rechtsprechung des Bundesgerichtshofes dar.

Die Rechtsprechung des OLG Köln fand ihre Fortsetzung in seiner Entscheidung aus dem Jahre 1994.[128] Nach dem dort zu entscheidenden Sachverhalt sollte dem zum Hofvorerben berufenen Ehegatten das Recht zustehen, unter den gemeinsamen Abkömmlingen den Hofnacherben zu bestimmen. Nachdem das OLG zunächst ein Bestimmungsrecht des überlebenden Ehegatten gemäß § 14 Abs. 3 HöfeO analog entgegen der Ansicht des Bundesgerichtshofes abgelehnt hatte, wandte es sich der genannten Verfügung des Erbvertrages zu und führte unter Verweis auf das Reichsgericht aus, § 2065 Abs. 2 BGB stehe einer solchen Verfügung nicht entgegen. Zwar zitiert das OLG die Formel des Bundesgerichtshofes und stellt im Obersatz die Forderung auf, der Dritte müsste über die erforderliche Sachkunde verfügen, um eine objektive Auswahl treffen zu können.[129] Es gelangt dann aber zu dem überraschenden Ergebnis, dass nicht mal das Fehlen objektiver Auswahlkriterien im Erbvertrag zur Unwirksamkeit der Verfügung führe, da sich diese aus den „bestehenden familiären und bäuerlichen Verhältnissen von selbst" ergebe.[130] Bei der Bestimmung gegenüber mehreren Abkömmlingen mit landwirtschaftlicher Ausbildung stünde dem Dritten nach dieser Ansicht folglich ein erheblicher Ermessensspielraum zu. Denn er könnte und müsste beurteilen, wodurch die „bestehenden familiären und bäuerlichen

126 BGH, Urteil vom 27.04.1970 – III ZR 152/67, zitiert nach WM 1970, 930.
127 BGH, Urteil vom 27.04.1970 – III ZR 152/67, zitiert nach WM 1970, 930, 931.
128 OLG Köln, Beschluss vom 01.02.1994 – 23 WLw 20/93, zitiert nach MittRhNotK 1994, 117.
129 OLG Köln, Beschluss vom 01.02.1994 – 23 WLw 20/93, zitiert nach MittRhNotK 1994, 117, 118.
130 OLG Köln, Beschluss vom 01.02.1994 – 23 WLw 20/93, zitiert nach MittRhNotK 1994, 117, 118.

Verhältnisse" geprägt sind, mit welcher Gewichtung spezifische Ausbildungselemente und Charakterzüge der Abkömmlinge in die Beurteilung der Eignung einzustellen und wie diese gegeneinander abzuwägen sind.

B. Kritik der Rechtsprechung in der Literatur

Die restriktive Auslegung des § 2065 Abs. 2 BGB durch den Bundesgerichtshof trifft auch in der Literatur immer wieder auf Widerspruch.[131] Ausgangspunkt der Kritik ist in vielen Fällen der unklare Gesetzeszweck des § 2065 Abs. 2 BGB.[132] Als mögliches Schutzgut werden unter anderem der Schutz der Familie,[133] der gesetzlichen Erbfolge,[134] und der Privatautonomie,[135] diskutiert. Die überwiegende Anzahl der Autoren führt zur Begründung des Drittbestimmungsverbotes an, der Erblasser müsse gemäß den §§ 2064, 2065 BGB persönlich die Verantwortung[136] für die letztwillige Verfügung übernehmen und dürfe sich dieser nicht durch die Übertragung auf einen Dritten entziehen. Keiner dieser Gründe ist jedoch geeignet, dem Drittbestimmungsverbot eine widerspruchsfreie Rechtfertigung zu verleihen, denn der Gedanke der materiellen Höchstpersönlichkeit wird vom Gesetzgeber selbst an verschiedenen Stellen[137] durchbrochen. Hieraus werden für die Reichweite des Drittbestimmungsverbotes unterschiedliche Schlussfolgerungen gezogen.

---

131 Vgl. hierzu *Goebel* DNotZ 2004, 101, 117 f.; Grossfeld JZ 1968, 113, 120 f.; *Brox* in FS Bartholomeyczik, S. 41, 54 f.; *Sens* in Die Erbenbestimmung durch Dritte, S. 98 ff.; a.A. *Wagner* in Der Grundsatz der Selbstentscheidung bei der Errichtung letztwilliger Verfügungen, S. 86, 87.

132 Ausführlich *Frey* in Flexibilisierung der Nachlassgestaltung im Lichte von § 2065 BGB, S. 77; *Wagner* in Der Grundsatz der Selbstentscheidung bei Errichtung letztwilliger Verfügungen, S. 31 ff.; *Goebel* DNotZ 2004, 101, 104 ff., vgl. zu den verschiedenen Begründungsansätzen auch *Litzenburger* in BeckOK BGB § 2065 Rn. 1.

133 *Leipold* AcP 180, 160, 195.

134 *Helms* ZEV 2007, 1, 4 f., Grossfeld JZ 1968, 113, 118; ablehnend *Goebel* DNotZ 2004, 101, 109.

135 *Frey* in Flexibilisierung der Nachlassgestaltung im Lichte von § 2065 BGB, S. 85 f.

136 *Ebenroth* in Erbrecht, Rn. 182; *Haegele* BwNotZ 1972, 74, 75; *Keim* FamRZ 2003, 137, 137; *Westermann* in FS *Möhring* S. 183, 193; *Brox* JA 1980, 561, 563; *Goebel* DNotZ 2004, 101, 106, f.; *Leipold* in MüKo BGB § 2065 Rn. 1; *Otte* in Staudinger § 2065 Rn. 2; so auch OLG Hamm, Beschluss vom 21.01.2019 – 15 W 24/19, zitiert nach ZErb 2019, 123, 123.

137 Vgl. nur die oben genannten §§ 2048 S. 2, 2151 ff, 2193 Abs. 1 BGB, § 14 Abs. 3 HöfeO, sowie § 2198 Abs. 1 BGB.

Vielfach wird gefordert, § 2065 Abs. 2 BGB einschränkend auszulegen. Dem Erblasser müsse es möglich sein, einem Dritten bei der Bestimmung seines Erben einen Beurteilungsspielraum zuzugestehen.[138] Nach dieser – an der Rechtsprechung des Reichsgerichts orientierten – Auslegung verbietet § 2065 Abs. 2 BGB nur die willkürliche Bestimmung durch den Dritten.

Sens[139] vertritt hingegen die Auffassung, § 2065 Abs. 2 BGB sei im Wege der teleologischen Reduktion an § 2151 BGB anzugleichen, sodass die Bestimmung des Erben durch einen Dritten unter denselben Voraussetzungen zulässig sei, wie die Bestimmung des Vermächtnisnehmers.[140] Andere sehen den Schutzzweck des Drittbestimmungsverbotes nur dann berührt, wenn der dem Dritten eingeräumte Ermessensspielraum darauf beruht, dass der unentschlossene Erblasser seinen Willen nicht abschließend bilden wollte.[141] Diene die Drittbestimmung hingegen dem Zustandekommen einer informierten Entscheidung, zu der der Erblasser aufgrund äußerer Umstände im Zeitpunkt der Testamentserrichtung nicht in der Lage ist, so werde der Erblasser seiner Verantwortung gerecht, wenn er die endgültige Bestimmung seines Erben, unter „Angabe eines eng begrenzten Personenkreises und genauer Auswahlkriterien"[142] einem Dritten überlässt.[143] Die Drittbestimmung sei in diesem Fall durch das praktische Bedürfnis eines solchen Vorgehens gerechtfertigt.[144]

---

138 *Otte* in Staudinger § 2065 Rn. 31; *Ebenroth* in Erbrecht, Rn. 186; *Keim* 2003, 137, 138; *Rötelmann* NJW 1958, 955 (Anm. zu OLG Celle, Beschluss v. 16.12.1957 – 7 Wlw 149/57, zitiert nach NJW 1958, 953); *Goebel* DNotZ 2004, 101, 118 spricht zwar davon, dass der Dritte den Erben nach objektiven Kriterien bestimmen soll. Aus dem Kontext und dem Zitat in Fußnote 77 ergibt sich jedoch, dass er hiermit eine Drittbestimmung im Sinne der reichsgerichtlichen Rechtsprechung zulassen will.

139 *Sens*, Die Erbenbestimmung durch Dritte, S. 98 f., a.A. *Frey* in Flexibilisierung der Nachlassgestaltung im Lichte von § 2065 BGB, S. 100 f., der das Vorliegen einer Gesetzeslücke verneint und darauf abstellt, dass die Regelungen in § 2151 Abs. 2 und 3 BGB nicht auf die Erbeinsetzung übertragbar sein.

140 Im Gegensatz zu den Autoren, die aufgrund eines vermeintlichen praktischen Bedürfnisses eine Rückbesinnung auf die Rechtsprechung des Reichsgerichts fordern, wäre nach dieser Ansicht konsequenterweise nicht mal eine willkürliche Bestimmung des Erben durch einen Dritten unzulässig, da § 2151 Abs. 1 BGB keine sachlichen Vorgaben für die Entscheidung des Dritten aufstellt.

141 *Brox* in FS Bartholomeyczik zum 70. Geburtstag, S. 41, 54 f.; *Westermann* in FS Möhring, 183, 195 f.

142 *Brox* in FS Bartholomeyczik zum 70. Geburtstag, S. 41, 54 f.

143 *Brox* JA 1980, 561, 563.

144 *Grossfeld* JZ 1968, 113, 120.

C. Eigene Stellungnahme

Letztlich führt keiner der genannten Auslegungsansätze zu einem überzeugenden Ergebnis. Der Wortlaut des § 2065 Abs. 2 BGB steht einer Bestimmung des Erben durch einen Dritten ausdrücklich entgegen.[145] Gesteht der Erblasser dem Dritten bei der Auswahl des Erben einen eigenen Beurteilungsspielraum zu, wird die Schwelle von der Bezeichnung zur Bestimmung des Erben überschritten. Ein solches Verständnis der Norm (oder eine teleologische Reduktion) kann schon deshalb nicht durch ein praktisches Bedürfnis an Flexibilität gerechtfertigt werden, weil das Gesetz selbst in den §§ 2048, 2151 ff. BGB diverse Möglichkeiten der Drittbestimmung bereithält. Dem Erblasser ist es daher – zumindest in wirtschaftlicher Hinsicht – unschwer möglich, die gewünschte Gestaltung durch die Zuwendung eines Bestimmungsvermächtnisses zu verwirklichen. Ein darüberhinausgehendes zwingendes Bedürfnis, auch die Bestimmung des Erben durch einen Dritten zuzulassen, ist in der Sache nicht gegeben.[146] Dies zeigt sich etwa darin, dass die Zulässigkeit der Bestimmung des Erben durch einen Dritten häufig dann gefordert wird, wenn der Erblasser sein Unternehmen auf die nächste Generation übertragen will.[147] Auch jenseits der Drittbestimmung wird das Vermächtnis aber immer wieder als Gestaltungsmittel zur Übertragung von Unternehmensbestandteilen diskutiert.[148] Der Umstand, dass der Vermächtnisnehmer mit Eintritt des Erbfalls nicht unmittelbar dinglich berechtigt wird, kann daher alleine kaum ausreichen, um eine Durchbrechung des § 2065 Abs. 2 BGB zur rechtfertigen. Insoweit ist auch zu beachten, dass selbst die gesetzlich geregelte Drittbestimmung des § 14 Abs. 3 HöfeO keine Rückwirkung auf den Zeitpunkt des Erbfalls vorsieht.[149]

---

145 Vgl. insoweit auch *Helms* ZEV 2007, 1, 2, der unter Verweis auf Motive, Band V, S. 35 ausführt, dass sich der historische Gesetzgeber mit einer Beschränkung des Drittbestimmungsverbotes auf willkürliche Entscheidungen befasst und eine solche bewusst abgelehnt hat.

146 *Otte* in Staudinger § 2065 Rn. 6, a.A. *Rötelmann* NJW 1958, 955 (Anm. zu OLG Celle, Beschluss v. 16.12.1957 – 7 Wlw 149/57, zitiert nach NJW 1958, 953) unter Verweis auf das vermeintliche Bedürfnis, „wirtschaftliche und ideelle Werte von Todes wegen unmittelbar in die richtige Hand zu bringen."

147 *Ebenroth* in Erbrecht, Rn. 186; *Klunzinger* BB 1970, 1197, 1198; *Brox*, JA 1980, 561, 563.

148 *Lenz* GmbHR 2000, 927, 927; *Riedel* in Praxishandbuch Unternehmensnachfolge § 8, Rn. 55 ff.; *Maulbetsch* in Roth/Maulbetsch/Schulte § 7, Rn. 23 f.; *Rott* in Frieser, Formularhandbuch des Fachanwalts Erbrecht, S. 463; *Lorz/Kirchdörfer* in Unternehmensnachfolge, Kapitel 5. Rn. 63.

149 Kapitel 2. B. II. 4.

Die Bestimmung des Erben durch einen Dritten würde auch zu systematischen Widersprüchen führen. Das Gesetz sieht in § 1922 Abs. 1 BGB vor, dass der Nachlass mit Eintritt des Erbfalls unmittelbar auf den Erben übergeht. Während die §§ 2048, 2151 ff. BGB nur die spätere schuldrechtliche Verteilung des Nachlasses betreffen, tritt der Erbe unmittelbar in die dinglichen Rechtspositionen des Erblassers ein. Die erst nachträgliche Bestimmung des Erben durch einen Dritten würde hier zu erheblichen Problemen führen, da das Gesetz für die Schwebezeit und die Auswahlentscheidung keine ausdrücklichen Regelungen vorsieht.

Eine Lösungsmöglichkeit bestünde darin, entsprechend § 2105 Abs. 1 BGB anzunehmen, dass die zur Bestimmung stehenden Erben als Nacherben eingesetzt sein sollen und bis zur Ausübung einer wirksamen Drittbestimmung im Zweifel die gesetzliche Erbfolge eintritt.[150] Ein solches Verständnis der Erbeinsetzung wird dem Willen des Erblassers aber typischerweise nicht entsprechen,[151] denn durch die Verfügung von Todes wegen hat er zum Ausdruck gebracht, von der gesetzlichen Erbfolge abweichen zu wollen. Gerade im Bereich der Unternehmensnachfolge wird es dem Erblasser zudem wie oben[152] gezeigt häufig darum gehen, die Entstehung einer Erbengemeinschaft zu vermeiden. Der Teil der Literatur, der eine Drittbestimmung für zulässig erachtet, geht daher davon aus, dass die Erbenbestimmung auf den Zeitpunkt des Erbfalles zurückwirkt. Aufgrund der zunächst bestehenden Ungewissheit über die Person des Erben sei in entsprechender Anwendung des § 1960 BGB ein Pfleger zu bestellen.[153] Die Bestimmungserklärung des Dritten sei in entsprechender Anwendung des § 2198 Abs. 1 S. 2 BGB gegenüber dem Nachlassgericht abzugeben.[154] Folgt man dem, wäre der Nachlass bis zum wirksamen Zugang der Bestimmungserklärung beim Nachlassgericht faktisch herrenlos. Ein solcher Zustand ist dem deutschen Erbrecht jedoch fremd.[155]

Schließlich stellt sich die Frage, welche Rechtsfolge eintreten soll, wenn der Dritte von seinem Bestimmungsrecht keinen Gebrauch macht. *Klunzinger*[156]

150 *Sens*, Die Erbenbestimmung durch Dritte, S. 62 ff., 107.

151 So auch *Klunzinger* BB 1970, 1197, 1200; *Haegerle* BWNotZ 1972, 74, 77.

152 Kapitel 2. B. I. 1.

153 *Klunzinger* BB 1970, 1197, 1200.

154 *Klunzinger* BB 1970, 1197, 1201; *Ebenroth* in Erbrecht, Rn. 186; *Selbherr* in Nomos Kommentar § 2065 Rn. 12; *Voit* in Reimann/Bengel/J. Mayer, „Testament und Erbvertrag, Vor. § 2229, Rn. 30, der ein Bestimmungsrecht jedoch nur bei objektiv überprüfbaren Vorgaben des Erblassers annimmt.

155 *Helms* ZEV 2007, 1, 6; *Sens* in Die Erbenbestimmung durch Dritte, S. 62.

156 So *Klunzinger* BB 1970, 1197, 1200 f.

schlägt vor, die zur Wahl stehenden Personen in diesem Fall in analoger Anwendung des § 2151 Abs. 3 BGB als Miterben zu behandeln. Jedenfalls die Regelung des § 2151 Abs. 3 S. 3 BGB lässt sich jedoch rechtlich nicht sinnvoll auf die Erbengemeinschaft übertragen. Anders als beim Vermächtnis gibt es hier keinen „Beschwerten", der den Nachlass mit dem Erbfall entgegennimmt und nach dem endgültigen Ausbleiben der Bestimmung an einen der „Miterben" herauszugeben hat. Einer auf § 2151 Abs. 3 S. 1 BGB beschränkten Analogie steht indes entgegen, dass der Erblasser durch die Verfügung von Todes wegen dokumentiert hat, dass die Entstehung einer Miterbengemeinschaft nicht seinem Willen entspricht.[157] Eine analoge Anwendung des § 2151 Abs. 3 BGB erscheint daher nicht interessengerecht.[158]

Stattdessen wird vertreten, das Bestimmungsrecht des Dritten solle in entsprechender Anwendung des § 2198 Abs. 2 BGB erlöschen, wenn der Dritte die Bestimmung innerhalb einer vom Gericht gesetzten Frist nicht vornimmt.[159] In diesem Fall habe dann ein Gericht gemäß § 319 Abs. 1 S. 2 BGB die Bestimmung des Erben vorzunehmen.[160]

Auch diese Überlegungen können aber letztlich nicht überzeugen und sind mit der Systematik des BGB nicht vereinbar. Das Gesetz enthält in § 2065 Abs. 2 BGB ein allgemeines Verbot der Drittbestimmung. Die hierzu bestehenden Ausnahmen hat der Gesetzgeber ausdrücklich und jeweils unter Bestimmung eines eigenständigen Verfahrens und mit unterschiedlichen Rechtsfolgen geregelt.[161] Vor dem Hintergrund dieser detaillierten Regelungen wäre es widersprüchlich, ausgerechnet die Zulässigkeit der Bestimmung des Erben durch einen Dritten

157 *Loritz* in Soergel § 2065 Rn. 35.

158 *Helms* ZEV 2007, 1, 5.

159 *Loritz* in Soergel § 2065 Rn. 35.

160 *Otte* in Staudinger § 2065 Rn. 39.

161 Vgl. etwa § 2151 Abs. 2 und 3 BGB zur Frage des Erklärungsempfängers und des Ausbleibens der Drittbestimmung. § 2153 Abs. 1 S. 2 BGB verweist hinsichtlich des Erklärungsempfängers auf § 2151 Abs. 2 BGB, während § 2153 Abs. 2 BGB eine von § 2151 Abs. 3 BGB abweichende Regelung aufstellt. § 2154 Abs. 2 S. 1 BGB bestimmt, anders als § 2151 Abs. 3 BGB einen Übergang des Bestimmungsrechts von dem Dritten auf den Beschwerten, während § 2156 S. 2 BGB auf die §§ 315-319 BGB verweist. § 2048 S. 3 BGB sieht ebenfalls eine an § 319 BGB angelehnte Rechtsfolge vor, während § 2198 Abs. 1 S. 2, Abs. 2 BGB für die Bestimmung des Testamentsvollstreckers andere Vorgaben macht. Im Bereich der HöfeO geht der Hof zunächst mit dem Erbfall auf den gesetzlichen Hoferben im Sinne des § 5 HöfeO über. § 14 Abs. 3 S. 2 und 3 HöfeO sehen für das Verfahren der Drittbestimmung ihrerseits Sondervorschriften vor.

im Wege einer teleologischen Reduktion des § 2065 Abs. 2 BGB und unter analoger Anwendung der §§ 2198 Abs. 1 S. 2, Abs. 2 BGB, 319 Abs. 1 S. 2 BGB zu konstruieren.[162] In diesem Zusammenhang fällt auch auf, dass das im Jahre 2013 in Kraft getretene FamFG ein Verfahren zur Bestimmung des Erben nicht erwähnt. Aufgrund des sachlichen Zusammenhanges hätte es sich aufgedrängt, ein solches Verfahren als Nachlasssache im Sinne der § 23a Abs. 1 Nr. 2, Abs. 2 Nr. 2 GVG, § 342 FamFG zu behandeln. Nach § 342 FamFG ist die (subsidiäre) Bestimmung des Erben durch ein Gericht jedoch nicht vorgesehen. § 342 Abs. 1 Nr. 4 FamFG nimmt mit der „Ermittlung der Erben" lediglich auf das Erbrecht des Fiskus nach den §§ 1936, 1964 ff. BGB Bezug.[163] Auch § 342 Abs. 1 Nr. 9 FamFG kann nicht zur Anwendung gebracht werden, weil von der Norm nur diejenigen „sonstigen Verfahren" erfasst sind, die dem Nachlassgericht durch Gesetz ausdrücklich zugewiesen sind.[164]

D. Zwischenergebnis

Dem Dritten darf im Rahmen des § 2065 Abs. 2 BGB somit nur die Benennung, nicht aber die Bestimmung des Erben übertragen werden. Dieser Grundsatz ist mit dem Bundesgerichtshof dahingehend zu konkretisieren, dass eine zulässige Einbeziehung des Dritten in die Entscheidung des Erblassers nur dann vorliegt, wenn „jede mit der notwendigen Sachkenntnis ausgestatte Person anhand von objektiven Kriterien in der Lage ist, die Person oder den Gegenstand zu benennen."[165] Ein eigener Beurteilungsspielraum darf dem Dritten nicht verbleiben.

Im Falle der Bestimmung des Unternehmensnachfolgers hat der Dritte neben objektiven Merkmalen, wie dem Abschluss einer entsprechenden Berufsausbildung und dem Vorhandensein einschlägiger Berufserfahrung, jedoch typischerweise eine wertende Ermessensentscheidung unter Berücksichtigung aller Umstände, einschließlich der Situation des Unternehmens und den persönlichen Eigenschaften der zur Wahl stehenden Personen, zu treffen.[166] Dies tritt besonders deutlich zutage, wenn unter den zur Wahl stehenden Personen mehrere eine

162 In diese Richtung argumentiert *Selbherr* in Nomos Kommentar § 2065 Rn. 11.

163 *Grziwotz* in MüKo FamFG § 342, Rn. 9.

164 *Grziwotz* in MüKo FamFG § 342, Rn. 16; vgl. auch *Leipold* MüKo BGB § 2065 Rn. 36, der ausführt, dass das Nachlassgericht nicht für die Drittbestimmung zuständig ist und die Entscheidung auch nicht durch letztwillige Verfügung auf das Gericht übertragen werden kann.

165 BGH, Urteil vom 18.11.1954 – IV ZR 152/54, zitiert nach NJW 1955, 100, 101.

166 *Pauli* in Bengel/Reimann § 5, Rn. 285.

im Wesentlichen gleiche Berufsausbildung vorweisen können. Hierdurch würde die durch den Bundesgerichtshof gezogene Grenze der rechtlich zulässigen Drittbestimmung des Erben überschritten. Dem Unternehmer und zukünftigen Erblasser darf daher trotz der oben zitierten obergerichtlichen Rechtsprechung nicht empfohlen werden, die Bestimmung seines (Unternehmens-)Erben einem Dritten zu überlassen. Andernfalls riskiert er die Nichtigkeit der Verfügung gemäß § 2065 Abs. 2 BGB, was die oben geschilderten Nachteile[167] des Eintritts der gesetzlichen Erbfolge zur Folge hätte.

---

167 Kapitel 2. B. I. 1.

4. Kapitel: Auswirkungen des § 2065 Abs. 2 BGB auf die Testamentsgestaltung

A. § 2087 BGB

Im Gegensatz zur Rechtslage bei der Erbeinsetzung lässt das Gesetz in § 2151 Abs. 1 BGB die Bestimmung des Vermächtnisnehmers durch einen Dritten ausdrücklich zu. Aus diesem Grunde ist eine klare Differenzierung zwischen Erbeinsetzung und Vermächtnisanordnung in der letztwilligen Verfügung von zentraler Bedeutung. Nach § 2087 Abs. 1 BGB ist die Zuwendung des gesamten Vermögens oder eines Bruchteils des Vermögens des Erblassers als Erbeinsetzung anzusehen, auch wenn der Bedachte nicht als Erbe bezeichnet ist. Sind dem Bedachten hingegen nur einzelne Nachlassgegenstände zugewendet, so ist er nach § 2087 Abs. 2 BGB im Zweifel nicht als Erbe, sondern als Vermächtnisnehmer anzusehen, auch wenn er in der Verfügung als Erbe bezeichnet ist. Auch in der Zuwendung eines einzelnen Nachlassgegenstandes kann allerdings eine Erbeinsetzung zu sehen sein, wenn der Gegenstand nahezu den gesamten Nachlass ausmacht.[168]

Gegenstand der Zuwendung bei der Rechtsnachfolge in Unternehmen ist entweder die Beteiligung an einer Gesellschaft oder die Gesamtheit der Unternehmensbestandteile.[169] Diese werden in der Regel den Großteil des Nachlasses bilden. Die Wertung des § 2087 Abs. 1 BGB begründet für den Erblasser daher die latente Gefahr, dass die Zuwendung des Unternehmens nicht als Vermächtnisanordnung, sondern als Erbeinsetzung ausgelegt wird, was die oben beschriebene Nichtigkeit gemäß § 2065 Abs. 2 BGB zur Folge hätte. § 2087 Abs. 1 BGB stellt jedoch keine für den Erblasser zwingende Regelung auf.[170] Als dispositives Recht kommt die Norm erst zur Anwendung, wenn sich im Wege der Testamentsauslegung ein klarer Wille des Erblassers nicht feststellen lässt.[171] § 2087 BGB steht der vermächtnisweisen Zuwendung eines Unternehmens folglich

168 *Roth* in Roth/Maulbetsch/Schulte § 1, Rn. 17; *Krätzschel* in Firsching/Graf § 43, Rn. 5; *Weidlich* in Palandt § 2087, Rn. 5; *Krafka* in Nomos Kommentar § 2087, Rn. 6.

169 *Dobroschke* DB 1967, 803, 804.

170 *Sudhoff* DB 1966, 1720; *Haegele* BWNotZ 1972, 74, 79; *Wagner* in Der Grundsatz der Selbstentscheidung bei der Errichtung letztwilliger Verfügungen, S. 92 f.

171 *Piltz* ZEV 2005, 469, 471; *Klunzinger* BB 1970, 1197, 1199; *Haegele* BWNotZ 1972, 74, 79; *Zawar* in Das Vermächtnis in der Kautelarjurisprudenz, S. 112; *Weidlich* in Palandt § 2087 Rn. 1; *Rudy* in MüKo BGB § 2087 Rn. 1.

nicht entgegen, sofern der Erblasser seinen dahingehenden Willen in seiner Verfügung von Todes wegen klar zum Ausdruck bringt[172]. Dies gilt selbst dann, wenn neben dem Unternehmen keine wesentlichen Nachlasswerte vorhanden sind.[173]

B. Liegt eine Umgehung von § 2065 BGB vor?

In der Zuwendung des Unternehmens durch ein Bestimmungsvermächtnis könnte jedoch eine Umgehung des § 2065 Abs. 2 BGB zu sehen sein. Stellt das Unternehmen den einzigen oder wesentlichen Nachlasswert dar, führt die Gestaltung über das Bestimmungsvermächtnis wirtschaftlich betrachtet letztlich zu dem Ergebnis, das durch § 2065 Abs. 2 BGB vermieden werden soll. Der Erblasser gibt die Verantwortung für die endgültige Zuordnung des wesentlichen Nachlasswertes aus den Händen. Das Gesetz folgt im Bereich der §§ 2065, 2151 ff. BGB jedoch keiner wirtschaftlichen, sondern einer rechtlichen Betrachtungsweise. Das Vermächtnis stellt gegenüber der Erbeinsetzung kein „Minus", sondern ein Aliud dar.[174] Der Wert der Zuwendung lässt die rechtliche Qualität des Vermächtnisses unberührt. Das Drittbestimmungsverbot verfolgt, wie oben[175] aufgezeigt, unter anderem den Zweck, eine eindeutige dingliche Zuordnung des Nachlasses im Zeitpunkt des Erbfalls zu ermöglichen und die Entstehung eines herrenlosen Nachlasses zu vermeiden. Dieses Bedürfnis an Rechtssicherheit wird durch die Zuwendung eines Universalvermächtnisses[176] im Wege des § 2151 BGB nicht tangiert.[177]

---

172 *Piltz* ZEV 2005, 469, 471; *Dobroschke* DB 1967, 803, 804; *Klunzinger* BB 1970, 1197, 1199; *Schlitt* ZEV 2006, 226, 227.

173 *Weidlich* in Palandt § 2087 Rn. 9; *Wolf* in Soergel § 2051 Rn. 1; *Ebenroth* in Erbrecht, Rn. 469; a.A. *Sudhoff* DB 1966, 1720, für den Fall, dass neben dem Unternehmen kein weiterer Nachlass vorhanden ist, das Unternehmen also mit dem Nachlass identisch sei. Ebenfalls ablehnend *Menz* DB 66, 1719, für den Fall, dass der Erblasser neben dem Unternehmen nur über unwesentliches Vermögen verfüge oder die übrigen Bedachten gegenüber dem Unternehmensnachfolger lediglich einen Abfindungsanspruch erhalten sollen.

174 *Helms* ZEV 2007, 1, 5.

175 Kapitel 3. B.

176 Ausführlich zum Universalvermächtnis *Dobroschke* DB 1967, 803, 805. Für die Anwendung der §§ 2385, 2378, 2382, 2383 BGB auf das Universalvermächtnis *Damrau/Mayer* ZEV 2001, 293, 293; *Joussen* NJW 2003, 1851, 1852; a.A. *Muscheler* AcP 208, 69, 93 f.

177 *Schiemann* in Frieser, Fachanwaltskommentar Erbrecht, § 2151, Rn. 1.

Durch die Entscheidung, die Wertung des § 2087 BGB zur Disposition des Erblassers zu stellen und die Abgrenzung zwischen Gesamtrechtsnachfolge und Vermächtnis nach dem individuellen Erblasserwillen vorzunehmen, hat der Gesetzgeber dem Erblasser ferner bewusst die Möglichkeit eingeräumt, sein (wirtschaftliches) Gestaltungsziel auf verschiedenen Wegen zu erreichen.[178] Macht der Erblasser von dieser gesetzlich zugelassenen Gestaltungsalternative Gebrauch, kann eine Gesetzesumgehung darin nicht erblickt werden.[179] Zumal der Gesetzgeber mit der Schaffung des § 2151 BGB gerade das Ziel verfolgte, dem Erblasser trotz der Existenz des § 2065 Abs. 2 BGB für den Bereich des Vermächtnisses ein Mittel zur flexiblen Testamentsgestaltung zur Seite zu stellen.[180]

Schließlich ist auch aus dem Gesichtspunkt der Rechtssicherheit eine wertunabhängige Zulässigkeit des Bestimmungsvermächtnisses zu fordern. Denn andernfalls müsste die Frage beantwortet werden, ab welchem Betrag, gemessen am Wert des gesamten Nachlasses, die Bestimmung des Vermächtnisnehmers durch einen Dritten aufgrund einer Umgehung des § 2065 Abs. 2 BGB unzulässig sein soll.[181] Dies würde den Erblasser vor unlösbare Probleme stellen, denn er kann im Zeitpunkt der Testamentserrichtung weder den Wert des zuzuwendenden Gegenstandes (hier das Unternehmen), noch den Wert seines sonstigen Vermögens im Zeitpunkt des noch ungewissen Erbfalls sicher vorhersagen. Die Zuwendung eines Unternehmens im Wege des Bestimmungsvermächtnisses stellt folglich keine Umgehung des § 2065 Abs. 2 BGB und damit eine zulässige Gestaltungsalternative dar.[182]

---

178 *Klunzinger* BB 1970, 1197, 1200; *Zawar* in Das Vermächtnis in der Kautelarjurisprudenz, S. 115.

179 So auch im Grundsatz *Keim*, Die höchstpersönliche Struktur der Verfügung von Todes wegen, S. 153.

180 Protokolle, Band V, S. 29 f., *Klunzinger* BB 1970, 1197, 1199; *Mayer* ZEV 1995, 247, 248; *Piltz* ZEV 2005, 469, 471.

181 *Schlitt* ZErb 2006, 226, 227; *Helms* ZEV 2007, 1, 5; *Otte* in Staudinger § 2151 Rn. 1.

182 Zu demselben Ergebnis kommt auch *Wübben* in „Anwartschaften im Erbrecht und ihre kautelarjuristische Ausgestaltung" S. 212. Er ist jedoch der Ansicht, der Begriff des Vermächtnisgegenstandes im Sinne des § 2151 Abs. 1 BGB müsse vor dem Hintergrund des § 2065 Abs. 2 BGB einschränkend ausgelegt werden. Ein hinreichend bestimmter Vermächtnisgegenstand liege nur im Falle der Zuwendung eines genau bezeichneten Einzelgegenstandes oder eines „Sachinbegriff(s) von Vermächtnisgegenständen" vor. Das Vermächtnis eines Unternehmens genüge diesen Anforderungen, weil die aus dem Gesamtnachlass herauszunehmenden Einzelgenstände durch den Begriff des Unternehmens klar bestimmt seien.

C. Umdeutung möglich?

Kommt man nach der Ermittlung des Erblasserwillens oder der Anwendung der Auslegungsregel des § 2087 Abs. 1 BGB zu dem Ergebnis, dass die Zuwendung des Unternehmens im Wege der Erbeinsetzung erfolgen soll, ist diese Verfügung nach § 2065 Abs. 2 BGB nichtig. In diesen Fällen stellt sich die Frage, ob die nichtige Verfügung gemäß §§ 2084, 140 BGB in ein wirksames Bestimmungsvermächtnis umgedeutet werden kann.[183] Hierbei ist zwischen den Fällen zu differenzieren, in denen der Erblasserwille eindeutig auf eine Erbeinsetzung gerichtet ist und solchen, in denen sich die Erbeinsetzung erst unter Anwendung des § 2087 Abs. 1 BGB ergibt.

I. Eindeutiger Erblasserwille

Der Zweck der Umdeutung liegt darin, den vom Erblasser beabsichtigten wirtschaftlichen Erfolg zur Geltung zu bringen, obwohl der eingeschlagene Weg rechtlich unzulässig ist.[184] Nach allgemeiner Ansicht setzt eine Umdeutung voraus, dass das nichtige Rechtsgeschäft gleichzeitig sämtliche Wirksamkeitsvoraussetzungen eines anderen, wirksamen Rechtsgeschäfts erfüllt. Dieses Rechtsgeschäft darf in seiner Reichweite nicht über das nichtige Rechtsgeschäft hinausgehen[185] und muss vom mutmaßlichen Willen des Erblassers gedeckt sein.[186] So ist es beispielsweise nicht möglich, eine unbestimmte Verfügung in eine bestimmte Verfügung umzudeuten.[187] Auch die Umdeutung einer nichtigen Erbeinsetzung einer bestimmten Person in die Erbenberufung einer anderen Person ist unzulässig.[188]

---

183 Für eine Umdeutung etwa *Helms* ZEV 2007, 1, 5; *Wagner* in Der Grundsatz der Selbstentscheidung bei der Errichtung letztwilliger Verfügungen, S. 94; *Haegele*, BWNotZ 1972, 74, 79; *Zimmermann* in „Quos Titius voluerit – Höchstpersönliche Willensentscheidung des Erblassers oder power of appointment?", S. 57 ff.; *Zawar* in Das Vermächtnis in der Kautelarjurisprudenz, S. 113.

184 *Leipold* in MüKo BGB, § 2084, Rn. 135.

185 Das Vermächtnis stellt gegenüber der Erbeinsetzung kein Minus, sondern ein Aliud dar, vgl. *Helms* ZEV 2007, 1, 5. Dies steht einer Umdeutung für sich genommen aber nicht entgegen, sofern sich durch die Umdeutung keine weiterreichenden Rechtsfolgen ergeben, als aus der nichtigen Erbeinsetzung. Vgl. zur Zulässigkeit des Aliuds auch *Ellenberger* in Palandt § 140 Rn. 6.

186 *Fleindl* in Nomos Kommentar § 2084, Rn. 59; BGH Urteil vom 14.05.1956 – II ZR 229/54, zitiert nach NJW 1956, 1198, 1200.

187 *Kuchinke* in FS Neumayer, S. 389, 406; *Leipold* in MüKo BGB § 2065 Rn. 47.

188 *Kuchinke* in FS Neumayer, S. 389, 406.

Für die Zulässigkeit einer Umdeutung im vorliegenden Fall spricht zunächst, dass sich das Ziel des Erblassers, das Unternehmen auf den von einem Dritten (ggf. nach bestimmten Kriterien) bestimmten Zuwendungsempfänger zu übertragen, in wirtschaftlicher Hinsicht vollständig erreichen lässt und die Vermächtnisanordnung gegenüber der Erbeinsetzung keine intensiveren Rechtsfolgen im Hinblick auf die Beteiligung am Nachlass hervorruft. Soweit es die endgültige Unternehmensnachfolge betrifft, stehen der Erblasserwille und die eintretenden Rechtsfolgen einer Umdeutung nicht entgegen. Werden die (nach der nichtigen Verfügung) zur Wahl stehenden Erben im Wege der Umdeutung zu Vermächtnisnehmern, stellt sich allerdings die Frage, wer die Gesamtrechtsnachfolge nach dem Erblasser antreten soll.

In der Literatur wird vereinzelt vorgeschlagen, den zur Erbenbestimmung berufenen Dritten in diesen Fällen als Alleinerben anzusehen.[189] Zur Begründung wird angeführt, durch die Auswahlberechtigung bringe der Erblasser sein Vertrauen gegenüber dem Dritten zum Ausdruck, wodurch dieser praktisch an die Stelle des Erblassers trete.[190] Dies kann nach dem soeben gesagten jedoch konsequenter Weise allenfalls dann angenommen werden, wenn der zur Auswahl berechtigte Dritte nach dem Willen des Erblassers zum Kreis der potenziellen Erben gehören und die Befugnis haben sollte, sich selbst als Erben zu bestimmen. Andernfalls würde durch die Umdeutung nicht nur die rechtliche Qualität der Zuwendung des Unternehmens verändert, sondern auch eine Person als Erbe eingesetzt, die der Erblasser nicht als Gesamtrechtsnachfolger in Betracht gezogen hat. Denn der Dritte wird zwar regelmäßig ein enger Vertrauter des Erblassers sein. Seine Erbeinsetzung war nach dem Inhalt einer solchen Verfügung aber erkennbar nicht beabsichtigt. [191]

Gerade in Fällen, in denen der Erblasser das Unternehmen in die nächste Generation übergeben will und die Bestimmungsbefugnis einem engen Vertrauten überlässt, könnte die durch eine Umdeutung erzielte Erbenstellung des Dritten aufgrund der plötzlich eingetretenen persönlichen Betroffenheit zu einer nicht zu unterschätzenden Befangenheit führen, die der Erblasser nicht

---

189 *Helms* ZEV 2007, 1, 5; *Zimmermann* in „Quos Titius voluerit – Höchstpersönliche Willensentscheidung des Erblassers oder power of appointment?“, S. 59.

190 *Zimmermann* in „Quos Titius voluerit – Höchstpersönliche Willensentscheidung des Erblassers oder power of appointment?“, S. 58.

191 Anders wäre der Fall zu beurteilen, wenn sich der Verfügung im Wege der Auslegung Anhaltspunkte dafür entnehmen ließen, dass der Dritte als Vorerbe eingesetzt sein soll und unter den zur Wahl stehenden Personen einen Nacherben des Erblassers bestimmen soll.

in seine Überlegungen einbezogen hat. Die Erbenstellung kann dabei nicht als bloßer formaler Durchgangserwerb abgetan werden, denn bis zur Übertragung der Unternehmensgegenstände auf den bestimmten Vermächtnisnehmer ist der Erbe vollwertiger Eigentümer des Nachlasses und unterliegt grundsätzlich keinen Verfügungsbeschränkungen.[192] Zwar besteht die Möglichkeit, den Erben durch die Anordnung der Testamentsvollstreckung in seinen Rechten zu beschränken. Ernennt der Erblasser aber seine Vertrauensperson – was nicht selten vorkommen dürfte – sowohl zum Testamentsvollstrecker, als auch zum Bestimmungsberechtigten im Sinne des § 2151 BGB, ginge die Anordnung der Testamentsvollstreckung bei der Annahme einer Alleinerbeneinsetzung ins Leere.[193] Darüber hinaus bringt der Erblasser durch die Anordnung der Testamentsvollstreckung zum Ausdruck, dass dieser als Außenstehender eine verwaltende Funktion übernehmen und nicht persönlich Erbe werden soll.

Eine andere Möglichkeit bestünde darin, die im Wege der Umdeutung entstandene Regelungslücke der Verfügung von Todes wegen durch einen Rückgriff auf die gesetzliche Erbfolge zu schließen. Jedenfalls in den Fällen, in denen der Erblasser seinen Willen, den vom Dritten Bestimmten als Erben einzusetzen, deutlich zum Ausdruck gebracht hat, ist dies aber nicht mit dem Willen des Erblassers in Einklang zu bringen. Denn durch die Errichtung der Verfügung von Todes wegen hat er erkennbar zum Ausdruck gebracht, dass der Eintritt der gesetzlichen Erbfolge und die damit regelmäßig verbundene Entstehung einer Erbengemeinschaft nicht seinem Willen entsprechen.[194]

Schließlich könnte erwogen werden, die zur Wahl stehenden Personen als Miterben zu behandeln. Die Zuwendung des Unternehmens wäre in diesem Fall in ein der Drittbestimmung nach § 2151 BGB unterliegendes Vorausvermächtnisses im Sinne des § 2150 BGB an einen der Erben umzudeuten. Dem lässt sich zwar entgegenhalten, dass der Erblasser letztlich nur eine der zur Wahl stehenden Personen als Erbe einsetzen wollte. Dies wird aber häufig durch den Wunsch nach einer geeigneten Nachfolgeregelung für das Unternehmen und nicht durch den Ausschluss der übrigen Kinder vom restlichen Nachlass motiviert sein. Insofern muss hier im Einzelfall geprüft werden, was den Erblasser dazu bewogen hat, die unmittelbare Rechtsnachfolge für den gesamten Nachlass

192 Zur Testamentsvollstreckung siehe Kapitel 8 und Kapitel 9. A.

193 Der Alleinerbe kann grundsätzlich nicht zum Testamentsvollstrecker ernannt werden, vgl. BayObLG, Beschluss vom 08.06.2001 – 1Z BR 74/00, zitiert nach ZEV 2002, 24, 25.

194 So auch *Kuchinke* in FS Neumayer, S. 389, 406.

auf einen der Abkömmlinge zu beschränken und ob der Erblasserwille die mit einer Umdeutung verbundene Erbeinsetzung aller zur Wahl stehenden Personen zulässt. Im Rahmen der Unternehmensnachfolge ist dabei ein besonderes Augenmerk darauf zu richten, ob der Erblasser ergänzende Regelungen getroffen hat, die eine effektive Fortführung des Unternehmens bis zur Bestimmung des endgültigen Nachfolgers ermöglichen. Ist dies der Fall, steht einer Umdeutung der bewusst als Erbeinsetzung angeordneten Drittbestimmung in ein Bestimmungsvermächtnis nichts entgegen.

II. Erbenstellung lediglich durch Anwendung des § 2087 Abs. 1 BGB

Fraglich ist, ob das soeben gefundene Ergebnis auch dann zutreffend ist, wenn sich der Verfügung von Todes wegen nicht eindeutig entnehmen lässt, ob die Zuwendung des Unternehmens im Wege der Erbeinsetzung oder des Vermächtnisses erfolgen soll und lediglich die Auslegungsregel des § 2087 Abs. 1 BGB zur Erbeinsetzung und damit zur Nichtigkeit der Verfügung nach § 2065 Abs. 2 BGB führt.

Auch in diesem Fall kann der vom Erblasser bestimmte Dritte nicht als Erbe angesehen werden. Da der Erblasser hier jedoch keine ausdrückliche Erbeinsetzung vorgenommen und nur das wirtschaftliche Regelungsziel formuliert hat, das Unternehmen letztendlich einer der zur Wahl stehenden Personen zuzuwenden, bestehen auf den ersten Blick keine Bedenken, die durch die Umdeutung entstehende Regelungslücke durch die Anwendung der gesetzlichen Erbfolge zu schließen. Denn eine ausdrückliche Enterbung der gesetzlichen Erben ist hier nicht erfolgt.

Problematisch erscheint es demgegenüber, dass ein solches Vorgehen der Wertung des § 2087 Abs. 1 BGB widerspricht, der eine Erbenstellung und kein Vermächtnis anordnet. Wie oben[195] ausgeführt, ist die Norm jedoch nicht zwingender Natur. Ihr Zweck ist darauf beschränkt, im Falle eines nicht zu ermittelnden Erblasserwillens auf der Grundlage einer verallgemeinerten Betrachtung für Rechtssicherheit und -klarheit zu sorgen. Ein eigener materieller Gerechtigkeitsgedanke kann der Norm nicht entnommen werden.[196] Kann im Rahmen der Umdeutung zu Gunsten des gewünschten Gestaltungsziels sogar von dem

---

195 Kapitel 4. A.

196 *Wagner* in Der Grundsatz der Selbstentscheidung bei der Errichtung letztwilliger Verfügungen, S. 93.

bewusst gewählten Weg des Erblassers abgewichen werden, erscheint es nur naheliegend, erst Recht die lediglich subsidiär anwendbare Norm des § 2087 BGB zurücktreten zu lassen.[197] § 2087 BGB steht einer Umdeutung folglich nicht entgegen.

Teilweise wird jedoch angenommen, die mit der Umdeutung verbundene Nichtanwendung des § 2087 BGB führe zu einer Umgehung des § 2065 Abs. 2 BGB.[198] *Kuchinke* ist hingegen der Ansicht, Sinn und Zweck des § 2065 Abs. 2 BGB stünden einer Umdeutung allgemein entgegen, weil die „Aufrechterhaltung des Rechtsgeschäftes den Zielen des Gesetzes zuwiderlaufen würde."[199] Dem ist jedoch entgegenzuhalten, dass das Gesetz in § 2065 Abs. 2 BGB lediglich die Bestimmung des Erben durch einen Dritten, nicht jedoch die letztwillige Übertragung wesentlicher Vermögenswerte im Wege der Drittbestimmung oder die Drittbestimmung im Allgemeinen verbieten will. Durch das Bestimmungsvermächtnis sieht das Gesetz diesen Weg ausdrücklich vor, sodass das wirtschaftliche Gestaltungsziel des Erblassers der gesetzlichen Wertung nicht zuwiderläuft.

Lässt sich der letztwilligen Verfügung ein eindeutiger Wille des Erblassers für eine Erbenstellung des Bestimmten nicht entnehmen, so steht das Gesetz einer Umdeutung in ein Bestimmungsvermächtnis im Sinne des § 2151 BGB folglich nicht entgegen. Im Einzelfall muss jedoch sorgfältig geprüft werden, ob ein solches Verständnis mit dem individuellen Erblasserwillen vereinbar ist.[200]

---

197 Vgl. *Zimmermann* in „Quos Titius voluerit – Höchstpersönliche Willensentscheidung des Erblassers oder power of appointment?", S. 61. *Helms* ZEV 2007, 1, 5 und *Wagner* in Der Grundsatz der Selbstentscheidung bei der Errichtung letztwilliger Verfügungen, S. 94. Sie machen für eine Umdeutung ferner geltend, dass der rechtlich nicht beratene Erblasser, dem die Unterscheidung zwischen Erbe und Vermächtnis nicht bekannt ist, andernfalls durch die Wertung des § 2087 Abs. 1 BGB ungerechtfertigt benachteiligt würde. Denn ist dem Erblasser die Unterscheidung nicht bewusst, kann er das Eingreifen des § 2087 Abs. 1 BGB nicht durch eine ausdrückliche Vermächtnisanordnung abwenden. Aus einem ähnlichen Gedanken heraus erachtet *Haegele*, BWNotZ 1972, 74, 79 die Umdeutung jedenfalls bei eigenhändigen Testamenten für zulässig.

198 *Klunzinger* BB 1970, 1197, 1200.

199 *Kuchinke* in FS Neumayer, S. 389, 406.

200 Ähnlich, jedoch ohne Differenzierung zwischen Erblasserwillen und § 2087 BGB: *Zawar* in Das Vermächtnis in der Kautelarjurisprudenz, S. 113.

5. Kapitel: Das Vermächtnis

A. Allgemeine Ausführungen zum Vermächtnis

Das Vermächtnis vermittelt dem Bedachten einen schuldrechtlichen Anspruch auf den vermachten Gegenstand, § 2174 BGB. Hat der Erblasser keine abweichende Anordnung getroffen, ist der Anspruch gemäß § 2147 S. 2 BGB gegen den Erben gerichtet. Der Entstehungszeitpunkt der Vermächtnisforderung (Anfall) richtet sich nach den §§ 2176-2178 BGB. § 2176 BGB bestimmt dabei, dass das Vermächtnis grundsätzlich mit dem Erbfall anfällt. Neben dem vermachten Gegenstand kann der Bedachte auch die Herausgabe der seit dem Anfall des Vermächtnisses gezogenen Früchte verlangen, § 2184 BGB.[201] Im Gegenzug hat der Bedachte dem Beschwerten gemäß §§ 2185, 994 ff. BGB Ersatz für bestimmte nach dem Erbfall auf die Sache gemachten Verwendungen und Aufwendungen zu leisten. Der vermachte Gegenstand ist damit ab dem Anfall des Vermächtnisses wirtschaftlich dem Vermögen des Vermächtnisnehmers zugewiesen. Dem Erblasser steht es aber frei, eine von den §§ 2184, 2185 BGB abweichende Anordnung zu treffen.[202] Ohnehin vermittelt die Testierfreiheit dem Erblasser bei der inhaltlichen Ausgestaltung des Vermächtnisses einen weitreichenden Gestaltungsspielraum. So steht es dem Erblasser frei, das Vermächtnis von einer aufschiebenden oder einer auflösenden Bedingung abhängig zu machen (§§ 2074, 2075 BGB), das Vermächtnis als Ersatz- oder Untervermächtnis auszugestalten (§§ 2190, 2191 BGB) oder den Vermächtnisnehmer mit einer Auflage zu beschweren (§ 1940 BGB).

Will der Vermächtnisnehmer die aus der letztwilligen Verfügung des Erblassers folgenden Rechte geltend machen, muss er das Vermächtnis annehmen. Anders als im Falle der Erbschaft, sieht das Gesetz in § 2180 BGB keine Frist zur Ausschlagung des Vermächtnisses und damit auch keine Fiktion der Annahme durch Fristablauf vor.[203] Das Recht zur Ausschlagung des Vermächtnisses ist

---

201 Zu der Frage, in wie weit die Gewinne eines Unternehmens zu den Früchten im Sinne der §§ 2184, 99 BGB zu zählen sind, vgl. Kapitel 6. B. III. 3.

202 *Maulbetsch* in Roth/Maulbetsch/Schulte § 2, Rn. 91; *Rudy* in Müko BGB § 2184, Rn. 1.

203 Die Frist zur Ausschlagung der Erbschaft beträgt gemäß § 1944 Abs. 1 BGB sechs Wochen. Mit Ablauf der Frist gilt die Erbschaft gemäß § 1943 Hs. 2 BGB als angenommen. Zum Spezialfall der Fristsetzung des Erben gegenüber dem Vermächtnisnehmer gemäß § 2307 Abs. 2 BGB vgl. Kapitel 5. D. II. 2.

damit nur durch die Regelung des § 2180 Abs. 1 BGB begrenzt, der bestimmt, dass der Vermächtnisnehmer zur Ausschlagung nicht mehr berechtigt ist, wenn er das Vermächtnis angenommen hat. Spätestens in der Geltendmachung des Vermächtnisanspruchs wird eine konkludente Annahmeerklärung zu sehen sein. Je nach inhaltlicher Ausgestaltung des Vermächtnisses durch den Erblasser (Einsatz einer aufschiebenden Bedingung oder Befristung, der Bestimmungsberechtigung eines Dritten, Regelungen zur Fälligkeit des Anspruchs) kann aber ein nicht unerheblicher Zeitraum zwischen dem Eintritt des Erbfalls und einer Willensäußerung des Vermächtnisnehmers liegen, wodurch dem Beschwerten zunächst die Ungewissheit über die Annahme des Vermächtnisses verbleibt.

B. Das Vermächtnis als Mittel der Unternehmensnachfolge

Soll das Vermächtnis als Mittel zur Gestaltung der Unternehmensnachfolge eingesetzt werden, ist nach der Rechtsform des Unternehmens zu differenzieren. Betreibt der Erblasser das Unternehmen als einzelkaufmännisches Handelsgeschäft, stellt sich das Problem, dass das Unternehmen als solches kein Rechtssubjekt und keinen einheitlichen Rechtsgegenstand im Sinne des Sachenrechts, sondern lediglich eine „organisatorische Verbindung personeller und sachlicher Kräfte“[204] darstellt. Dies muss bei der Errichtung der letztwilligen Verfügung berücksichtigt werden. Vielfach wird zur Konkretisierung des Vermächtnisgegenstandes auf die Formulierung zurückgegriffen, das Unternehmen werde „mit allen Aktiva und Passiva und dem Betriebsvermögen, wie es sich aus der letzten Jahresbilanz vor meinem Tod ergibt“[205] vermacht. Eine andere Möglichkeit besteht darin, das Vermächtnis als Zweckvermächtnis im Sinne des § 2156 BGB auszugestalten, und einem Dritten die Bestimmung der für die Fortführung des Unternehmens erforderlichen Einzelgegenstände zu übertragen.[206]

Ordnet der Erblasser ein Bestimmungsvermächtnis an, wird das einzelkaufmännische Unternehmen häufig erst nach einer nicht unerheblichen Übergangsphase auf den Vermächtnisnehmer übertragen. Eine Bezugnahme auf die letzte Jahresbilanz vor dem Tod des Erblassers ist in diesem Fall nicht geeignet, eine abschließende Beschreibung der vermachten Gegenstände vorzunehmen,

---

204 *Larenz/Wolf* BGB AT § 20, Rn. 84; ähnlich auch *Möhring* in „Fruchterwerb nach geltendem Recht“, S. 36.

205 *Otto* in Münchener Vertragshandbuch Band 6 Bürgerliches Recht II, S. 912; *Schlitt* in MAH Erbrecht § 13, Rn. 297; ähnlich auch *Pauli* in Bengel/Reimann § 5, Rn. 288.

206 *Kollmeyer* NJW 2017, 3271, 3271 und Mayer MittBayNot 1999, 447, 451.

denn die Bilanz kann die während der Schwebephase neu angeschafften Warenlager oder Betriebsmittel sowie neu begründete Forderungen nicht umfassen. Aus diesem Grund sollte hier ausnahmsweise auf die letzte Jahresbilanz vor der Bestimmung des Vermächtnisnehmers abgestellt werden. Zwar ist der Vermächtnisanspruch auf diese Weise auch auf die Übertragung von Gegenständen gerichtet, die nicht unmittelbar aus dem Vermögen des Erblassers stammen. Das Gesetz steht einer solchen Verfügung aber nicht entgehen, wie die Regelung über das Verschaffungsvermächtnis in § 2170 BGB erkennen lässt.

Die Bezugnahme auf die Jahresbilanz ist der Anordnung eines Zweckvermächtnisses gemäß § 2156 BGB vorzuziehen. Denn zum einen wird die während der Schwebephase ohnehin bestehende Ungewissheit durch das zusätzliche Erfordernis einer nachträglichen Bestimmung des Vermächtnisgegenstandes unnötig verstärkt, zum anderen droht jedenfalls in der Person des an der Bestimmung mitwirkenden Erben ein nicht unerheblicher Interessenkonflikt. Im Sinne der Streitprävention sollte der Umfang des Vermächtnisanspruchs daher unbedingt auf eine objektive Grundlage gestützt werden.

Neben der genauen Bezeichnung der vermachten Gegenstände in der letztwilligen Verfügung sind auch bei der Erfüllung der Vermächtnisforderung Besonderheiten zu beachten. Im Gegensatz zur Rechtslage beim Erben gehen die Rechtspositionen des Erblassers nicht im Wege der Universalsukzession auf den Vermächtnisnehmer über. Im Hinblick auf Rechtsverhältnisse zu Dritten (Lieferanten, Vermieter von Geschäftsräumen, usw.) ist daher zu beachten, dass der Erblasser den Übergang der Vertragsverhältnisse auf den Vermächtnisnehmer nicht einseitig anordnen kann. [207] Zwar ist der Erbe durch das Vermächtnis zur Übertragung seiner Rechtsstellung verpflichtet, die im BGB nicht ausdrücklich geregelte Vertragsübernahme setzt in entsprechender Anwendung des § 415 BGB aber die Zustimmung des anderen Vertragsteils voraus.[208] Ohne diese Zustimmung bleibt der Erbe weiterhin Partei des gemäß § 1922 Abs. 1 BGB vom Erblasser auf ihn übergegangenen Schuldverhältnisses. Der Vermächtnisnehmer kann dann nicht in das bestehende Vertragsverhältnis eintreten. Eine interessengerechte Lösung lässt sich hier nur dadurch erzielen, dass der Erbe die aus dem Vertrag folgenden Rechte an den Vermächtnisnehmer abtritt und

207 Die Arbeitsverhältnisse mit Angestellten des Unternehmens gehen hingegen im Wege des Betriebsübergangs gemäß § 613a BGB auf den Vermächtnisnehmer über. Die Arbeitnehmer haben aber die Möglichkeit, dem Übergang gemäß § 613a Abs. 6 BGB zu widersprechen.

208 *Heinemeyer* in MüKo BGB Vorb. § 414 Rn. 8.

der Vermächtnisnehmer sich dem Erben gegenüber zur Freistellung der vertraglichen Verbindlichkeiten verpflichtet.[209]

Wird das Unternehmen in der Rechtsform einer Personen- oder Kapitalgesellschaft betrieben, sind bei der Nachfolge die oben[210] beschriebenen Restriktionen des Gesellschaftsvertrages zu beachten. Die soeben geschilderten Schwierigkeiten sind hingegen nicht von Bedeutung, da die Vermächtnisforderung nur auf die Übertragung des Geschäftsanteils gerichtet ist und die einzelnen Gegenstände, Rechte und Vertragsverhältnisse im Vermögen der Gesellschaft gebunden sind.

C. Die Anforderungen an die letztwillige Verfügung im Falle des Bestimmungsvermächtnisses

§ 2151 Abs. 1 BGB eröffnet dem Erblasser die Möglichkeit „mehrere mit einem Vermächtnis in der Weise (zu) bedenken, dass der Beschwerte oder ein Dritter zu bestimmen hat, wer von den mehreren das Vermächtnis erhalten soll." Weitere Vorgaben des Erblassers, an denen sich die Bestimmung des Vermächtnisnehmers zu orientieren hat, sind nach dem Gesetz nicht erforderlich. Trifft der Erblasser keine weiteren Anordnungen, kann der Dritte sein Bestimmungsrecht unter den Bedachten folglich ohne materielle Beschränkungen ausüben.[211] In vielen Fällen wird der Erblasser aber eine ausgeprägte Vorstellung haben, nach welchen Kriterien die Bestimmung des Vermächtnisnehmers erfolgen soll. Nimmt er diese in die letztwillige Verfügung auf, hat der Dritte die Vorgaben im Rahmen seiner Auswahlentscheidung zu berücksichtigen.[212]

I. Der zur Auswahl stehende Personenkreis

Macht der Dritte von seinem Bestimmungsrecht keinen Gebrauch, sind die Bedachten gemäß § 2151 Abs. 3 S. 1 BGB Gesamtgläubiger der Vermächtnisforderung. Aus diesem Grunde setzt die Wirksamkeit des Bestimmungsvermächtnisses voraus, dass der Erblasser in der Verfügung einen hinreichend bestimmten Personenkreis[213] benennt, innerhalb dessen der Dritte seine

---

209 *Riedel* in „Praxishandbuch Unternehmensnachfolge" § 8, Rn. 57.

210 Kapitel 2. B. I. 2 und 3.

211 Enthält die Verfügung keine weiteren Angaben, gelten lediglich die allgemeinen Grenzen der Arglist und der Sittenwidrigkeit, vgl. *Keim* ZEV 2014, 72, 75.

212 Zur Frage der gerichtlichen Überprüfbarkeit der Drittbestimmung vgl. Kapitel 7. D.

213 OLG München, Beschluss vom 03.02.2017 – 34 Wx 342/16, zitiert nach ZEV 2017, 325, 327; *Weidlich* in Palandt § 2151, Rn. 1; *Rudy* in Müko § 2151, Rn. 2; *Horn/J. Mayer* in Nomos Kommentar § 2151, Rn. 3; BGH, Urteil vom 24. 02.1993 – IV ZR

Auswahlentscheidung zu treffen hat. Die Antwort auf die Frage, wann der zur Wahl stehende Personenkreis hinreichend bestimmt ist, richtet sich nach dem allgemeinen Bestimmtheitsgrundsatz. Erforderlich ist, dass sich im Wege der Testamentsauslegung in Verbindung mit den außerhalb des Testaments liegenden Umständen zuverlässig ermitteln lässt, welche Personen in den Kreis der potenzielle Gesamtgläubiger gemäß § 2151 Abs. 3 S. 1 BGB fallen.[214] Die letztwillige Verfügung muss den Dritten in die Lage versetzen, sein Bestimmungsrecht effektiv ausüben zu können. Hierfür ist es erforderlich, dass sich die Zugehörigkeit zum Kreis der Bedachten zweifelsfrei ergibt.[215] Dabei steht die zahlenmäßige Beschränkung der mit dem Bestimmungsvermächtnis bedachten Personen allerdings nicht im Vordergrund. Zwar wird unter Bezugnahme auf das Reichsgericht[216] vielfach vertreten, § 2151 Abs. 1 BGB verlange einen beschränkten, leicht übersehbaren Personenkreis,[217] eine abstrakte Höchstgrenze lässt sich aber kaum bestimmen.[218] Eine solche richtet sich vielmehr nach den konkreten Umständen des Einzelfalles. Hat der Erblasser auf die Nennung sachlicher Auswahlkriterien für die Bestimmung des Vermächtnisnehmers verzichtet, ist

---

239/91, zitiert nach MittRhNotK 1993, 229, 230, spricht insofern von „abgrenzbar und überschaubar".

214 Allgemein zur Bestimmtheit letztwilliger Verfügungen im Kontext der Drittbestimmung *Leipold* in MüKo BGB § 2065 Rn. 28; BGH Beschluss v. 14.07.1965 - V BLw 11/65, zitiert nach NJW 1965, 2201.

215 *Ebenroth* in Erbrecht, S. 314; *Reymann* in Juris Praxiskommentar § 2151, Rn. 12; *Haegele* BWNotZ 1972, 74, 78.

216 RG, Urteil vom 13.05.1919 - VII 89/19, zitiert nach RGZ 96, 15, 17, in der Entscheidung hat das Gericht eine Verfügung zugunsten „verschiedener Vereine und wohltätiger oder gemeinnütziger Anstalten, sowie bedürftige Personen" der Stadt Frankfurt für unwirksam erachtet.

217 *Wolf* in Soergel § 2151, Rn. 2; *Piltz* ZEV 2005, 469, 470; *Haegele* BWNotZ 1972, 74, 78; *Strohal/Plank* § 2151, Rn. 1 hält etwa ein Bestimmungsvermächtnis zugunsten aller „Schüler einer Schule" oder aller Bürger einer Stadt für zu weitgehend. A.A. im Hinblick auf die Schüler einer Schule *Lange/Kuchinke* § 29 III Nr. 2b. Das BayObLG, Beschluss vom 02.12.1997 - 1Z BR 93/97, zitiert nach NJW-RR 1998, 727, entschied, dass sich bei der Zuwendung je eines Sparbuches an zehn bedürftige Waisenkinder eines bestimmten Waisenhauses ein wirksames Bestimmungsvermächtnis als Auslegungsmöglichkeit gegenüber der wegen § 2065 Abs. 2 BGB unwirksamen Erbeinsetzung anbiete.

218 *Sens* in Die Erbenbestimmung durch Dritte S. 104; *Reymann* in Juris Praxiskommentar § 2151, Rn. 12, führt hierzu an, die Größe sei zwar nicht entscheidend, dürfe aber nicht zu weit ausgedehnt werden.

kein Grund ersichtlich, warum der Erblasser nicht das Recht haben sollte, eine größere Zahl von Vermächtnisnehmern in seine Verfügung aufzunehmen.[219] Der Dritte ist in diesem Fall zu einer freien – auch willkürlichen – Entscheidung berechtigt, sodass eine umfangreiche Prüfung der Eignung der verschiedenen Personen nicht erfolgen muss. § 2151 Abs. 3 S. 3 BGB stellt darüber hinaus sicher, dass eine aufwändige Teilung des Nachlasses auch beim Ausbleiben der Drittbestimmung nicht erforderlich ist.

Macht der Erblasser die Bestimmung des Vermächtnisnehmers hingegen von sachlichen Auswahlkriterien abhängig, ist der Dritte gehalten, das Vorliegen dieser Voraussetzung in der Person jedes Bedachten zu überprüfen. Um eine effektive Bestimmung im Interesse des Erblassers vornehmen zu können, ist es daher erforderlich, den Kreis der zur Wahl stehenden Personen überschaubar zu halten. Je umfangreicher die Prüfung auszufallen hat, desto kleiner sollte der Kreis der zur Wahl stehenden Personen sein. Im Bereich der Unternehmensnachfolge wird der Erblasser typischerweise ohnehin nur wenige Personen als potenzielle Nachfolger in Betracht ziehen, sodass sich hier kaum Probleme stellen dürften. Regelmäßig wird der Kreis der Vermächtnisnehmer auf die eigenen Abkömmlinge oder nahe Verwandte beschränkt sein.

II. Umdeutung in eine Auflage

Kann der letztwilligen Verfügung ein hinreichend bestimmter Personenkreis nicht entnommen werden, ist das Bestimmungsvermächtnis unwirksam.[220] In einem solchen Fall ist zu prüfen, ob eine Umdeutung des Vermächtnisses in eine Auflage in Betracht kommt, § 140 BGB. Dies ist immer dann in Betracht zu ziehen, wenn der Erblasser in der Verfügung einen bestimmten Leistungszweck benannt hat.[221] Zwar findet § 2065 Abs. 2 BGB gemäß § 2192 BGB grundsätzlich auch auf die Auflage Anwendung. Da das Gesetz aber sowohl für

219 Mit ähnlicher Differenzierung *Sens* in Die Erbenbestimmung durch Dritte S. 105.

220 *Reymann* in Juris Praxiskommentar § 2151, Rn. 12.

221 *Reymann* in Juris Praxiskommentar § 2151, Rn. 12; *Otte* in Staudinger § 2151, Rn. 2; *Rudy* in MüKo BGB § 2151, Rn. 6; *Wolf* in Soergel § 2151 Rn. 2; *Mayer* ZEV 1995, 247, 248. BGH, Urteil vom 24.02.1991 – IV ZR 239/91, zitiert nach MittRh NotK 1993, 229, 230 und OLG München, Beschluss vom 03.02.2017 – 34 Wx 342/16, zitiert nach ZEV 2017, 325, 327 gehen zwar nicht ausdrücklich auf die Umdeutung gemäß § 140 BGB ein, kommen aber im Wege der Testamentsauslegung zu dem Ergebnis, dass abweichend vom Wortlaut der letztwilligen Verfügung, mangels Benennung eines entsprechenden Personenkreises, eine Auflage anzunehmen sei.

das Vermächtnis (§ 2151 Abs. 1 BGB) als auch für die Auflage (§ 2193 Abs. 1 BGB) die Möglichkeit einer Drittbestimmung zulässt, kommt der Einwand einer Umgehung des Drittbestimmungsverbotes hier von vornherein nicht in Betracht. Die Auflage geht in ihren Rechtsfolgen auch nicht über die Anordnung eines Vermächtnisses hinaus. Zwar wird dem Dritten im Falle des § 2193 Abs. 1 BGB unter Umständen eine weitergehende Rechtsmacht eingeräumt, da er bei der Bestimmung der durch die Auflage begünstigten Person keinerlei Einschränkungen unterliegt. Durch den vorgegebenen Leistungszweck ist der Dritte dem Erblasserwillen aber in vergleichbarer Weise unterworfen, wie im Falle des Bestimmungsvermächtnisses. Das Gesetz steht einer Umdeutung eines unwirksamen Bestimmungsvermächtnisses in eine Auflage folglich nicht entgegen.

D. Die Auswirkungen des Vermächtnisses auf den Pflichtteilsanspruch

Den Abkömmlingen des Erblassers steht nach § 2303 BGB für den Fall, dass sie durch die Verfügung von Todes wegen von der Erbfolge ausgeschlossen sind, ein Pflichtteilsanspruch in Höhe der Hälfte des Werts ihres gesetzlichen Erbteils zu. Durch den Pflichtteil soll eine grundsätzlich nicht entziehbare Mindestbeteiligung naher Angehöriger am Nachlasswert sichergestellt werden.[222] Ist ein Pflichtteilsberechtigter mit einem Vermächtnis bedacht, so kann er den Pflichtteil nach § 2307 Abs. 1 S. 1 BGB nur verlangen, wenn er das Vermächtnis zuvor ausschlägt. Nimmt er das Vermächtnis an, so steht ihm ein Pflichtteilsanspruch nach § 2307 Abs. 1 S. 2 BGB nicht zu, soweit das Vermächtnis reicht. Bei der Ermittlung des Wertes des Vermächtnisses bleiben Beschränkungen und Beschwerungen der in § 2306 BGB bezeichneten Art außer Betracht.

Fraglich ist, ob § 2307 BGB auf das Bestimmungsvermächtnis anzuwenden ist. Dies steht in unmittelbarem Zusammenhang mit der bisher nicht verbindlich geklärten Frage nach der Rechtsnatur des § 2151 BGB. Die Vorschläge reichen hier von einem auflösend bedingten Vermächtnis[223] über ein aufschiebend bedingtes Vermächtnis[224] hin zu einem Vermächtnis eigener

---

222 *Horn* in Burandt/Rojahn § 2303, Rn. 2; *Obergfell* in BeckOGK § 2303, Rn. 2 (Stand 01.12.2019).

223 *Mayer* MittBayNot 1999, 447, 451; *Horn/J. Mayer* In Nomos Kommentar § 2151, Rn. 7d; *Rudy* in MüKo BGB § 2151, Rn. 7; *Weidlich* in Palandt § 2151, Rn. 1.

224 *Schiemann* in Frieser, Fachanwaltskommentar Erbrecht, § 2151 Rn. 2; *Zawar* in Das Vermächtnis in der Kautelarjurisprudenz, S. 110; *Stein* ZEV 2011, 572, 574.

Art.[225] In der Folge sollen nun zunächst das aufschiebend bedingte und das auflösend bedingte Vermächtnis im Hinblick auf ihre rechtlichen Besonderheiten und ihre Auswirkungen auf die Geltendmachung von Pflichtteilsansprüchen untersucht werden, bevor im Weiteren näher auf den rechtlichen Charakter des Bestimmungsvermächtnisses eingegangen wird.[226]

I. Das Auflösend bedingte Vermächtnis und § 2307 BGB

Die Regelung des § 2307 Abs. 1 BGB kommt aufgrund der Verweisung in § 2307 Abs. 1 S. 2 Hs. 2 BGB auf § 2306 BGB auch dann zu Anwendung, wenn das Vermächtnis unter einer auflösenden Bedingung steht.[227] Der Bedachte kann seinen Pflichtteil folglich nur verlangen, wenn er das Vermächtnis zuvor ausschlägt. Das auflösend bedingte Vermächtnis fällt dem Bedachten gemäß § 2176 BGB mit dem Erbfall an. Übt der pflichtteilsberechtigte Vermächtnisnehmer sein Wahlrecht zugunsten des Vermächtnisses aus, steht ihm der vermachte Gegenstand zu. Kommt es zum Eintritt der auflösenden Bedingung, wird das Vermächtnis unwirksam. Der Bedingungseintritt wirkt dabei nicht auf den Zeitpunkt des Erbfalls zurück.[228] Hat der Erblasser für den Fall des Bedingungseintritts ein Nachvermächtnis angeordnet, hat der Vermächtnisnehmer den empfangenen Gegenstand gemäß den §§ 2174, 2191 BGB an den Nachvermächtnisnehmer herauszugeben, andernfalls steht dem Erben ein Anspruch aus § 812 Abs. 1 S. 2 Alt. 1 BGB auf Herausgabe des Geleisteten gegen den Vermächtnisnehmer zu.[229] Der Eintritt der auflösenden Bedingung führt mangels Rückwirkung nicht zu einem Wiederaufleben des Pflichtteilsanspruchs.

II. Das aufschiebend bedingte Vermächtnis und § 2307 BGB

Fraglich ist, ob § 2307 BGB auch dann zur Anwendung kommt, wenn das Vermächtnis für den Bedachten unter einer aufschiebenden Bedingung steht. Wäre dies der Fall und erklärt der Bedachte die Annahme, müsste er sich den

---

225 *Reymann* in Juris Praxiskommentar § 2151, Rn. 35; *Hölscher* in BeckOGK § 2151, Rn. 19 ff. (Stand 01.10.2019); *ders.* ZEV 2015, 676, 679; *Horn* in MAH Erbrecht § 29, Rn. 106.

226 Siehe dazu Kapitel 6

227 *Bock* in Nomos Kommentar § 2307, Rn. 5; *Obergfell* in BeckOGK § 2307, Rn. 5 (Stand 01.12.2019); Lange in Müko BGB § 2307, Rn. 8.

228 *Otte* in Staudinger § 2075, Rn. 5; *Leipold* in MüKo BGB § 2075, Rn. 9.

229 *Leipold* in MüKo BGB § 2075, Rn. 9; *Lenz-Brendel* in Juris Praxiskommentar § 2075, Rn. 31.

Wert seines Vermächtnisses in vollem Umfang auf seinen Pflichtteilsanspruch anrechnen lassen. Dies würde auch dann gelten, wenn die Bedingung, unter der das Vermächtnis steht, niemals eintritt.[230] Eine nachträgliche Anfechtung der Annahmeerklärung würde ausscheiden, weil dem Bedachten das mit der Bedingung einhergehende Risiko von Anfang an bekannt war.[231] Schlägt er das Vermächtnis hingegen aus und verlangt den Pflichtteil, durchkreuzt er den Willen des Erblassers, der ihm unter den in der Verfügung von Todes wegen genannten Umständen mehr zuwenden wollte als den Pflichtteil.

Dem Bedachten müsste also eigentlich geraten werden, zunächst den Eintritt der Bedingung abzuwarten, bevor er eine Entscheidung über die Annahme oder Ausschlagung des Vermächtnisses trifft. Allerdings stellt sich hier das Problem, dass dieser Zeitpunkt gemäß § 2162 Abs. 1 BGB bis zu 30 Jahre nach dem Erbfall liegen kann. Zwar sieht das Gesetz für das Vermächtnis in § 2180 BGB, anders als in § 1944 BGB für die Erbschaft, keine Ausschlagungsfrist vor. Der Erbe kann dem Vermächtnisnehmer aber im Anwendungsbereich des § 2307 Abs. 1 BGB gemäß § 2307 Abs. 2 BGB eine Frist setzten, innerhalb derer sich der Bedachte entscheiden muss, ob er das Vermächtnis annimmt oder die Ausschlagung erklärt und den Pflichtteil verlangt. Wird eine entsprechende Frist nicht gesetzt, kann der Bedachte zunächst abwarten, ihm droht jedoch die Verjährung seines Pflichtteilsanspruchs innerhalb der regelmäßigen Verjährungsfrist der §§ 195, 199 BGB, unabhängig davon, ob die Bedingung inzwischen eingetreten ist oder nicht. Die Anwendung des § 2307 BGB auf aufschiebend bedingte Vermächtnisses würde den Bedachten folglich vor eine schwierige Entscheidung stellen.

1. *Wortlaut*

Das Gesetz enthält in § 2307 Abs. 1 BGB keine ausdrückliche Aussage darüber, ob auch aufschiebend bedingte Vermächtnisse von der Norm umfasst sein sollen oder nicht. Vielfach wird jedoch unter Verweis auf den vermeintlich umfassenden Wortlaut angenommen, dass § 2307 Abs. 1 BGB sämtliche Vermächtnisse erfasse.[232] Dieses Argument kann aber in Anbetracht der Komplexität dieser Rechtsfrage allenfalls als Einstieg in die Diskussion dienen. Zwar lässt

---

230 *Weidlich* in Palandt § 2307, Rn. 1.

231 Bei Risiko- oder Spekulationsgeschäften steht dem Erklärenden ein Anfechtungsrecht nicht zu, vgl. *Ellenberger* in Palandt § 119, Rn. 9.

232 OLG Oldenburg, Urteil vom 13.11.1990 – 5 U 76/90, zitiert nach NJW 1991, 988; *Lange* in MüKo BGB § 2307 Rn. 9; *Müller-Engels* in BeckOK BGB § 2307 Rn. 9. In diese Richtung auch *Otte* in Staudinger § 2307 Rn. 8.

die Aussage des § 2307 Abs. 1 S. 2 Hs. 2 BGB, bei der Wertberechnung seien Beschränkungen und Beschwerungen im Sinne des § 2306 BGB außer Betracht zu lassen, systematisch den Schluss zu, dass auch beschränkte und beschwerte Vermächtnisse in den Anwendungsbereich des § 2307 Abs. 1 S. 1 BGB fallen. Die aufschiebende Bedingung ist aber im Wortlaut des § 2306 nicht ausdrücklich als Beschränkung oder Beschwerung genannt.[233] Selbst wenn man annimmt, dass die §§ 2307 Abs. 1 S. 2, 2306 BGB über die dort genannte Aufzählung hinaus jegliche Beschränkung oder Beschwerung des Erben erfassen will,[234] führt dies nicht zwingend dazu, dass das aufschiebend bedingte Vermächtnis unter § 2307 Abs. 1 S. 1 BGB zu subsumieren ist, denn die Anrechnung nach § 2307 Abs. 1 S. 2 BGB setzt logischerweise auf der ersten Stufe zunächst das Bestehen eines wirksamen Vermächtnisses voraus.

Steht das Vermächtnis unter einer aufschiebenden Bedingung, so kommt es nach § 2177 BGB erst mit dem Bedingungseintritt zum Anfall des Vermächtnisses. Vor diesem Zeitpunkt steht dem aufschiebend bedingten Vermächtnisnehmer keine Forderung zu. Unter diesem Gesichtspunkt scheint der Wortlaut des § 2307 Abs. 1 S. 1 BGB eher gegen eine Anwendung auf das aufschiebend bedingte Vermächtnis zu sprechen. Zumal eine Forderung nach allgemeinem Sprachgebrauch nur dann beschränkt oder beschwert sein kann, wenn sie rechtlich entstanden ist.[235]

2. *Bisherige Rechtsprechung, OLG Oldenburg*

Dennoch soll § 2307 BGB nach einer Entscheidung des OLG Oldenburg[236] auf aufschiebend bedingte Vermächtnisse anzuwenden sein. Dem folgt ein Großteil der Kommentarliteratur.[237]

Zur Begründung wird angeführt, andernfalls könnte der Bedachte zunächst seinen vollen Pflichtteil verlangen, dessen Wert nach dem Eintritt der Bedingung

233 Zur Behandlung der aufschiebend bedingten Nacherbschaft im Rahmen von § 2306 Abs. 2 BGB und der sich hieraus ergebenden systematischen Konsequenzen für die Behandlung des aufschiebend bedingten Vermächtnisses im Rahmen des § 2307 Abs. 1 BGB vgl. Kapitel 5. D. II. 3 und 4.

234 Ablehnend *Pentz* MDR 1998, 751, 752.

235 *Pentz* MDR 1998, 751, 752.

236 OLG Oldenburg Urteil vom 13.11.1990 – 5 U 76/90, zitiert nach NJW 1991, 988, 989.

237 *Riedel* in Damrau/Tanck § 2307 Rn. 5; *Lange* in MüKo BGB § 2307 Rn. 9; *Otte* in Staudinger § 2307 Rn. 8; *Müller-Engels* in BeckOK BGB § 2307 Rn. 9; *Ebenroth* in Erbrecht, Rn. 970; *Diekmann* in Soergel § 2307 Rn. 2.

auf das Vermächtnis anzurechnen sei.[238] Dies würde „einer baldigen und endgültigen Nachlassabwicklung zuwiderlaufen".[239] § 2307 Abs. 2 BGB verfolge jedoch – auch im Interesse der Allgemeinheit – den Zweck, einer möglichst raschen Abwicklung des Nachlasses.[240]

Fraglich ist, ob dem Gesetz eine solche Zwecksetzung tatsächlich entnommen werden kann. Wie oben[241] bereits aufgezeigt, schließt § 2307 Abs. 2 BGB eine Lücke, die durch das Fehlen einer gesetzlichen Ausschlagungsfrist für das Vermächtnis entsteht. Dass der Gesetzgeber hierdurch eine rasche Nachlassabwicklung herbeiführen wollte, erscheint schon deshalb nicht überzeugend, weil es sich hierfür angeboten hätte, die Möglichkeit der Ausschlagung des Vermächtnisses, wie im Falle der Erbschaft, allgemein durch eine gesetzliche Frist zu begrenzen und nicht in das Belieben des Erben zu stellen.[242] Auch den Gesetzesmaterialien lässt sich ein solcher Wille nicht entnehmen. Der Gesetzgeber war zunächst der Ansicht, dass es nicht erforderlich sei, dem Erben die Möglichkeit zu geben, dem Bedachten eine Frist für die Annahme oder Ausschlagung des Vermächtnisses zu setzen, denn der Erbe könne dem Bedachten den vermachten Gegenstand anbieten und ihn dadurch in Annahmeverzug setzen.[243] Im Laufe der Beratungen wurde jedoch erkannt, dass dies zwar zu einem Gefahrübergang im Hinblick auf den vermachten und angebotenen Gegenstand führen würde, der Erbe aber keine Möglichkeit habe, eine Entscheidung in Bezug auf den Pflichtteilsanspruch herbeizuführen. Aus diesem Grunde entschied man sich im Laufe der Beratung für die heutige Fassung des § 2307 Abs. 2 BGB, um dem Erben im Falle eines „böswilligen" Vermächtnisnehmers, der bewusst eine Verzögerung herbeiführt, ein zuverlässiges Mittel an die Hand zu geben.[244] Der Gesetzgeber hatte also bei der Schaffung des § 2307 Abs. 2 BGB eine Ausnahmekonstellation vor

---

238 So die Gegenansicht: *Frank* in MüKo BGB § 2307 Rn. 6, 3. Auflage (*1997*); *Mayer* in Mayer/Süß/Tanck/Bittler Handbuch Pflichtteilsrecht § 4 Rn. 31; *Stecker* ZEV 1996, 327, 328, *Pentz* MDR 1998, 751, 753.

239 OLG Oldenburg, Urteil vom 13.11.1990 – 5 U 76/90, zitiert nach NJW 1991, 988, 989.

240 OLG Oldenburg, Urteil vom 13.11.1990 – 5 U 76/90, zitiert nach NJW 1991, 988, 989; *Lange* in MüKo BGB § 2307 Rn. 9; *Riedel* in Damrau/Tanck § 2307 Rn. 5; *Ebenroth* in Erbrecht, Rn. 970.

241 Kapitel 5. A.

242 *Pentz* MDR 1998, 751, 752.

243 Mugdan Erbrecht S. 773.

244 Mugdan Erbrecht S. 773.

Augen. Der Zweck der Norm besteht nicht darin, allgemein eine rasche Nachlassabwicklung sicherzustellen.[245]

Darüber hinaus ist zu berücksichtigen, dass der Erblasser durch die Zuwendung eines aufschiebend bedingten Vermächtnisses selber dafür gesorgt hat, dass die Verteilung seines Nachlasses in der Schwebephase der Bedingung einer Ungewissheit unterliegt, was eine baldige und endgültige Nachlassabwicklung verhindert.[246] Zusammenfassend lässt sich daher festhalten, dass § 2307 Abs. 2 BGB keine Wertung entnommen werden kann, die zur Anwendung des § 2307 BGB auf das aufschiebend bedingte Vermächtnis zwingen würde.

Auch die weitere Argumentation des OLG Oldenburg kann nicht überzeugen. Zunächst geht das Gericht ohne nähere Erörterung von der Annahme aus, das Vermächtnis stehe in dem zu entscheidenden Sachverhalt unter einer aufschiebenden Bedingung, wohingegen tatsächlich das Vorliegen einer aufschiebenden Befristung näherliegend erscheint.[247] Ferner setzt sich das Gericht in den Urteilsgründen mit einer Entscheidung des OLG Karlsruhe[248] auseinander. In diesem Fall waren die pflichtteilsberechtigten Kläger (Kinder des Erblassers aus erster Ehe) durch das gemeinschaftliche Testament des Erblassers und der

245 So auch *Stecker* ZEV 1996, 327, 328.

246 *Schlitt* NJW 1992, 28, 29.

247 Der Erblasser hatte seine Frau aus zweiter Ehe als befreite Vorerbin und seine Enkelin als Nacherbin eingesetzt. Die Klägerin, die Tochter des Erblassers aus erster Ehe, war zur Ersatznacherbin bestellt. Zusätzlich hatte der Erblasser der Klägerin ein Nießbrauchvermächtnis zugewandt, welches wirksam werden sollte, sobald die Vorerbschaft durch den Tod der Ehefrau wegfiele. Der Wegfall der Vorerbschaft durch das Versterben der Vorerbin stellt kein ungewisses, sondern ein gewisses, zukünftiges Ereignis dar. Nach *Müller-Engels* in BeckOGK BGB § 2177 Rn. 7 (Stand 01.10.2019) und *Lange* in MüKo BGB § 2307 Rn. 8 steht ein Vermächtnis, das erst beim Tod des Beschwerten wirksam werden soll aus diesem Grunde unter einer aufschiebenden Befristung. Dem folgen im Hinblick auf den entschiedenen Fall auch *Mayer* in Mayer/Süß/Tanck/Bittler Handbuch Pflichtteilsrecht § 4 Rn. 31 und *Frank* in MüKo BGB § 2307 Rn. 6, 3. Auflage (1997). A.A. hingegen *Pentz* MDR 1998, 751 Rn. 3, der zur Begründung jedoch fälschlicherweise auf die im Fall irrelevante Ersatznacherbschaft abstellt. Ein aufschiebend bedingtes Vermächtnis könnte meiner Ansicht nach unter Verweis auf den Erblasserwillen angenommen werden, wenn das Entstehen der Vermächtnisforderung neben dem sicher eintretenden Tod der Vorerbin vom ungewissen Überleben der Klägerin abhängig sein sollte (Überlebensbedingung). Hierfür enthielt der Sachverhalt der Entscheidung jedoch keine Anhaltspunkte.

248 OLG Karlsruhe, Beschluss vom 06.11.1961 – 1 W 110/61, zitiert nach Die Justiz 1962, 152.

Beklagten (Frau des Erblassers in zweiter Ehe) mit einem Untervermächtnis nach ihrem Halbbruder bedacht. Das Vermächtnis des Halbbruders sollte seinerseits erst nach dem Tode der Beklagten wirksam werden. Das Gericht hat im Rahmen der Auslegung des Testaments offengelassen, ob das Vermächtnis des Halbbruders auf einer Verfügung der Beklagten (als Letztversterbende) beruht oder bereits durch den Erblasser unter der aufschiebenden Bedingung des Todes der Beklagten angeordnet worden war (§ 2177 BGB)[249]. Jedenfalls habe das Untervermächtnis zugunsten der Kläger vor dem Wirksamwerden des Hauptvermächtnisses durch den Tod der Beklagten nicht anfallen können.[250] Aus diesem Grund habe der Anfall des Untervermächtnisses zeitlich nicht mit den in Streit stehenden Pflichtteilsansprüchen der Kläger nach dem Erblasser zusammentreffen können. Folglich könne § 2307 BGB nicht zur Anwendung kommen und den Klägern stehe der volle Pflichtteil zu, ohne dass sie die Untervermächtnisse hätten ausschlagen müssen.[251]

Das OLG Karlsruhe trifft keine unmittelbare Aussage über die hier diskutierte Problematik, denn die im Raum stehende aufschiebende Bedingung betraf nicht das Untervermächtnis der Klägerin, sondern das Hauptvermächtnis zugunsten ihres Halbbruders.[252] Allerdings bringt das Gericht zum Ausdruck, dass § 2307

249 Folgt man dem soeben unter Fn. 246 genannten Standpunkt, so läge auch hier eine aufschiebende Befristung des Hauptvermächtnisses vor. Die Differenzierung hat hier jedoch keine Auswirkung, da sich der Anfall des Hauptvermächtnisses in beiden Fällen nach § 2177 BGB richtet und das Untervermächtnis nicht vor diesem Zeitpunkt anfallen kann.

250 OLG Karlsruhe, Beschluss vom 06.11.1961 – 1 W 110/61, zitiert nach Die Justiz 1962, 152, 153.

251 OLG Karlsruhe, Beschluss vom 06.11.1961 – 1 W 110/61, zitiert nach Die Justiz 1962, 152, 153.

252 Wird der durch ein aufschiebend bedingtes Vermächtnis Bedachte mit einem Untervermächtnis beschwert, so stellt sich die Frage, ob dieses Untervermächtnis seinerseits unter einer aufschiebenden Bedingung steht. Vor dem Hintergrund der Auslegungsregel des § 2161 BGB ist zu bedenken, dass das Untervermächtnis, sollte der Bedingungseintritt ausbleiben, im Zweifel dennoch wirksam bleibt und durch denjenigen zu erfüllen ist, dem der Wegfall des zuvor Beschwerten unmittelbar zustattenkommt. Hieraus wird der Schluss gezogen, das Untervermächtnis sei nicht aufschiebend bedingt, sondern lediglich durch den Eintritt oder das endgültige Ausbleiben der Bedingung des Hauptvermächtnisses aufschiebend befristet, vgl. *Horn/J. Mayer* in Nomos Kommentar § 2177 Rn. 4; *Rudy* in MüKo BGB § 2177, Rn. 2. Das aufschiebend befristete Vermächtnis wird aber – obwohl sich sein Anfall wie der des aufschiebend bedingten nach § 2177 BGB richtet – allgemein unter § 2307 Abs. 1 BGB subsummiert, *Weidlich* in Palandt § 2177, Rn. 4; *Rudy* in MüKo BGB § 2177, Rn. 5.

Abs. 1 BGB nur dann zur Anwendung kommen soll, wenn das in Frage stehende Vermächtnis bereits angefallen ist, da Vermächtnis und Pflichtteilsanspruch andernfalls nicht in Konkurrenz treten könnten.[253] Diese Argumentation spricht in Anbetracht des § 2177 BGB gegen die Anwendung des § 2307 Abs. 1 BGB auf aufschiebend bedingte Vermächtnisse.

Das OLG Oldenburg lehnte die unter Bezugnahme auf den Beschluss des OLG Karlsruhe vorgetragene Rechtsansicht der Klägerin, § 2307 Abs. 1 BGB dürfe auf das aufschiebend bedingte Vermächtnis keine Anwendung finden, mit der Begründung ab, die beiden Fälle seien nicht miteinander vergleichbar, da im Fall des OLG Karlsruhe das Vermächtnis noch nicht angefallen sei.[254] Dies ist zunächst insofern erstaunlich, als das OLG Oldenburg die vom OLG Karlsruhe aufgestellte Rechtsansicht, die Anwendung des § 2307 Abs. 1 BGB setze voraus, dass das Vermächtnis angefallen sei und somit eine Konkurrenz zwischen Pflichtteilsanspruch und Vermächtnis bestehe, als solches nicht in Abrede stellt. Zum anderen verkennt das Gericht, dass auch im eigenen Fall das Vermächtnis im Zeitpunkt der Entscheidung noch nicht angefallen war, da die verklagte Vorerbin zu diesem Zeitpunkt noch lebte (§ 2177 BGB).

Der vielfach zitierten Entscheidung des OLG Oldenburg kann daher – unabhängig vom erzielten Ergebnis – jedenfalls keine plausible Argumentation entnommen werden.

3. Systematischer Vergleich zu § 2306 Abs. 2 BGB

Eine Vielzahl an Autoren beantwortet die Frage nach der Anwendbarkeit von § 2307 Abs. 1 BGB auf das aufschiebend bedingte Vermächtnis durch eine vergleichende Betrachtung mit der Behandlung des aufschiebend bedingten Nacherben im Rahmen von § 2306 Abs. 2 BGB.[255] Diesem systematischen Vergleich liegt der Gedanke zugrunde, der aufschiebend bedingte Vermächtnisnehmer solle nicht anders behandelt werden, als der aufschiebend bedingte Erbe. Ordnet der Erblasser in seiner letztwilligen Verfügung an, dass eine Person erst mit Eintritt eines bestimmten (zukünftigen und ungewissen) Ereignisses, also nach dem Eintritt einer Bedingung, die Erbschaft erhalten soll (aufschiebend bedingter

253 OLG Karlsruhe, Beschluss vom 06.11.1961 – 1 W 110/61, zitiert nach Die Justiz 1962, 152, 153.

254 OLG Oldenburg, Urteil vom 13.11.1990 – 5 U 76/90, zitiert nach NJW 1991, 988, 989.

255 *Stecker* ZEV 1996, 327, 328, *Mayer* in Handbuch Pflichtteilsrecht § 4 Rn. 31; *Otte* in Staudinger § 2307 Rn. 8; *Riedel* in Damrau § 2307, Rn. 5; *Dieckmann* in Soergel § 2307 Rn. 3.

Erbe), so sind nach § 2105 Abs. 1 BGB[256] im Zweifel zunächst die gesetzlichen Erben als Vorerben und die genannte Person als Nacherbe berufen.[257]

Die Frage, ob § 2306 Abs. 2 BGB auf den aufschiebend bedingten Nacherben anzuwenden ist – in diesem Fall könnte dieser seinen Pflichtteil nur nach Ausschlagung der Nacherbschaft verlangen – ist seit jeher umstritten.[258] Bis zur Erbrechtsreform 2009[259] war der wohl überwiegende Anteil der Stimmen in der Literatur der Ansicht, § 2306 Abs. 2 BGB umfasse zwar den aufschiebend befristeten, nicht aber den aufschiebend bedingten Nacherben.[260] In den letzten Jahren gibt es jedoch eine klare Tendenz, § 2306 Abs. 2 BGB unterschiedslos auf den aufschiebend befristeten und den aufschiebend bedingten Nacherben anzuwenden.[261]

a. *Wortlaut des § 2306 Abs. 2 BGB*

Der Wortlaut des § 2306 Abs. 2 BGB unterschiedet nicht ausdrücklich nach der Rechtsqualität der in Rede stehenden Nacherbenstellung,[262] obwohl der Gesetzgeber in § 2105 Abs. 1 BGB zu erkennen gegeben hat, dass ihm die Unterscheidung zwischen aufschiebend befristeter und aufschiebend bedingter Nacherbschaft bekannt war. Teilweise wird der Wortlaut aber dahingehend interpretiert, dass der aufschiebend bedingte Nacherbe nicht als Nacherbe im Sinne des § 2306 Abs. 2 BGB „eingesetzt" sei, denn § 2306 Abs. 2 BGB enthalte eine § 2306 Abs. 1 BGB ergänzende Fiktion, deren Anwendung nur gerechtfertigt sei, wenn die vermittelte Rechtsposition mit der einer gesicherten Erbenstellung

---

256 § 2105 Abs. 2 BGB nennt als zweite Alternative den aufschiebend befristeten Nacherben.

257 *Pentz* MDR 1998, 751, 752 ist hingegen unter Verweis auf § 2108 Abs. 2 BGB der Ansicht, die Nacherbschaft sei kein Fall der aufschiebend bedingten Erbschaft.

258 Vgl. *Schindler* ZEV 2015, 316, 316; *Lange* in MüKo BGB § 2306, Rn. 11; *Horn* in Burandt/Rojahn § 2306, Rn. 21; *Ludyga* in Juris Praxiskommentar § 2306, Rn. 25; *Bonefeld* ZErb 2015, 216 f.; *Bestelmeyer* Rpfleger 2007, 1, 1.

259 Gesetz zur Änderung des Erb- und Verjährungsrechts, Gesetz geändert mit Wirkung vom 01.01.2010 durch Gesetz vom 24.09.2009 (BGBl. I S. 3142).

260 *Stecker* ZEV 1996, 327, 328; *Pentz* MDR 1998, 751, 752; *Frank* in MüKo BGB § 2307 Rn. 6, 3. Auflage (1997); *Schlitt* NJW 1992, 28, 29.

261 *Schindler* ZEV 2015, 316, 318; OLG Köln, Urteil vom 5.2.2015 – 7 U 115/14, zitiert nach ZEV 2015, 280, 281.

262 OLG Köln, Urteil vom 05.02.2015 – 7 U 115/14, zitiert nach ZEV 2015, 280, 281; *Müller-Engels* in BeckOK BGB § 2306 Rn. 29; *Otte* in Staudinger § 2306 Rn. 25; *Horn* in Burandt/Rojahn BGB § 2306 Rn. 21.

vergleichbar sei.[263] Dies sei nur im Falle der Nacherbeneinsetzung als solches gerechtfertigt, wohingegen der aufschiebend bedingte Nacherbe einer weitergehenden Beschränkung unterliege, weshalb § 2306 Abs. 2 BGB nicht zur Anwendung kommen dürfe.[264]

Eine unbefangene Betrachtung des Gesetzeswortlautes legt nahe, dass eine derartige Interpretation die Anforderungen an das Tatbestandmerkmal „als Nacherbe eingesetzt" überspannt. Das Gesetz differenziert im Hinblick auf den Begriff des Nacherben gerade nicht ausdrücklich nach dessen rechtlicher Qualität. Dies dann über das Tatbestandsmerkmal „eingesetzt" herbeizuführen, spricht dem Begriff eine höhere Bedeutung zu, als ihm nach allgemeinem Sprachverständnis zukommt. Der Wortlaut des § 2306 Abs. 2 BGB umfasst also jede Form der Nacherbschaft.

b. Teleologische Reduktion

Fraglich ist allerdings, ob Sinn und Zweck des § 2306 Abs. 2 BGB für eine Anwendung auf die aufschiebend bedingte Nacherbschaft sprechen oder ob die Norm nicht vielmehr insoweit einer teleologischen Reduktion zu unterziehen ist. Die teleologische Reduktion setzt voraus, dass der Wortlaut der Norm zu weit geraten ist, sodass er Sachverhalte umfasst, die von Sinn und Zweck der Norm nicht gedeckt sind. Eine teleologische Reduktion kann allerdings nur angenommen werden, wenn das Gesetzt eine planwidrige Regelungslücke (bzw. eine planwidrige überschießende Regelung) enthält.[265]

(1) Vergleichbarkeit von Bedingung und Befristung

Im Gegensatz zur aufschiebend befristeten Nacherbschaft zeichnet sich die aufschiebend bedingte Nacherbschaft dadurch aus, dass der Nacherbfall ein zukünftiges ungewisses Ereignis darstellt. Der aufschiebend bedingte Nachererbe hat folglich keine Gewissheit, ob die Bedingung und damit verbunden seine vollwirksame Stellung als Nacherbe jemals eintreten wird. Nach dieser

263 *Bestelmeyer* in Rpfleger 2007, 1, 5.

264 So auch *Obergfell* in BeckOGK BGB § 2306 Rn. 7 (Stand 01.12.2019), die anführt, der Gesetzgeber wolle durch § 2306 Abs. 2 BGB lediglich eine „vorsichtige Angleichung" der Nacherbschaft an die in § 2306 Abs. 1 BGB genannten Rechtspositionen erzielen.

265 OLG Köln, Urteil vom 05.02.2015 – 7 U 115/14, zitiert nach ZEV 2015, 280, 281, *Grüneberg* in Palandt Einl. Rn. 49.

Argumentation liegt der Schluss nahe, den aufschiebend bedingten Nacherben während der Schwebezeit als vorläufig enterbt zu betrachten.[266]

Dennoch wird der aufschiebend bedingte Nacherbe vielfach dem aufschiebend befristeten Nacherben gleichgestellt. Zur Begründung wird ausgeführt, auch im Fall der Befristung sei nicht in jedem Falle gewährleistet, dass der Nacherbe den Nacherbfall erlebe.[267] Ferner könne die Bedingung im Einzelfall so gestaltet werden, dass der Nacherbe ihren Eintritt selbst herbeiführen kann,[268] sodass die aufschiebend bedingte Nacherbschaft nicht generell eine schwächere Rechtsposition vermittle.[269] Schließlich würde eine unterschiedliche Behandlung von aufschiebend bedingter und aufschiebend befristeter Nacherbschaft zu Rechtsunsicherheiten führen, wenn beide Elemente miteinander kombiniert würden.[270]

---

266 So etwa *Obergfell* in BeckOGK BGB § 2306 Rn. 7, (Stand 01.12.2019); inzwischen a.A. *Bock* in Nomos Kommentar § 2306 Rn. 11.

267 OLG Köln, Urteil vom 05.02.2015 - 7 U 115/14, zitiert nach ZEV 2015, 280, 282; *Riedel* in Damrau/Tanck § 2306 Rn. 11; *Lange* in MüKo BGB § 2306 Rn. 11.

268 OLG Köln, Urteil vom 05.02.2015 - 7 U 115/14, zitiert nach ZEV 2015, 280, 282; *Riedel* in Damrau/Tanck § 2306, Rn. 11.

269 Dem OLG Köln folgt auch *Schindler* ZEV 2015, 316, der in seiner Betrachtung der Wiederverheiratungsklauseln im gemeinschaftlichen Testament allerdings annimmt, die Wiederverheiratungsklausel stehe „stellvertretend für alle anderen denkbaren Fälle aufschiebend bedingter Nacherbeneinsetzungen." Hierbei verkennt er allerdings, dass der im Rahmen der Wiederverheiratungsklausel als aufschiebend bedingter Nacherbe eingesetzte Abkömmling durch das Testament der Ehegatten typischerweise zusätzlich als Schlusserbe nach dem länger Lebenden bzw. als auf dessen Tod aufschiebend befristeter Nacherbe nach dem Erstversterbenden eingesetzt ist. Dies führt dazu, dass der im Wege der Wiederverheiratungsklausel aufschiebend bedingt eingesetzte Nacherbe den Nachlass nach dem Tode des zuletzt Versterbenden sicher erlangen wird. Der Eintritt der aufschiebenden Bedingung hätte also lediglich einen früheren Erwerb des Nachlasses zur Folge. Auch im Falle des endgültigen Ausbleibens der Bedingung (Wiederheirat) würde der Nacherbe also wirtschaftlich am Nachlass beteiligt werden. Insofern lässt sich die wirtschaftliche Bedeutung der hier aufgeworfenen Streitfrage nicht am Beispiel der Wiederverheiratungsklausel verallgemeinern.

270 *Haas* in Staudinger § 2306 Rn. 21 (2006), der bei seiner These jedoch verkennt, dass eine Kombination beider Elemente rechtlich keine Probleme aufwirft. Durch die aufschiebende Befristung kann der zum Nacherben Berufene den Eintritt des Nacherbfalls klar kalkulieren. Die Kombination mit einer Bedingung hat nur zur Folge, dass der Nacherbfall, sollte das vom Erblasser bestimmte ungewisse Ereignis schon vor dem Ablauf der Frist eintreten, bereits zu diesem früheren Zeitpunkt eintritt. Der Nacherbe unterliegt folglich nur einer Ungewissheit über den Zeitpunkt des

Die genannten Ausnahmefälle ändern allerdings nichts daran, dass der aufschiebend befristete Nacherbe grundsätzlich sicher mit dem Erwerb des Nachlasses rechnen kann, während der aufschiebend bedingte Nacherbe lediglich eine Prognose auf Grundlage der Wahrscheinlichkeit des Bedingungseintritts anstellen kann. Eine differenzierte Betrachtung, die sich im Falle der Bedingung am Grad der Wahrscheinlichkeit des Bedingungseintritts orientiert, ist aus Gründen der Rechtssicherheit in jedem Fall abzulehnen.[271]

Während der als aufschiebend befristeter Nacherbe eingesetzte Pflichtteilsberechtigte also im Rahmen von § 2306 Abs. 2 BGB nur die Entscheidung zu treffen hat, ob er kurzfristig den Pflichtteil geltend machen möchte oder nach Ablauf der Frist als Nacherbe am Nachlass beteiligt wird, wäre der aufschiebend bedingte Nacherbe zu einer Spekulation gezwungen. Die durch § 2306 Abs. 2 BGB herbeigeführte Ungewissheit wäre des Weiteren dadurch verschärft, dass der Auskunftsanspruch des Pflichtteilsberechtigten über den Wert des Nachlasses nach § 2314 BGB voraussetzt, dass der Anspruchsteller nicht Erbe geworden ist.[272] Wendet man § 2306 Abs. 2 BGB auf den aufschiebend bedingten Nacherben an, so muss man diesem vor der Ausschlagung der Nacherbschaft konsequenter Weise auch den Anspruch aus § 2314 BGB versagen. Der aufschiebend bedinge Nacherbe könnte bei der Anwendung des § 2306 Abs. 2 BGB also weder den Eintritt der Bedingung zuverlässig vorhersagen, noch stünde ihm vor der Ausschlagung der Nacherbschaft eine Möglichkeit zu, durch die Geltendmachung eines Auskunftsanspruches den Wert des Nachlasses in Erfahrung zu bringen, um eine informierte Entscheidung über die Ausschlagung zu treffen. Die befristete und die bedingte Nacherbeneinsetzung können daher jedenfalls wirtschaftlich nicht als gleichwertig angesehen werden.[273]

In rechtlicher Hinsicht haben beide Alternativen hingegen immerhin gemein, dass der Eintritt des Nacherbfalls noch von einem zukünftigen Ereignis abhängt. Ferner steht sowohl dem aufschiebend bedingten als auch dem aufschiebend befristeten Nacherben ab dem Erbfall ein durch die §§ 2108 Abs. 2, 2110 ff. BGB

Nacherbfalls, nicht aber darüber, ob dieser überhaupt jemals eintritt, vgl. *Bestelmeyer* RPfleger 2007, 1, 2 f.

271 So auch *Schindler* ZEV 2015, 316, 318, unter Verweis auf das Erfordernis einer „unverzichtbaren Vorhersehbarkeit" des Pflichtteilsrechts nach BGH Urt. v. 13.07.1983 – IVa ZR 15/82, NJW 1983, 2875, 2876.

272 OLG Köln, Urteil vom 05.02.2015 – 7 U 115/14, zitiert nach ZEV 2015, 280.

273 *Riedel* in Damrau/Tanck § 2306 Rn. 11; *Lange* in MüKo BGB § 2306 Rn. 11.

geschütztes Nacherbenanwartschaftsrecht zu[274]. Soweit hieraus aber der Schluss gezogen wird, die § 2100 ff. BGB würden im Hinblick auf die aufschiebend befristete und die aufschiebend bedingte Nacherbschaft nicht differenzieren,[275] wird ein wichtiger Aspekt übersehen. Zwar ist dieses Anwartschaftsrecht im Rechtsverkehr übertragbar und pfändbar,[276] sodass es zunächst naheliegend erscheint, von einer Rechtsposition zu sprechen, die einer vorläufigen Enterbung entgegen steht. Verstößt aber der Vorerbe gegen eine der Verfügungsbeschränkungen der §§ 2113 ff. BGB, so tritt die Unwirksamkeit der Verfügung erst mit Eintritt des Nacherbfalls ein.[277] Ist eine Geltendmachung oder Durchsetzung der durch das Anwartschaftsrecht vermittelten Rechte aber erst nach Eintritt des Nacherbfalls möglich, so verschafft das Anwartschaftsrecht dem aufschiebend befristeten Nacherben tatsächlich eine ungleich bessere Rechtsposition, da nur in dieser Alternative der Nacherbfall sicher eintreten wird.

Eine gravierende Differenzierung ergibt sich des Weiteren aus § 2108 Abs. 2 BGB. Während die Rechtsposition des aufschiebend befristeten und des auflösend bedingten Nacherben im Zweifel vererblich sind und im Falle des Todes des Nacherben auf dessen Erben übergehen, gilt für den aufschiebend bedingten Nachererben nach der Auslegungsregel des § 2074 i.V.m. § 2108 Abs. 2 S. 2 BGB, dass dieser den Nacherbfall im Zweifel persönlich erleben muss, wenn die Nacherbschaft nicht unwirksam werden soll. Der aufschiebend bedingte Nacherbe ist dem aufschiebend befristeten Nacherben somit in den §§ 2100 ff. BGB rechtlich nicht vollständig gleichgestellt. Andererseits zeigt gerade die Norm des § 2108 Abs. 2 BGB, dass der Gesetzgeber an den für ihn entscheidenden Stellen eine Differenzierung zwischen aufschiebend bedingter und aufschiebend befristeter Nacherbschaft vorgenommen hat. Da § 2306 Abs. 2 BGB diese Differenzierung nicht vorsieht, scheint der gesetzgeberische Wille, trotz der nicht unerheblichen Unterschiede, eher für einen weiten Anwendungsbereich der Norm zu sprechen.

(2) Planwidrige Regelungslücke und Erbrechtsreform

Unter dem Gesichtspunkt von Sinn und Zweck des § 2306 Abs. 2 BGB sprechen daher gute Argumente für beide Sichtweisen. Einer teleologischen Reduktion

274 *Riedel* in Damrau/Tanck, § 2306 Rn. 11; *Lange* in MüKo BGB § 2306 Rn. 11; a.A. *Stecker* ZEV 1996, 327, 328.

275 *Otte* in Stadinger § 2306 Rn. 25.

276 BGH, Urteil vom 09.06.1983 – IX ZR 41/82, zitiert nach NJW 1983, 2244, 2246; *Weidlich* in Palandt Vorb. §§ 2100, Rn. 4; *Brox/Walker* in Erbrecht, § 25, Rn. 16.

277 BGH, Urteil vom 14.07.1969 – V ZR 122/66, zitiert nach NJW 1969, 2043, 2044.

ist aber jedenfalls das Fehlen einer planwidrigen Regelungslücke entgegen zu halten.[278] Im Rahmen der Erbrechtsreform aus dem Jahr 2009[279] hat der Gesetzgeber das ursprünglich vom Wert der Belastung abhängige Erfordernis der Ausschlagung der Erbschaft in § 2306 Abs. 1 S. 1 und 2 Hs. 1 BGB a.F. in ein generelles Wahlrecht geändert.[280] Hierbei hat er es unterlassen, den seit jeher umstrittenen Fall der aufschiebend bedingten Nacherbschaft aus dem Wortlaut des § 2306 Abs. 2 BGB herauszunehmen.[281] Der Gesetzgeber verfolgte mit der Änderung das Ziel, im Bereich des Pflichtteilsrechts für Rechtsklarheit und Rechtssicherheit zu sorgen.[282] Zwar ist § 2306 Abs. 2 BGB von der Änderung nicht umfasst gewesen. Auch geht der Gesetzesentwurf der Bundesregierung[283] mit keinem Wort auf die hier aufgeworfene Rechtsfrage ein. In Anbetracht dessen, dass die Behandlung des aufschiebend bedingten Nacherben im Rahmen von § 2306 Abs. 2 BGB bereits seit dem Inkrafttreten den BGB umstritten war,[284] darf aber davon ausgegangen werden, dass der Gesetzgeber, hätte er den weit geratenen Wortlaut korrigieren wollen, eine entsprechende Änderung vorgenommen hätte.[285]

Darüber hinaus lässt sich anführen, dass § 2306 Abs. 2 BGB für die Nacherbschaft eine gesetzliche Fiktion aufstellt, um eine Gleichstellung mit § 2306 Abs. 1 BGB zu erzielen. Soll durch die Reform ein unterschiedsloses Wahlrecht des Pflichtteilsberechtigten für alle Formen von Beschwerungen und Beschränkungen im Sinne des § 2306 Abs. 1 BGB begründet werden, so liegt der Schluss

278 OLG Köln, Urteil vom 05.02.2015 – 7 U 115/14, zitiert nach ZEV 2015, 280, 281; *Schindler* ZEV 2015, 316.

279 Gesetz zur Änderung des Erb- und Verjährungsrechts, Gesetz geändert mit Wirkung vom 1.1.2010 durch Gesetz vom 24.09.2009 (BGBl. I S. 3142).

280 Hierdurch sei nach *Schindler* ZEV 2015, 316, 318 ein Argument gegen die Anwendung des § 2306 Abs. 2 BGB auf die aufschiebend bedingte Nacherbschaft entfallen, da es nicht mehr zu einer vom Erblasser nicht beabsichtigten Umwandlung kraft Gesetzes einer aufschiebend bedingten Nacherbschaft in eine unmittelbar eintretende Vollerbschaft kommen könne.

281 OLG Köln, Urteil vom 05.02.2015 – 7 U 115/14, zitiert nach ZEV 2015, 280, 281.

282 Regierungsentwurf vom 24.04.2008, BT-Drucks 16/8954 S. 20.

283 Regierungsentwurf vom 24.04.2008, BT-Drucks 16/8954.

284 *Schindler* ZEV 2015, 316 ff.

285 A.A. *Hammann* in Krug, Pflichtteilsprozess, § 5, Rn. 95, der aus dem Umstand, dass § 2306 Abs. 2 BGB selbst nicht geändert worden ist, ableitet, dass die aufschiebend bedingte Nacherbschaft, wie schon vor der Reform, nicht von § 2306 Abs. 2 BGB erfasst sei.

nahe, auch die Fiktion des § 2306 Abs. 2 BGB ohne Unterscheidung auf alle Fälle der Nacherbschaft anzuwenden.

Aus den genannten Gründen kann jedenfalls nach der Erbrechtsreform nicht mehr von einer planwidrigen Regelungslücke (bzw. einer planwidrigen überschießenden Regelung) ausgegangen werden. Der aufschiebend bedingte Nacherbe kann seinen Pflichtteil nach § 2306 Abs. 2 BGB folglich nur geltend machen, wenn er die Nacherbschaft zuvor ausschlägt.

4. *Schlussfolgerungen für das Vermächtnis*

Fraglich ist nun, welche Bedeutung die Behandlung der aufschiebend bedingten Nacherbschaft im Rahmen von § 2306 Abs. 2 BGB für das aufschiebend bedingte Vermächtnis hat. Zunächst lässt sich festhalten, dass das Gesetz in § 2306 Abs. 2 BGB nach der oben beschriebenen Auslegung für den Fall der Nacherbschaft (aufschiebend befristeter und aufschiebend bedingter Erbe) eine Fiktion vorsieht, durch welche die mit der Nacherbenstellung verbundenen Nachteile einer Beschränkung nach § 2306 Abs. 1 S. 1 BGB gleichgestellt werden. Für das Vermächtnis sieht § 2307 Abs. 1 BGB eine vergleichbare Fiktion nicht ausdrücklich vor. Der Verweis in § 2307 Abs. 1 S. 2 Hs. 2 BGB auf § 2306 BGB gilt seinem Wortlaut nach nur für die Berechnung der Wertdifferenz zwischen Pflichtteil und Vermächtnis. Fällt allerdings die aufschiebend bedingte Nacherbschaft unter § 2306 Abs. 2 BGB und ist nach § 2307 Abs. 1 S. 2 Hs. 2 BGB i.V.m. § 2306 Abs. 2 BGB die aufschiebende Bedingung (des Vermächtnisses) bei der Wertberechnung außer Betracht zu lassen, legt das den Schluss nahe, dass das aufschiebend bedingte Vermächtnis unter § 2307 Abs. 1 S. 1 BGB fallen soll. Andernfalls hätte es für den Gesetzgeber nahegelegen, die Verweisung des § 2307 Abs. 1 S. 2 Hs. 2 BGB auf § 2306 Abs. 1 BGB zu beschränken.

Während also die Vorschrift des § 2177 BGB und die daraus abgeleiteten Wertungen der aufschiebenden Bedingung gegen eine Anwendung des § 2307 Abs. 1 BGB auf das aufschiebend bedingte Vermächtnis sprechen, legt die Gesetzessystematik der §§ 2307 Abs. 1 S. 2 Hs. 2, 2306 Abs. 2 BGB das gegenteilige Ergebnis nahe. Es stellt sich daher die Frage, welchem Aspekt im Rahmen der rechtlichen Bewertung höheres Gewicht beizumessen ist.

Im Ausgangspunkt ist dabei zu beachten, dass kein sachlicher Grund ersichtlich ist, den aufschiebend bedingten Vermächtnisnehmer im Hinblick auf die Geltendmachung seines Pflichtteilsanspruchs gegenüber dem aufschiebend bedingten Nacherben zu privilegieren. In beiden Fällen ist der Erwerb des Nachlasses beziehungsweise die Entstehung des durch das Vermächtnis vermittelten Anspruchs noch von einem zukünftigen ungewissen Ereignis abhängig. Zwar erlangt der Nacherbe mit Eintritt des Erbfalls die oben beschriebene Anwartschaft, im Hinblick auf den Bedingungseintritt unterliegen aber beide denselben Unwägbarkeiten.[286]

Auch der verspätete Anfall des aufschiebend bedingten Vermächtnisses gemäß § 2177 BGB rechtfertigt keine Privilegierung gegenüber dem Nacherben. Ein alleiniges Abstellen auf die Wertung des § 2177 BGB wäre schon deshalb widersprüchlich, weil nach dieser Norm auch das aufschiebend befristete Vermächtnis erst mit Eintritt des Ereignisses anfällt. Im Fall des aufschiebend befristeten Vermächtnisses wird aber die Anwendung des § 2307 Abs. 1 BGB nach allgemeiner Ansicht nicht in Frage gestellt.[287] Die fehlende Kollision von Pflichtteilsanspruch und Vermächtnisforderung während der Schwebephase kann also nicht als tragendes Argument herangezogen werden.

Darüber hinaus ist zu berücksichtigen, dass auch der Nacherbe seine Rechte am Nachlass erst nach dem Eintritt der Bedingung (Nacherbfall) geltend machen kann. Die Konstellation ist daher im weitesten Sinne mit der des § 2177 BGB vergleichbar. Dies zeigt sich auch bei einer vergleichenden Betrachtung im Hinblick auf die rechtliche Zuordnung von Früchten und Nutzungen. Weder der aufschiebend bedingte Vermächtnisnehmer (§§ 2177, 2184 BGB) noch der aufschiebend bedingte Nacherbe (§§ 2111 Abs. 1 S. 1 a.E., 2133 BGB) kann nach der Grundentscheidung des Gesetzes Früchte und Nutzungen aus der Zeit vor dem Eintritt der aufschiebenden Bedingung verlangen.

---

286 Kommt es zum Eintritt der aufschiebenden Bedingung, erstarkt das Anwartschaftsrecht des Nacherben zum Vollrecht. Der aufschiebend bedingte Nacherbe erlangt insbesondere durch die §§ 2110 ff. BGB gegenüber dem aufschiebend bedingten Vermächtnisnehmer eine deutlich günstigere Rechtsposition. Die sich hieraus ergebenden Rechtsfolgen können jedoch erst mit dem Eintritt der Bedingung geltend gemacht werden. Tritt die Bedingung endgültig nicht ein, vermittelt das Anwartschaftsrecht dem Nacherben keinen messbaren Vorteil (der Verkehrswert der Nacherbenanwartschaft reduziert sich in diesem Fall auf null oder die Anwartschaft geht unter). Kommt es hingegen zum Bedingungseintritt, steht dem Nacherben die günstigere Rechtsposition zu. Zum einen folgt dies aber aus der unmittelbar dinglichen Wirkung der Erb- und Nacherbfolge, zum anderen ist der aufschiebend bedingte Vermächtnisnehmer nach Eintritt der Bedingung und der Entstehung seiner Vermächtnisforderung im Hinblick auf einen möglichen Pflichtteilsanspruch nicht mehr schutzbedürftig. Insofern kann die Nacherbenanwartschaft nicht als tragendes Argument für eine differenzierte Behandlung herangezogen werden.

287 *Lange* in MüKo BGB § 2307, Rn. 8; *Otte* in Staudinger § 2307, Rn. 8.

Zusammenfassend lässt sich daher feststellen, dass sich dem Gesetz keine Wertung entnehmen lässt, die es rechtfertigen würde, das aufschiebend bedingte Vermächtnis im Rahmen des § 2307 Abs. 1 BGB anders zu behandeln, als die aufschiebend bedingte Nacherbschaft in § 2306 Abs. 2 BGB. Aufgrund der Gesetzessystematik kann der aufschiebend bedingte Vermächtnisnehmer seinen Pflichtteil folglich nur nach vorheriger Ausschlagung des Vermächtnisses geltend machen. Der oben[288] behandelten Entscheidung des OLG Oldenburg ist daher zwar im Ergebnis, nicht aber in der Begründung zu folgen.

288 Kapitel 5. D. II. 2.

6. Kapitel: Rechtliche Einordnung des Bestimmungsvermächtnisses und die Bestimmung der Rechtsposition der Bedachten während der Schwebephase

Mit dem Eintritt des Erbfalls entsteht für die mit dem Bestimmungsvermächtnis bedachten Personen eine Schwebephase. Die Rechtsposition während des Zeitraums vom Eintritt des Erbfalls bis zur Bestimmung eines der Bedachten, beziehungsweise dem endgültigen Ausbleiben der Auswahlentscheidung mit der Rechtsfolge des § 2151 Abs. 3 BGB, ist bisher nicht abschließend geklärt. Gerichtliche Entscheidungen sind zu dieser Frage, soweit ersichtlich, bisher nicht ergangen. Dabei hat die Einordnung der vermittelten Rechtsposition für die mit dem Vermächtnis Bedachten nicht unerhebliche Auswirkungen auf die Durchsetzung ihrer Rechte. Im Zentrum der Überlegungen steht die Frage, ob der bedachte Pflichtteilsberechtigte, dem neben dem Bestimmungsvermächtnis keine (Mit-)Erbenstellung eingeräumt wird, das Vermächtnis nach § 2307 BGB ausschlagen muss, um seinen Pflichtteil verlangen zu können. Doch auch der Anfall des Vermächtnisses, die damit einhergehende Bestimmung des Zeitpunkts, ab dem der Erbe gemäß § 2184 BGB die gezogenen Früchte herauszugeben hat und die Rechtsfolgen, die sich aus dem frühzeitigen Versterben eines Bedachten ergeben, stehen mit dem rechtlichen Charakter des Bestimmungsverhältnisses in untrennbarem Zusammenhang.

Zur rechtlichen Charakterisierung der durch das Bestimmungsvermächtnis in der Zeit zwischen dem Eintritt des Erbfalls und der Ausübung der Drittbestimmung vermittelten Rechtsposition werden – wie bereits oben[289] angesprochen – verschiedene Ansätze diskutiert.

A. Gemeinsame Rechtsposition der Vermächtnisnehmer

I. Gesamtgläubiger, § 2151 Abs. 3 BGB

Einen ersten Anhaltspunkt zur Bestimmung der Rechtsposition des mit einem Bestimmungsvermächtnis Bedachten liefert § 2151 Abs. 3 S. 1 BGB. Die Norm besagt, dass die Bedachten Gesamtgläubiger sind, wenn der Beschwerte oder der

289 Kapitel 5. D.

Dritte die Bestimmung nicht treffen kann. Mit Eintritt der Gesamtgläubigerschaft nach § 2151 Abs. 3 S. 1 BGB kann jeder der Bedachten die ganze Forderung – nach Eintritt der Fälligkeit – ohne Mitwirkung der übrigen Gesamtgläubiger selbstständig geltend machen. Der üblicherweise nach § 430 BGB bestehende Ausgleichsanspruch im Innenverhältnis der Gesamtgläubiger wird für das Bestimmungsvermächtnis durch § 2151 Abs. 3 S. 3 BGB modifiziert, wonach der Bedachte, der das Vermächtnis erhält, im Zweifel nicht verpflichtet sein soll, den empfangenen Gegenstand zu teilen. Der vermachte Gegenstand kommt bei Anwendung der Auslegungsregel also auch beim Ausbleiben der Bestimmung letztlich nur einem der Bedachten zugute.

In der Literatur[290] wird vereinzelt die Ansicht vertreten, § 2151 Abs. 3 S. 1 BGB ordne eine, mit dem Erbfall eintretende, und durch die Bestimmung eines der Bedachten auflösend bedingte Gesamtgläubigerschaft an. Dies ergebe sich aus dem der Norm zugrundeliegenden Regel-Ausnahme-Verhältnis.[291] Dabei wird allerdings verkannt, dass § 2151 Abs. 1 BGB die Bestimmung durch den Beschwerten oder den Dritten als Regelfall vorsieht und Abs. 3 lediglich subsidiär zur Anwendung kommen soll, wenn eine Bestimmung nicht mehr möglich ist oder nicht rechtzeitig erfolgt.[292] Die Gesamtgläubigerschaft gemäß § 2151 Abs. 3 S. 1 BGB ist also auf das Ausbleiben der Bestimmung aufschiebend bedingt. Dieses System- und Wortlautverständnis entspricht auch dem Willen des historischen Gesetzgebers, der sich bei der Beratung ausdrücklich gegen eine sofort mit dem Erbfall eintretende Gesamtgläubigerschaft entschieden hat.[293] Wie die Protokolle zeigen, war zunächst der Antrag gestellt worden, den heutigen § 2151 BGB wie folgt zu fassen:

> *„Hat der Erblasser mehrere mit einem Vermächtnis in der Weise bedacht, daß dem Beschwerten die Wahl des Bedachten zusteht, so sind die in solcher Weise Bedachten Gesamtgläubiger. Derjenige, welcher das Vermächtnis erhält, ist im Zweifel nicht zur Teilung verpflichtet. Mit der Vollziehung der Wahl erlöschen die Rechte der übrigen Gläubiger. Die Wahl erfolgt durch Erklärung gegenüber dem zu Wählenden; sie ist unwiderruflich.“*[294]

---

290 *Rudy* in MüKo BGB § 2151 Rn. 7.

291 *Horn/J. Mayer* in Nomos Kommentar § 2151 Rn. 7a.

292 *Hölscher* ZEV 2015 676, 678.

293 *Hölscher* ZEV 2015 676, 678.

294 *Jakobs/Schubert* in Die Beratung des Bürgerlichen Gesetzbuchs, Erbrecht 1. Teilband S. 841 f.

Dieser Antrag wurde im Laufe der Beratung jedoch zurück genommen.[295] Stattdessen beschloss die Kommission die heute noch gültige Gesetzesfassung.[296]

II. Mitgläubigerschaft?

Auch *Jünemann*[297] geht davon aus, die Gesamtgläubigerschaft trete erst mit endgültigem Ausbleiben der Bestimmung ein. Schon vor der Bestimmung seien die Bedachten aber Mitgläubiger im Sinne des § 432 BGB. Das Bestimmungsvermächtnis falle gemäß § 2176 BGB mit dem Erbfall allen Bedachten als Mitgläubiger an. Diese könnten – die Fälligkeit vorausgesetzt – den vermachten Gegenstand gemeinschaftlich von den Erben herausverlangen.[298] Die für die Mitgläubigerschaft gemäß § 432 BGB erforderliche rechtliche Unteilbarkeit folge aus dem Willen des Erblassers, der den vermachten Gegenstand im Zweifel einem der Bedachten als Ganzes zuwenden wolle.[299]

Die Bedachten würden demnach also zunächst auflösend bedingte Mitgläubiger. Mit Ausübung der Bestimmung oder deren endgültigem Ausbleiben würde der jeweilige Bedachte entweder alleiniger Gläubiger, Gesamtgläubiger oder Nichtgläubiger werden. Bei der Bestimmung handele es sich um eine aufschiebende Bedingung im Sinne des § 2177 BGB, durch die es zum endgültigen Anfall des Vermächtnisses bei einem einzelnen Bedachten komme.[300]

Dem wird zurecht entgegengehalten, der Wille des Erblassers schließe eine Erfüllung des Vermächtnisses vor der Ausübung der Bestimmung aus.[301] Aus diesem Grund kann in der Schwebezeit weder eine Mit- noch eine Gesamtgläubigerschaft angenommen werden.[302] Dem Wortlaut des Gesetzes lässt sich ein Anhaltspunkt für den Eintritt der Mitgläubigerschaft nicht entnehmen. Insofern ist auch zu bedenken, dass sich der historische Gesetzgeber bewusst gegen

---

295 *Jakobs/Schubert* in Die Beratung des Bürgerlichen Gesetzbuchs, Erbrecht 1. Teilband S. 843.

296 *Hölscher* ZEV 2015 676, 678; Protokoll, Band V, 27; Jakobs/Schubert in Die Beratung des Bürgerlichen Gesetzbuchs, Erbrecht 1. Teilband S. 845.

297 *Jünemann* ZEV 2011, 163, 166, so auch *Hölscher* ZEV 2015, 676, 678.

298 *Jünemann* ZEV 2011, 163, 166.

299 Hier widersprich sich *Jünemann* meines Erachtens selbst, denn besteht des leitende Motiv des Erblassers darin, den vermachten Gegenstand nur einer einzigen Person zuzuwenden, ist eine Mitgläubigerschaft aller Vermächtnisnehmer mit dem Erblasserwillen nicht zu vereinbaren.

300 *Jünemann* ZEV 2011, 163, 165.

301 *Otte* in Staudinger § 2151 Rn. 4.

302 *Otte* in Staudinger § 2151 Rn. 4.

eine unmittelbar mit dem Erbfall eintretende Gesamtgläubigerschaft und ein sich daraus ergebendes durchsetzbares Forderungsrecht entschieden hat. Diese Entscheidung droht durch die Annahme einer Mitgläubigerschaft unterlaufen zu werden. Zwar ist ohnehin kein Fall denkbar, in dem das Vermächtnis nach dem Willen des Erblassers schon vor der Bestimmung fällig werden soll. Mit etwas Phantasie vorstellbar wäre aber eine Konstellation, in der ein Dritter die Bestimmung zu treffen hat, der Beschwerte sich aber möglichst schnell des vermachten Gegenstandes begeben will und ihn daher vorzeitig an alle Bedachten zur gesamten Hand herausgibt. Ein solches Vorgehen kann dem Willen des Erblassers kaum entsprechen, zumal die Auslegungsregel des § 2151 Abs. 3 S. 3 BGB anordnet, dass eine Teilung des empfangenen Gegenstandes im Zweifel nicht zu erfolgen hat.

Geht man also davon aus, dass das Vermächtnis nach dem Erblasserwillen vor der Bestimmung ohnehin weder fällig noch erbringbar ist,[303] so erscheint auch die Annahme einer durch die Bestimmung auflösend bedingten Mitgläubigerschaft konstruiert. Schließlich widerspricht der Gedanke des doppelten Anfalls des Vermächtnisses (zunächst nach § 2176 BGB mit dem Erbfall bei allen Mitgläubigern; nach Auswahl der Bestimmung gemäß § 2177 BGB erneut beim Ausgewählten) dem System der §§ 2176 ff. BGB. Durch den Anfall gelangt die Vermächtnisforderung nach der Legaldefinition des § 2176 BGB zur Entstehung. Eine erneute Entstehung der Forderung durch die Drittbestimmung ist daher überflüssig und würde im Hinblick auf die Regelung des § 2184 BGB[304] zu Rechtsunsicherheit führen. Der Gedanke kann daher allenfalls so verstanden werden, dass es durch die Drittbestimmung zu einer Übertragung der Forderung von allen Mitgläubigern auf den Bestimmten kommt. Dieser Regelungsgehalt kann aber weder § 2151 BGB noch § 2177 BGB entnommen werden.

B. Rechtsposition des einzelnen Vermächtnisnehmers

I. §§ 2176 ff. BGB

Ausgangspunkt für die Bestimmung der Rechtsposition, die das Bestimmungsvermächtnis den Bedachten während der Schwebezeit vermittelt, sind die §§ 2176 ff. BGB. Nach § 2176 BGB kommt das Vermächtnis grundsätzlich mit dem Erbfall zur Entstehung. Nur wenn einer der Ausnahmetatbestände nach

---

303 Lediglich zur Fälligkeit *Otte* in Staudinger § 2151 Rn. 4.

304 Nach § 2184 BGB stehen dem Vermächtnisnehmer die seit dem Anfall des Vermächtnisses gezogenen Früchte zu.

§ 2177 BGB oder § 2178 BGB gegeben ist, verschiebt sich der Anfall des Vermächtnisses in die Zukunft.

1. § 2178 BGB

Nach § 2177 BGB fällt ein unter einer aufschiebenden Bedingung angeordnetes Vermächtnis erst mit dem Eintritt der Bedingung an. Wird die Persönlichkeit des Bedachten hingegen erst nach dem Erbfall bestimmt, so kommt es nach § 2178 BGB auch erst mit diesem Ereignis zum Anfall des Vermächtnisses. Nach dem Wortlaut scheint sich § 2178 BGB mit der Bestimmung der Persönlichkeit auf das Bestimmungsvermächtnis des § 2151 BGB zu beziehen. Die Folge wäre, dass das Vermächtnis erst mit der Bestimmung und nur in der Person des Ausgewählten entstehen würde. Systematisch steht dieser Auslegung aber die Wertung des § 2162 Abs. 2 BGB entgegen, der anordnet, dass ein Vermächtnis nach § 2178 BGB mit Ablauf von 30 Jahren unwirksam wird, wenn das Ereignis nicht vorher eintritt. Dies steht im Widerspruch zu § 2151 Abs. 3 BGB, wonach das Bestimmungsvermächtnis bei Ausbleiben der Bestimmung ausdrücklich wirksam bleibt und Gesamtgläubigerschaft unter den Bedachten eintritt. § 2178 BGB soll aus diesem Grund auf § 2151 BGB keine Anwendung finden.[305] Zwar ließe sich argumentieren, dass § 2178 BGB auf das Bestimmungsvermächtnis anzuwenden ist und lediglich die Rechtsfolge des § 2162 Abs. 2 BGB für den besonderen Fall des Bestimmungsvermächtnisses durch den insoweit spezielleren § 2151 Abs. 3 BGB verdrängt wird. Es sprechen aber noch weitere Wertungen gegen die Anwendung des § 2178 BGB.

Im Hinblick auf die Gesetzessystematik sprich zunächst eine vergleichende Betrachtung zwischen § 2105 Abs. 2 BGB und § 2178 BGB gegen die Anwendung des § 2178 BGB auf das Bestimmungsvermächtnis.[306] § 2105 Abs. 2 BGB regelt im Kontext der Nacherbschaft, dass der gesetzliche Erbe im Zweifel als Vorerbe eingesetzt sein soll, wenn die Persönlichkeit des Erben erst durch ein nach dem Erbfall eintretendes Ereignis bestimmt werden soll. Aufgrund des fast identischen Wortlautes liegt es auf der Hand, dass der Gesetzgeber mit der Bestimmung der Persönlichkeit durch ein nach dem Erbfall eintretendes Ereignis in § 2105 Abs. 2 BGB und § 2178 BGB denselben Lebenssachverhalt jeweils für die (Nach-)Erbschaft und den Anfall des Vermächtnisses regeln wollte. Da aber eine Drittbestimmung, wie sie § 2151 Abs. 1 BGB vorsieht, im Bereich der

305 *Rudy* in MüKo BGB § 2178 Rn. 3; *Müller/Engels* in BeckOGK § 2178, Rn. 6 (Stand 01.10.2019); *Reymann* in Juris Praxiskommentar § 2178, Rn. 7.

306 *Schwarz* ZEV 2012, 27, 27.

(Nach-)Erbschaft durch § 2065 Abs. 2 BGB ausgeschlossen ist, kann § 2178 BGB als Parallelvorschrift nicht den Anfall des Bestimmungsvermächtnisses regeln.

Darüber hinaus liegen Sinn und Zweck des § 2178 BGB darin, als Ausnahme zu § 2176 BGB, den Anfall eines Vermächtnisses in Fällen zu regeln, in denen die Persönlichkeit des Vermächtnisnehmers im Zeitpunkt des Erbfalls noch nicht festgestellt werden kann.[307] Als Beispiel wird in der Literatur immer wieder ein Vermächtnis zugunsten desjenigen Neffen des Erblassers genannt, der nach dem Erbfall als Erster heiratet.[308] Im Gegensatz zu § 2178 BGB setzt ein wirksames Bestimmungsvermächtnis gemäß § 2151 BGB voraus, dass der Erblasser in der Verfügung einen hinreichend bestimmten Personenkreis benennt.[309] Der spätere Bedachte ist im Falle des § 2151 BGB also im Zeitpunkt des Erbfalls – zumindest als potenzieller Vermächtnisnehmer – bereits bekannt.[310] Der Anfall des Bestimmungsvermächtnisses richtet sich daher nicht nach § 2178 BGB.

2. § 2177 BGB

Aus ähnlichen Gründen findet auch § 2177 BGB keine Anwendung. Die Ausführungen zu § 2179 BGB und der 30 Jahres-Frist des § 2162 Abs. 1 BGB lassen sich zunächst Eins zu Eins übertragen.[311] Des Weiteren erfordert § 2177 BGB, dass das Vermächtnis als solches unter einer aufschiebenden Bedingung steht. Dies ist bei § 2151 BGB nicht der Fall. Eine Bedingung beschreibt ein zukünftiges ungewisses Ereignis.[312] Betrachtet man den Vorgang aus der Perspektive eines der Bedachten, so stellt die Drittbestimmung ein zukünftiges ungewissen

---

307 *Maulbetsch* in Roth/Maulbetsch/Schulte § 2 Rn. 12.

308 *Horn/J. Mayer* in Nomos Kommentar § 2178 Rn. 3; Rudy in MüKo BGB § 2178 Rn. 3.

309 *Maulbetsch* in Roth/Maulbetsch/Schulte § 4 Rn. 63; *Horn/J. Mayer* in Nomos Kommentar § 2151 Rn. 3.

310 *Schwarz* in ZEV 2012, 27, *Hölscher* in BeckOGK/ BGB § 2151 Rn. 20 (Stand 01.10.2019).

311 A.A. *Sünner* in Drittbestimmung bei letztwilligen Zuwendungen nach englischem und deutschem Recht (1970) B.9.III. 1). § 2151 Abs. 3 BGB stehe der Anwendung des § 2177 BGB nicht entgegen. Der Bedingungseintritt führe zu einer Umgestaltung des Rechtsverhältnisses, sein Ausbleiben habe aber nicht den vollständigen Wegfall des Rechtsverhältnisses zur Folge. Die Bedachten seien aufschiebend bedingte Vermächtnisgläubiger sowie aufschiebend bedingte Gesamtgläubiger. Nach dieser Ansicht entfalle also nur der aufschiebend bedingte Einzelanspruch auf den Vermächtnisgegenstand gemäß § 2162 Abs. 1 BGB nach 30 Jahren, während die Gesamtgläubigerschaft gemäß § 2151 Abs. 3 BGB bestehen bliebe.

312 *Westermann* in MüKo BGB § 158 Rn. 8.

Ereignis dar, sodass die Rechtsposition des Einzelnen unter der Bedingung der positiven Auswahlentscheidung steht.[313] Davon zu unterscheiden ist aber der Bestand des Vermächtnisses als solches. Die Vermächtnisforderung gegen die Erben entsteht unabhängig von der Auswahl des Bedachten. Selbst beim endgültigen Ausbleiben der Bestimmung ist das Vermächtnis wegen § 2151 Abs. 3 BGB nicht in seinem Bestand gefährdet. Während das endgültige Ausbleiben des Bedingungseintritts beim aufschiebend bedingten Vermächtnis zur Unwirksamkeit des Vermächtnisses führt[314] und damit dem Beschwerten zugutekommt, hat das Ausbleiben der Drittbestimmung im Falle des § 2151 BGB nur den Eintritt der Gesamtgläubigerschaft zu Folge.

Das Bestimmungsvermächtnis ist folglich kein aufschiebend bedingtes Vermächtnis im Sinne des § 2177 BGB und fällt gemäß § 2176 BGB unmittelbar mit dem Erbfall an.[315]

II. Auflösende Bedingung?

Fraglich ist aber, welche Rechtsstellung das mit dem Erbfall entstandene Vermächtnis dem Einzelnen vermittelt. Überwiegend wird aus dem Anfall des Vermächtnisses der Schluss gezogen, dass das Bestimmungsvermächtnis ab diesem Zeitpunkt jedem der Bedachten vollwirksam zustehe. Das Vermächtnis sei aber für jeden der Bedachten durch die negative Auswahlentscheidung auflösend bedingt und die Fälligkeit und Erbringbarkeit seien bis zur Bestimmung hinausgeschoben.[316] Die Annahme einer auflösenden Bedingung habe zur Folge, dass Pflichtteilsberechtigte erst nach der Ausschlagung des Vermächtnisses ihren

---

313 *Wagner* in Der Grundsatz der Selbstentscheidung bei Errichtung letztwilliger Verfügungen, Teil 2, Kapitel 2. A. I. 1., der aus diesem Grunde zur Anwendung der §§ 2177, 2178 BGB und einem Anfall des Vermächtnisses erst mit der Bestimmung durch den Dritten kommen will. A.A. im Hinblick auf das Vorliegen einer Bedingung Hölscher ZEV 2015, 676 (679).

314 Die Unwirksamkeit folgt spätestens nach 30 Jahren aus § 2162 Abs. 1 BGB.

315 Ein weiteres Argument gegen die Annahme eines aufschiebend bedingten Vermächtnisses leitet *Hölscher* ZEV 2015, 676, 679 aus dem systematischen Zusammenspiel der §§ 2176, 2177, 2184 BGB her. Sollte der Erbe mit der Drittbestimmung betraut sein, könnte dieser im Falle eines aufschiebend bedingten Vermächtnisses verleitet sein, die Drittbestimmung bewusst zu verzögern, da ihm nach §§ 2177, 2184 BGB bis zu diesem Zeitpunkt die Früchte des vermachten Gegenstandes zustünden.

316 *Mayer* MittBayNot 1999, 447, 451; *Rudy* in MüKo BGB § 2151 Rn. 7; *Weidlich* in Palandt § 2151, Rn. 1.

Pflichtteil verlangen könnten, § 2307 BGB. Dies soll selbst dann gelten, wenn es nachträglich zum Eintritt der auflösenden Bedingung kommt.[317]

Ein solches Verständnis lässt jedoch die Besonderheiten des § 2151 BGB außer Betracht. Zwar fällt das Bestimmungsvermächtnis unmittelbar mit dem Erbfall an und besteht als Forderung gegen den Nachlass. Die Person des endgültigen Gläubigers steht aber noch nicht fest.

Ein auflösend bedingtes Vermächtnis könnte nur angenommen werden, wenn der Vermächtnisanspruch jedem der Bedachten bereits mit dem Erbfall vollwertig zustünde. Die Bestimmung hätte bei einem solchen Verständnis die Rechtsfolge, dass das Vermächtnis zugunsten der nicht ausgewählten Bedachten aufgrund des Eintritts der auflösenden Bedingung rückwirkend unwirksam werden würde, während die Rechtsposition des Ausgewählten unverändert bliebe. Für ihn hätte die Bestimmung nur dann eine unmittelbare Rechtsfolge, wenn der Vermächtnisanspruch mit Wirksamwerden der Bestimmung fällig würde. Dem Erblasser steht es im Rahmen der Testierfreiheit aber frei, das Vermächtnis erst zu einem späteren Zeitpunkt (Bsp. zwei Wochen nach Zugang der Bestimmung) fällig werden zu lassen. In diesem Fall hätte die Drittbestimmung in der Person des Ausgewählten keine unmittelbare Rechtsfolge.

Setzt man den Gedanken des auflösend bedingten Vermächtnisses konsequent fort, würde dies weiter bedeuten, dass der Nachlass bei einem Kreis von fünf zur Bestimmung gestellten Personen in der Schwebephase mit fünf selbstständigen inhaltsgleichen Ansprüchen belastet wäre, von denen vier durch den Eintritt der auflösenden Bedingung nachträglich entfallen. Dies lässt sich aber weder mit dem Willen des Gesetzgebers noch mit dem Erblasserwillen in Einklang bringen. Kann vor dem endgültigen Ausbleiben der Bestimmung aus den oben genannten Gründen[318] keine Gesamtgläubigerschaft entstehen, darf diese Wertung erst recht nicht dadurch unterlaufen werden, dass jedem Bedachten ein vollwertiges – von den anderen Bedachten unabhängiges – Forderungsrecht gewährt wird. Es entspricht im Falle des Bestimmungsvermächtnisses auch nicht dem Willen des Erblassers, jedem der Bedachten schon mit dem Eintritt des Erbfalls einen vollwertigen – wenn auch noch nicht fälligen und erbringbaren – Anspruch auf den vermachten Gegenstand zu gewähren.

---

317 *Mayer* MittBayNot 1999, 477, 451; *Horn/J. Mayer* in Nomos Kommentar § 2151 Rn. 7d.

318 Kapitel 6. A. I.

Des Weiteren zeichnen sich die §§ 2151 ff. BGB in ihrer Struktur durch eine Unvollständigkeit des Erblasserwillens aus. Während bei § 2151 BGB zunächst die Person des Gläubigers unbestimmt ist, muss der Dritte im Falle des § 2153 BGB die Anteile am vermachten Gegenstand und beim Zweckvermächtnis nach § 2156 BGB den konkreten Gegenstand der Leistung bestimmen. Diese Lücke im Erblasserwillen wird durch die Bestimmung des Dritten geschlossen.[319] Ihr kommt daher auch in der Person des Ausgewählten ein stärkeres Gewicht zu, als einer bloßen Fälligkeitsregelung. Sie führt im Falle des § 2151 Abs. 1 BGB zu einer Konkretisierung der Gläubigerstellung auf den Bestimmten.[320]

Die Drittbestimmung enthält daher rechtlich nicht den Charakter einer auflösenden, sondern allenfalls den einer aufschiebenden Bedingung. Dies bestätigt ein Blick auf § 2065 BGB. Nimmt man nämlich an, die Rechtsposition des Bedachten sei durch die Bestimmung auflösend bedingt, so würde § 2151 Abs. 1 BGB letztlich keine Ausnahme zu § 2065 Abs. 2 BGB darstellen, sondern wäre als Ausnahme zu § 2065 Abs. 1 BGB zu verstehen. Denn der Dritte würde durch die Bestimmung lediglich darüber entscheiden, ob die mit dem Erbfall vollständig eingetretene Rechtsposition als Vermächtnisnehmer weiterhin gelten soll oder nicht. Dies war aber vom Gesetzgeber erkennbar nicht beabsichtigt und entspricht auch nicht dem allgemeinen Verständnis der Norm.[321]

III. Vermächtnis eigener Art

Das Bestimmungsvermächtnis steht für die Bedachten also nicht unter einer auflösenden Bedingung. Wie bereits im Rahmen des § 2177 BGB ausgeführt wurde,[322] kann allerdings auch ein aufschiebend bedingtes Vermächtnis nicht ohne Einschränkungen angenommen werden. Die Drittbestimmung stellt zwar

---

319 So auch *Klunzinger* BB 1970, 1197, 1201, der aus dieser Feststellung jedoch keine Rückschlüsse auf die Rechtsposition des Bedachten zieht, sondern gegen eine analoge Anwendung der §§ 2156, 315 ff. BGB zur Überprüfung der Drittbestimmung argumentiert. Leide die Bestimmungsentscheidung des Dritten an einem Willensmangel, sei die Anwendung der § 2078 ff. BGB naheliegender, da der Wille des Dritten dem Erblasser zugerechnet werde, und mit dem Erblasserwille eine Einheit bilde.

320 *Reymann* in Juris Praxiskommentar § 2151 Rn. 35.

321 § 2151 stellt nach allgemeiner Ansicht eine Ausnahme zu § 2065 Abs. 2 BGB dar, vgl. *Maulbetsch* in Roth/Maulbetsch/Schulte § 4, Rn.62; *Mayer* MittBayNot 1999, 447, 447; *Stürner* in Jauernig § 2151, Rn. 1; Hölscher ZEV 2015, 676, 679.

322 Kapitel 6. B. I. 2.

ein zukünftiges, ungewisses Ereignis dar. Hierdurch bedingt ist aber nicht der Bestand der Vermächtnisforderung als solcher, sondern nur die Person des Gläubigers. Aus der Sicht der Bedachten liegt eine durch die Drittbestimmung aufschiebend bedingte Forderung vor, wobei je nach Entscheidung des Dritten (oder deren Ausbleiben, § 2151 Abs. 3 BGB) Einzel-, Gesamt- oder Nichtgläubigerschaft eintreten kann. Der Wertung des § 2151 Abs. 3 BGB lässt sich entnehmen, dass die Person des Gläubigers, und damit die Rechtsstellung der Bedachten, isoliert vom Bestand des Vermächtnisses beurteilt werden kann.

Eine widerspruchsfreie Einordnung der Drittbestimmung in das System der bedingten Verfügungen erscheint nach dem bisher Gesagten somit nicht möglich.[323] Das Bestimmungsvermächtnis nach § 2151 BGB stellt daher ein Vermächtnis eigener Art[324] dar, das verschiedene Elemente eines bedingten und unbedingten Anspruchs in sich vereint.

IV Praktische Auswirkungen auf die Rechte des Vermächtnisnehmers

Fraglich ist daher, welche erbrechtlichen Regelungen auf das Bestimmungsvermächtnis Anwendung finden. Dies ist im Wege einer an Sinn und Zweck des § 2151 BGB und der jeweiligen Vorschrift orientierten Auslegung zu beantworten.

In der Literatur wird hierzu ein Ansatz vertreten, nach dem das Vermächtnis gemäß § 2176 BGB mit dem Erbfall anfällt. Allerdings sei bis zur Ausübung der Drittbestimmung von der „Gläubigerstellung eines noch unbekannten Beteiligten“[325] auszugehen. Den nicht ausgewählten Personen falle kein Vermächtnis an, sodass während der Schwebephase jeder der Bedachten seinen Pflichtteil geltend machen könne, ohne zuvor das Vermächtnis auszuschlagen.[326] Durch die Drittbestimmung werde die Vermächtnisforderung fällig. Dem Ausgewählten stünden nach §§ 2184, 2176 BGB die seit dem Anfall gezogenen Früchte zu, da er als Mitglied des zur Auswahl stehenden Personenkreises bereits zum Zeitpunkt des Erbfalls als Vermächtnisnehmer feststehe.[327]

---

323 So auch *Hölscher* ZEV 2015, 676, 679.

324 *Reymann* in Juris Praxiskommentar § 2151 Rn. 35; *Hölscher* ZEV 2015, 676, 679.

325 *Otte* in Staudinger § 2151 Rn. 4; *Hölscher* ZEV 2015, 676, 679. *Reymann* in Juris Praxiskommentar § 2151 Rn. 35 zieht hierzu einen Vergleich zu §§ 315 ff. BGB.

326 *Otte* in Staudinger § 2151 Rn. 4; *Hölscher* ZEV 2015, 676, 679.

327 *Hölscher* ZEV 2015, 676, 679.

Da das Vermächtnis mit dem Erbfall anfällt, der Gläubiger jedoch erst nach Vornahme der Drittbestimmung feststeht, kann während der Schwebephase ohne Bedenken von einer Gläubigerstellung eines bisher unbekannten Beteiligten gesprochen werden. Dies sollte allerdings nur dem Zweck dienen, der Besonderheit des § 2151 Abs. 1 BGB einen Namen zu geben, darf aber nicht dahingehen verstanden werden, dass der Anspruch zunächst treuhänderisch einem Rechtssubjekt zusteht, das nicht zum Kreis der vom Erblasser Bedachten gehört. Denn das Gesetz sieht weder in § 2151 BGB noch in den §§ 2176 ff. BGB eine Übertragung des Vermächtnisanspruchs vor. Der Begriff bringt aber zum Ausdruck, dass die Vermächtnisforderung bereits entstanden ist, bisher aber keiner der Bedachten als endgültiger Gläubiger feststeht und eine Gläubigermehrheit sowohl in Form der Gesamtgläubigerschaft als auch der Mitgläubigerschaft ausscheidet.

1. Herausgabe gezogener Früchte, § 2184 BGB

Dieser Ansatz kommt auch im Hinblick auf die Zuweisung von Früchten des vermachten Gegenstandes zu einem überzeugenden Ergebnis. Da das Vermächtnis bereits mit dem Erbfall anfällt, führen die § 2184, 2176 BGB insoweit praktisch zu einer Art Rückwirkung der Drittbestimmung auf den Erbfall. In der Sache entspricht dies letztlich der Rückbeziehung des Bedingungseintritts gemäß § 159 BGB,[328] wodurch das Element der aufschiebend bedingten Gläubigerstellung unterstrichen wird.

Der Umstand, dass § 159 BGB für das aufschiebend bedingte Vermächtnis durch die spezielleren §§ 2184, 2177 BGB verdrängt wird und das Gesetz in diesem Fall aufgrund des verspäteten Vermächtnisanfalls nach § 2177 BGB keinen Anspruch auf Herausgabe der während der Schwebezeit gezogene Früchte vorsieht, bedeutet keinen Wertungswiderspruch zwischen dem aufschiebend bedingten Vermächtnis und dem Bestimmungsvermächtnis gemäß § 2151 BGB. Die Regelung des § 2184 BGB führt zu einem Interessenausgleich zwischen Erbe und Vermächtnisnehmer. Belastet der Erblasser seine Erben mit einem aufschieben bedingten Vermächtnis, herrscht für den Erben bis zum Eintritt der Bedingung Ungewissheit darüber, ob er den Gegenstand jemals herausgeben muss. Das Gesetz erlaubt ihm daher nach §§ 2184, 2177 BGB, den Gegenstand bis zum Bedingungseintritt auf eigene Rechnung zu nutzen. Im Falle des Bestimmungsvermächtnisses steht hingegen ab dem Erbfall fest, dass der Erbe zur Herausgabe

328 So auch *Reymann* in Juris Praxiskommentar § 2151 Rn. 35.

verpflichtet ist. Die durch die Drittbestimmung entstehende Verzögerung der Vermögensübertragung dient allein dem Zweck, dem Erblasser die Möglichkeit zu geben, durch das Einschalten eines Dritten auf Umstände nach seinem Tode zu reagieren. Ohne eine testamentarische Anordnung kann hieraus aber keine Privilegierung der Erben abgeleitet werden. Die Ungleichbehandlung des Bestimmungsvermächtnisses mit einem aufschiebend bedingten Vermächtnis unter dem Gesichtspunkt der Herausgabepflicht gezogener Früchte ist daher sachlich gerechtfertigt.

2. *Pflichtteilsrecht*

Fraglich ist allerdings, wie sich das Bestimmungsvermächtnis zum Pflichtteilsrecht verhält. Der schlichte Verweis, die Gläubigerstellung eines bisher unbekannten Beteiligten habe die Folge, dass den Bedachten während der Schwebephase kein Vermächtnis zustehe, erinnert an die Argumentation, das aufschiebend bedingte Vermächtnis falle nach § 2177 BGB erst mit dem Bedingungseintritt an, sodass die Bedachten während der Schwebephase nicht mit einem Vermächtnis bedacht seien.[329] Da sich dieses Argument jedoch für das aufschiebend bedingte Vermächtnis im Ergebnis nicht als tragfähig erweist, bedarf die Anwendbarkeit des § 2307 BGB auf das Bestimmungsvermächtnis einer umfassenden Prüfung.

Vergleich man den Wortlaut von § 2151 Abs. 1 BGB („Der Erblasser kann mehrere mit einem Vermächtnis in der Weise bedenken, dass …") und § 2307 Abs. 1 BGB („Ist ein Pflichtteilsberechtigter mit einem Vermächtnis bedacht, …") scheint die Formulierung des Gesetzes „mit einem Vermächtnis bedacht" für eine uneingeschränkte Anwendung des § 2307 BGB auf das Bestimmungsvermächtnis zu sprechen. Führt man sich jedoch vor Augen, dass dem Bedachten vor der Ausübung der Drittbestimmung keine rechtlich greifbare Gläubigerstellung an der Vermächtnisforderung zukommt, erscheint die Anwendung des Wahlrechts nach § 2307 Abs. 1 BGB weniger zwingend zu sein.

a. *Vergleich mit dem Ersatzvermächtnis*

Wie die Betrachtung im Rahmen des aufschiebend bedingten Vermächtnisses gezeigt hat, weist die Regelung des § 2307 Abs. 1 BGB einen weitreichenden Anwendungsbereich auf. Trotz des umfassenden Wortlauts und der systematischen Verknüpfung zu § 2306 BGB fällt aber nicht jedes Vermächtnis in den

---

329 Kapitel 5. D. II. 2.

Anwendungsbereich der Norm. So findet § 2307 BGB nach überwiegender Ansicht etwa keine Anwendung auf das Ersatzvermächtnis gemäß § 2190 BGB.[330] Der Ersatzvermächtnisnehmer erwirbt sein Recht – ebenso wie der Ersatzerbe gemäß § 2096 BGB – immer dann, wenn der primär Bedachte bei der Verteilung des Nachlasses ausscheidet. Hierzu kann es beispielsweise kommen, wenn der Bedachte im Zeitpunkt des Erbfalls bereits selbst verstorben ist oder das ihm Zugewandte nach dem Erbfall ausschlägt. Für die Frage der Anwendbarkeit des § 2307 BGB ist nur die Alternative des nachträglichen Wegfalls des Vermächtnisnehmers bedeutsam, denn andernfalls ist der Ersatzvermächtnisnehmer schon mit dem Erbfall berufen. Solange nicht feststeht, ob der Ersatzvermächtnisanfall eintreten wird, befindet sich der Ersatzvermächtnisnehmer in einer Schwebephase. Bei dem Ersatzvermächtnis handelt es sich insoweit um eine besondere Erscheinungsform des aufschiebend bedingten Vermächtnisses.[331]

Dies würde nach dem bisher Gesagten eigentlich dafür sprechen, das Ersatzvermächtnis unter § 2307 Abs. 1 BGB zu subsumieren. Neben dem Umstand, dass dem Ersatzvermächtnisnehmer während der Schwebephase zunächst nichts hinterlassen ist,[332] spricht jedoch auch ein systematisches Argument gegen die Anwendbarkeit des § 2307 BGB auf das Ersatzvermächtnis. Die Ersatzerbschaft gemäß § 2096 ff. BGB fällt – anders als die Nacherbschaft – nicht unter § 2306 Abs. 2 BGB.[333] Begründen lässt sich dies zunächst mit dem Wortlaut des § 2306 Abs. 2 BGB. Die Wertung des § 2102 BGB zeigt, dass der Gesetzgeber dem Ersatzerben gegenüber dem Nacherben die schwächere Rechtsposition einräumt. Des Weiteren hat sich der historische Gesetzgeber bewusst gegen eine Aufnahme der Ersatzerbschaft in § 2306 Abs. 2 BGB entschieden,[334] da die „Ersatzerbeneinsetzung als nur bedingte Zuwendung keine Bedenkung sei."[335]

---

330 *Roth* in Maulbetsch/Roth/Schulte § 6, Rn. 29; *Joachim/Lange* in „Pflichtteilsrecht", S. 120; *Diekmann* in Soergel § 2307 Rn. 2; *Lange* in MüKo BGB § 2307 Rn. 10; *Riedel* in Damrau/Tanck § 2307 Rn. 6; *Birkenheier* in Juris Praxiskommentar § 2307 Rn. 11; a.A. *Otte* in Staudinger § 2307, Rn. 9.

331 *Otte* in Staudinger § 2307, Rn. 9; *Diekmann* in Soergel § 2307 Rn. 2.

332 *Lange* in MüKo BGB § 2307 Rn. 10; *Birkenheier* in Juris Praxiskommentar § 2307 Rn. 11; *Riedel* in Damrau/Tanck § 2307 Rn. 6. Letzterer hält eine Ausschlagung des Ersatzvermächtnisses vor dem Eintritt des Ersatzerbfalls mangels Bezugsobjekts gar für unmöglich.

333 OLG Hamm, Urteil vom 12.12.1995 – 10 U 104/95 zitiert nach NJW-RR 1996, 1414, 1415.

334 OLG Hamm, Urteil vom 12.12.1995 – 10 U 104/95 zitiert nach NJW-RR 1996, 1414, 1415.

335 Mugdan Erbrecht S. 771.

Im Rahmen der Erbrechtsreform[336] wurde die Problematik des Ersatzerben im Rahmen von § 2306 BGB nicht erneut thematisiert. Vor diesem Hintergrund erscheint es im Lichte der oben[337] geführten Argumentation zum aufschiebend bedingten Vermächtnis nur folgerichtig, § 2307 BGB nicht auf das Ersatzvermächtnis anzuwenden.

Hieraus können für das Bestimmungsvermächtnis verschiedene Rückschlüsse gezogen werden. Zum einen verdeutlicht das Beispiel, dass § 2307 BGB trotz des uneingeschränkten Wortlauts nicht für jede Art von Vermächtnis Geltung beansprucht und sich dessen Anwendung nach den jeweiligen rechtlichen Eigenschaften des in Rede stehenden Vermächtnisses und der Gesetzessystematik richtet. Auch das sowohl im Ersatz- als auch im Bestimmungsvermächtnis enthaltene Element eines bedingten Anspruchs führt also nicht zwingend zur Anwendbarkeit von § 2307 Abs. 1 BGB.

Zum anderen befindet sich der durch ein Bestimmungsvermächtnis Bedachte gegenüber dem Ersatzvermächtnisnehmer während der Schwebephase in einer nicht unähnlichen Interessenlage. In beiden Fällen kommt die Vermächtnisforderung mit dem Erbfall unbedingt zur Entstehung, während die Gläubigerstellung des Bedachten noch vom Eintritt einer Bedingung (Drittbestimmung oder Ersatzvermächtnisfall) abhängig ist. Natürlich weisen das Bestimmungs- und das Ersatzvermächtnis in ihrer Rechtsnatur auch erhebliche Unterschiede auf. Diese treten am deutlichsten dadurch zu Tage, dass der Ersatzvermächtnisnehmer nur subsidiär bedacht ist, während beim Bestimmungsvermächtnis eine Auswahl zwischen gleichrangig Bedachten erfolgt. Gemeinsam ist beiden Vermächtnissen aber, dass der vermachte Gegenstand nach dem Willen des Erblassers unteilbar ist und letztlich nur einer von mehreren Personen zukommen soll. In diesen Fällen ist daher – im Gegensatz zu anderen bedingten Vermächtnissen, bei denen der Eintritt und die Folgen der Bedingung völlig ungewiss sind – schon in der letztwilligen Verfügung des Erblassers festgelegt, dass mindestens einer der Bedachten letztlich keinen Anspruch auf den vermachten Gegenstand erwerben wird. Hierin weisen beide Vermächtnisse eine erkennbare Parallele auf und unterscheiden sich von anderen Formen der Bedingung. Die Behandlung des Ersatzvermächtnisses im Rahmen des § 2307 BGB kann daher durchaus als

---

336 Gesetz zur Änderung des Erb- und Verjährungsrechts, Gesetz geändert mit Wirkung vom 01.01.2010 durch Gesetz vom 24.09.2009 (BGBl. I S. 3142), vgl. hierzu auch den Regierungsentwurf vom 24.04.2008, BT-Drucks 16/8954.

337 Kapitel 5. D. II. 3. B. (2).

Argumentationshilfe für die Beurteilungen des Bestimmungsvermächtnisses herangezogen werden.

b. Sinn und Zweck des § 2151 BGB

Entscheidend ist aber letztlich auf Sinn und Zweck des § 2151 BGB abzustellen. Vergegenwärtigt man sich, dass das Bestimmungsvermächtnis durch eine Unvollständigkeit des Erblasserwillen geprägt ist und erst durch die Drittbestimmung eine verbindliche Zuordnung zu einem konkreten Rechtssubjekt getroffen wird, muss stark bezweifelt werden, ob die Verfügung des Erblassers allein eine ausreichende rechtliche Grundlage darstellt, um anzunehmen, dass die zur Wahl stehenden Personen bereits mit einem Vermächtnis im Sinne des 2307 BGB bedacht sind.[338]

Dass die Anwendung des Wahlrechts zwischen Vermächtnis und Pflichtteil mit dem Willen des Erblassers unvereinbar ist, zeigt darüber hinaus der folgende Gedanke: Wäre § 2307 BGB auf das Bestimmungsvermächtnis anzuwenden, müsste den Bedachten gerade im Bereich des vorzeitigen Unternehmertestaments in Anbetracht der langen Schwebephase nach dem Grundsatz des sichersten Weges, empfohlen werden, das Vermächtnis auszuschlagen und den Pflichtteil zu verlangen. Nach der Ausschlagung des Vermächtnisses kann der Betroffene aber im Rahmen der Auswahlentscheidung nicht mehr berücksichtigt werden, sodass der Kreis der zur Wahl Stehenden verkleinert würde. Hierdurch würde der Wille des Erblassers, eine Wahl zwischen den benannten Personen zu treffen, durchkreuzt. Darüber hinaus bestünde das zumindest theoretische Risiko, dass alle Bedachten unabhängig voneinander das Vermächtnis ausschlagen. Für den Fall des vorzeitigen Unternehmertestaments würde dies dazu führen, dass das Unternehmen gegebenenfalls – mangels eines verbleibenden Vermächtnisnehmers – durch den Erben fortgeführt werden müsste.

§ 2307 BGB kann auf das Bestimmungsvermächtnis somit keine Anwendung finden. Sind die mit dem Bestimmungsvermächtnis bedachten Pflichtteilsberechtigten im Übrigen von der Erbfolge ausgeschlossen, können sie unabhängig von der Annahme oder Ausschlagung des Vermächtnisses ihren Pflichtteil

338 Zudem ist in systematischer Hinsicht zu bedenken, dass eine uneingeschränkte Anwendung des § 2307 BGB jedenfalls beim Vorliegen einer Drittbestimmung nach § 2156 BGB praktisch kaum durchführbar erscheint. Da der Gegenstand des Vermächtnisses erst nachträglich durch den Dritten bestimmt wird, kann eine exakte Anrechnung des Wertes des Vermächtnisses auf den Pflichtteilsanspruch gemäß § 2307 Abs. 1 S. 2 Hs.1 BGB praktisch nicht erfolgen.

gegenüber dem Erben geltend machen. Erhält ein Bedachter den Pflichtteil und wird später zum Unternehmensnachfolger bestimmt, muss er sich den empfangenen Pflichtteil auf das Vermächtnis anrechnen lassen. Ist eine Aufrechnung aufgrund der Zusammensetzung des Betriebsvermögens mangels Gleichartigkeit nicht möglich, hat er den als Pflichtteil empfangenen Betrag Zug-um-Zug an den Erben heraus zu geben.

3. *Unternehmensgewinne als Früchte im Sinne der §§ 2184, 99 BGB*

Der vom Dritten bestimmte Vermächtnisnehmer kann vom Erben die Herausgabe der seit dem Erbfall gezogenen Früchte verlangen, §§ 2184, 2176 BGB. Ist in dem vermachten Betriebsvermögen etwa eine verzinsliche Forderung enthalten, stehen dem Vermächtnisnehmer neben der Forderung auch die seit dem Erbfall entstandenen Zinsen zu, §§2184, 99 Abs. 2 BGB.[339] Neben den Erträgen der vermachten Einzelgegenstände stellt sich aber die Frage, ob darüber hinaus auch der im Unternehmen erwirtschaftete Gewinn als solcher eine Frucht im Sinne des § 99 BGB darstellt, die an den Vermächtnisnehmer herauszugeben ist.

§ 100 BGB definiert Nutzungen als die Früchte einer Sache oder eines Rechts sowie die Vorteile, welche der Gebrauch der Sache oder des Rechts gewährt. Anders als die §§ 346 Abs. 1, 818 Abs. 1 BGB oder § 2111 Abs. 1 BGB nimmt § 2184 BGB nicht pauschal auf den Begriff der Nutzungen Bezug, sondern differenziert hinsichtlich der Herausgabepflicht zwischen Früchten im Sinne des § 99 BGB (Satz 1) und den sonstigen Nutzungen, also Gebrauchsvorteilen (Satz 2). Nur Erstere weist § 2184 BGB dem Vermächtnisnehmer zu. Aus diesem Grunde ist es für den Herausgabeanspruch von entscheidender Bedeutung, ob der Gewinn eines Unternehmens unter den Fruchtbegriff des § 99 BGB subsumiert werden kann.

a. *Zuwendung der Beteiligung an einer Gesellschaft*

Wird das Unternehmen in der Rechtsform einer Personenhandels- oder Kapitalgesellschaft betrieben, ist der Vermächtnisanspruch auf die Übertragung des Gesellschaftsanteils gerichtet.[340] Der auf die Gesellschaftsbeteiligung entfallende

---

339 *Roth/Maulbetsch* NJW-Spezial 2012, 167, 167; *Ellenberger* in Palandt § 99, Rn. 3; *Stresemann* in Müko BGB § 99 Rn. 6 sieht in den Zinsen einer Darlehnsforderung eine mittelbare Sachfrucht im Sinne des § 99 Abs. 3 BGB.

340 Zur Gestaltungsmöglichkeit der Eintrittsklausel bei einer Personengesellschaft vgl. Kapitel 2. B. I. 2.b.

Gewinnanteil ist eine Rechtsfrucht im Sinne des § 99 Abs. 2 BGB.[341] Dabei ist allerdings zu beachten, dass ein Anspruch auf Gewinnauszahlung erst entsteht, wenn die Gesellschafter nach Ablauf des jeweiligen Geschäftsjahres den Jahresabschluss festgestellt haben.[342] Der während des laufenden Geschäftsjahres erwirtschaftete Unternehmensgewinn fällt als solcher hingegen nicht unter die §§ 2184, 99 BGB, da er bis zum förmlichen Jahresabschluss kein eigenständiges Recht des Gesellschafters begründet und folglich nicht als Rechtsfrucht aus der Gesellschaftsbeteiligung „gezogen" worden ist.[343]

Sieht der Gesellschaftsvertrag einer Personengesellschaft eine Eintrittsklausel vor, wird dem Eintrittsberechtigten, abweichend von dem soeben gesagten nicht der Geschäftsanteil, sondern allenfalls die in den Nachlass fallende Abfindungsforderung vermächtnisweise zugwendet (erbrechtliche Eintrittsklausel). Da der Geschäftsanteil des Erblassers den Mitgesellschaftern mit dem Tode anwächst und erst durch den Eintritt des Nachfolgeberechtigten ein neuer Geschäftsanteil geschaffen wird, kann der Unternehmensnachfolger in diesem Fall, vorbehaltlich einer abweichenden Regelung im Gesellschaftsvertrag, keine Beteiligung an den in der Zwischenzeit erwirtschafteten Gewinnen verlangen. § 2184 BGB findet hier keine Anwendung. Auch die vermachte Abfindungsforderung wird dem Vermächtnisnehmer keinen Anspruch auf Rechtsfrüchte im Sinne der §§ 2184, 99 Abs. 2 BGB vermitteln, denn die Forderung soll als reiner Rechnungsposten bei der Verrechnung der Abfindungsforderung und der Einlagepflicht des Eintrittsberechtigten nicht verzinst werden.

b. Zuwendung eines Einzelkaufmännischen Unternehmens

Ist Gegenstand des Vermächtnisses ein einzelkaufmännischer Handelsbetrieb, stellt sich das Problem, dass das Unternehmen als solches keinen einheitlichen Rechtsgegenstand im Sinne des Sachenrechts, sondern lediglich eine „organisatorische Verbindung personeller und sachlicher Kräfte"[344] darstellt.

---

341 *Demuth* BB 2001, 945, 945; für die GmbH *Tiedke* ZEV 2007, 349, 350; *Ellenberger* in Palandt § 99 Rn. 3; BGH, Urteil vom 30.01.1995 – II ZR 45/94, zitiert nach NJW 1995, 1027 zur Verteilung der Früchte nach § 101 BGB.

342 *Pauli* in „Unternehmensnachfolge durch Vermächtnis" S. 158; *Priester* MüKo HGB § 121, Rn. 10.

343 *Pauli* in „Unternehmensnachfolge durch Vermächtnis" S. 158.

344 *Larenz/Wolf* BGB AT § 20 Rn 84; ähnlich auch *Möhring* in „Fruchterwerb nach geltendem Recht", S. 36.

Die §§ 99 ff. BGB findet daher auf das Unternehmen als solches keine unmittelbare Anwendung.[345]

Dennoch wird der erwirtschaftete Gewinn heute allgemein zu den Nutzungen des Unternehmens gezählt.[346] Nach wie vor nicht abschließend geklärt ist hingegen, ob dieses Ergebnis aus einer Analogie zu § 99 Abs. 1 und 2 BGB[347] oder § 100 BGB folgt.[348]

Gegen eine Analogie zu § 99 Abs. 1 BGB scheint zunächst zu sprechen, dass der erwirtschaftete Unternehmensgewinn nicht aus einem körperlichen Ertrag, sondern lediglich aus einer bilanziellen Gegenüberstellung von Aktiva und Passiva resultiert.[349] Das Stammvermögen und der Unternehmensgewinn stellen keine „physikalisch getrennten Gegenstände" dar,[350] wie es dem typischen Bild von Muttersache und Frucht im Sinne des § 99 Abs. 1 BGB entspricht.

---

345 *Larenz/Wolf* BGB AT § 20 Rn 111; *Baur* JZ 1958, 465; *Mössner* in BeckOGK § 100 Rn. 10.1 (Stand 01.07.2019); *Stresemann* in MüKo BGB § 99, Rn. 11, 8; zu § 99 BGB auch *Schön* in „Der Nießbrauch an Sachen: gesetzliche Struktur und rechtsgeschäftliche Gestaltung", S. 207.

346 *Larenz/Wolf* BGB AT § 20 Rn 113; *Ellenberger* in Palandt § 99 Rn. 3; *Tiedtke* ZEV 2007, 349, 350, *Marly* in Soergel § 99, Rn. 3; *Maulbetsch* in Roth/Maulbetsch/Schulte § 7, Rn. 23; *Schön* in „Der Nießbrauch an Sachen: gesetzliche Struktur und rechtsgeschäftliche Gestaltung", S. 213; BGH, Urteil vom 12.05.1978 – V ZR 67/77, zitiert nach NJW 1978, 1578 und BGH, Urteil vom 05.07.2006 – VIII ZR 172/05, zitiert nach NJW 2006, 2847, 2853.

347 *Larenz/Wolf* BGB AT § 20 Rn 113; *Ellenberger* in Palandt § 99 Rn. 3; *Marly* in Soergel § 99, Rn. 3, will § 99 Abs. 1 BGB – in Abgrenzung zu § 987 BGB – jedenfalls dann analog anwenden, wenn der Unternehmer den Gewinn selbst erwirtschaftet. Für eine analoge Anwendung des § 99 Abs. 2 BGB vgl. BGH; Urteil vom 25.09.1952 – IV ZR 22/52, zitiert nach NJW 1952, 1410, 1411, so auch *Möhring* in „Fruchterwerb nach geltendem Recht", S. 36 f., der auf den allgemeinen Sprachgebrauch („ertragreiches Unternehmen") verweist. *Tiedtke* ZEV 2007, 349, 350 und *Maulbetsch* in Roth/Maulbetsch/Schulte § 7, Rn. 23 belassen es bei der Aussage, der Unternehmensgewinn stehe nach § 2184 BGB dem Vermächtnisnehmer zu.

348 *Schön* in „Der Nießbrauch an Sachen: gesetzliche Struktur und rechtsgeschäftliche Gestaltung", S. 213; offen gelassen von *J. Schmidt* in Erman § 99, Rn. 7; *Baur* JZ 1958, 465, 465 ff. So auch BGH, Urteil vom 12.05.1978 – V ZR 67/77, zitiert nach NJW 1978, 1578 und BGH, Urteil vom 05.07.2006 – VIII ZR 172/05, zitiert nach NJW 2006, 2847, 2853, verbunden mit dem Zusatz „soweit nicht der Gewinn ausschließlich auf den persönlichen Leistungen oder Fähigkeiten desjenigen beruht, der die gewinnbringenden Einnahmen erzielt hat".

349 *Fortunato* in „Früchte und Nutzungen" S. 211.

350 *Schön* in „Der Nießbrauch an Sachen: gesetzliche Struktur und rechtsgeschäftliche Gestaltung", S. 212.

Andererseits ist der Erfolg eines Unternehmens – neben dem Einsatz persönlicher Mittel – in hohem Maße durch die Zusammenfassung der verschiedenen Sachen und Rechte zu einer wirtschaftlichen Organisationseinheit bedingt.[351] Kommt ohnehin nur eine analoge Anwendung der § 99 ff. BGB in Betracht, ist kein Grund ersichtlich, die Erträge dieser Organisationeinheit anderen Regelungen zu unterwerfen, als den für die Erträge der Einzelgegenstände und -rechte geltenden Vorschriften.[352] Denn die Früchte der einzelnen Sachen und Rechte tragen unmittelbar zum Ertrag des Unternehmens bei und gehen wirtschaftlich betrachtet in diesem auf.

Darüber hinaus ist ein Handelsunternehmen seiner wirtschaftlichen Zweckbestimmung entsprechend darauf gerichtet, Gewinne zu erzielen.[353] Vor dem Hintergrund dieser Zweckbestimmung lässt sich der Unternehmensgewinn durchaus mit dem Ertrag eines landwirtschaftlich genutzten Grundstücks[354] oder eines Obstbaums[355] vergleichen.

Neben diesen eher wirtschaftlich geprägten Überlegungen sind bei der Einordnung des Unternehmensgewinns in die §§ 99 ff. BGB auch die Regelungen des Pachtvertragsrechts zu berücksichtigen. Gemäß § 581 Abs. 1 BGB steht dem Pächter das Recht zu, die Früchte des verpachteten Gegenstandes zu ziehen, soweit sie nach den Regeln einer ordnungsgemäßen Wirtschaft als dessen Ertrag anzusehen sind. Der Wertung des § 22 Abs. 2 HGB ist dabei zu entnehmen, dass nach dem Gesetz auch ein Unternehmen Gegenstand eines Pachtvertrages sein kann. Ist das Unternehmen auf die Erwirtschaftung von Gewinnen und der Pachtvertrag auf die Ziehung von Früchten und Erträgen gerichtet, so kommt hierin ein praktisches Bedürfnis zum Ausdruck, die Gewinne des Unternehmens als Früchte im Sinne des § 99 BGB zu behandeln.

---

351 Als weitere gewinnrelevante Umstände benennt v. *Godin* in „Nutzungsrecht an Unternehmen und Unternehmensbeteiligungen", S. 16 f. etwa Bezugsquellen und Kundschaft, Einkauf-, Absatz- und Produktionsorganisation, Patente, Erfindungen, den Ruf des Unternehmens, sowie zufällige Umstände wie die örtliche Lage oder faktische Monopolstellungen.

352 Der BGH führt in seinem Urteil vom 25.09.1952 – IV ZR 22/52, zitiert nach NJW 1952, 1410, 1411, entsprechend aus, „der aus einem Gewerbebetrieb gezogene Gewinn steht den Rechtsfrüchten im Sinne des § 99 Abs. 2 BGB am nächsten."

353 *Fortunato* in „Früchte und Nutzungen", S. 210.

354 *Larenz/Wolf* BGB AT § 20 Rn 113.

355 *Fortunato* in „Früchte und Nutzungen", S. 210.

Der Reingewinn[356] ist daher in analoger Anwendung des § 99 Abs. 1 und 2 BGB als Frucht des Unternehmens zu behandeln. Dabei ist jedoch einschränkend zu beachten, dass dies nur für den Gewinnanteil gelten kann, der objektiv auf die Nutzung des Unternehmensgegenstandes zurückzuführen ist. Der allein auf die persönlichen Leistungen und Fähigkeiten des Unternehmers zurückzuführende Gewinnanteil stellt keine Frucht des Unternehmens dar.[357] Der entsprechende Anteil ist im Zweifel gemäß § 287 ZPO durch den Tatrichter zu schätzen.[358] Der Vermächtnisnehmer kann neben der Übertragung des Unternehmens also gemäß § 2184 S. 1 BGB i.V.m. § 99 BGB analog grundsätzlich auch die Herausgabe der seit dem Erbfall erwirtschafteten Gewinne verlangen.[359]

356 Zur Berechnung des Reingewinns *Baur* JZ 1958, 465, 465 ff.

357 *Larenz/Wolf* BGB AT § 20 Rn 115; BGH, Urteil vom 12.05.1978 – V ZR 67/77, zitiert nach NJW 1978, 1578; BGH, Urteil vom 05.07.2006 – VIII ZR 172/05, zitiert nach NJW 2006, 2847, 2853.

358 BGH, Urteil vom 12.05.1978 – V ZR 67/77, zitiert nach NJW 1978, 1578.

359 Zu diesem Ergebnis kommen auch *Horn/J. Mayer* in Nomos Kommentar § 2184, Rn. 12; *Sachs* in BeckOGK § 2184, Rn. 28 ff. (Stand 01.09.2018); *Tiedke* ZEV 2007, 349, 350; *Maulbetsch* in Roth/Maulbetsch/Schulte § 7, Rn. 23.

7. Kapitel: Die Entscheidung des Dritten

A. Die Person des zur Bestimmung Berechtigten

Der Erblasser kann die Drittbestimmung nach § 2151 Abs. 1 BGB sowohl dem Beschwerten, als auch einem Dritten übertragen. Trifft er in seiner Verfügung von Todes wegen keine Aussage über die Person des Bestimmungsberechtigten, ist nach § 2152 BGB anzunehmen, dass der Beschwerte die Bestimmung vornehmen soll. Der Erblasser ist nicht gezwungen, die Drittbestimmung einer einzelnen Person zu übertragen. Ermächtigt er mehrere Personen, die Auswahl vorzunehmen, muss die Bestimmung des Vermächtnisnehmers im Zweifel einstimmig erfolgen, § 317 Abs. 2 BGB.[360] Handelt es sich bei den Bestimmungsberechtigten um mehrere Testamentsvollstrecker, so gilt § 2224 BGB.[361] Die Position als Bestimmungsberechtigter wird durch das besondere Vertrauen des Erblassers begründet und ist als höchstpersönliche Rechtsstellung weder übertragbar, noch vererblich.[362] Verstirbt der Bestimmungsberechtigte so erlischt sein Bestimmungsrecht.[363] Einen Übergang der Bestimmungsbefugnis von dem Dritten auf den Beschwerten erfolgt nicht, da § 2151 BGB dies, anders als die Spezialregelung des § 2154 Abs. 2 BGB, nicht vorsieht.[364]

Das Erlöschen des Bestimmungsrechts führt allerdings nicht zur Unwirksamkeit des Vermächtnisses. Vielmehr bestimmt § 2151 Abs. 3 S. 1 BGB, dass in diesem Falle alle Bedachten als Gesamtgläubiger berechtigt sind. Hierdurch wird der Beschwerte ermächtigt, mit befreiender Wirkung an jeden der Bedachten zu leisten. Dies kommt praktisch einem Übergang der Bestimmungsbefugnis gleich, denn der Empfänger ist gemäß § 2151 Abs. 3 S. 3 BGB, abweichend von § 430 BGB, im Zweifel nicht zur Teilung des Empfangenen verpflichtet, sodass der Beschwerte durch die Erfüllung des Anspruchs gegenüber einem der Berechtigten eine endgültige Zuordnung des vermachten Gegenstandes bewirken

---

360 *Otte* in Staudinger § 2151 Rn. 5; *Rudy* in MüKo BGB § 2151 Rn. 9; *Reymann* in Juris Praxiskommentar § 2151 Rn. 22; *Horn/J. Mayer* in Nomos Kommentar § 2151 Rn. 8.

361 *Otte* in Staudinger § 2151 Rn. 5; *Rudy* in MüKo BGB § 2151 Rn. 9; *Reymann* in Juris Praxiskommentar § 2151 Rn. 22; *Horn/J. Mayer* in Nomos Kommentar § 2151 Rn. 8.

362 *Nobis* in Erman BGB § 2151 Rn. 3; *Rudy* in MüKo BGB § 2151 Rn. 10; *Horn/J. Mayer* in Nomos Kommentar § 2151 Rn. 8. *Klunzinger* BB 1970, 1197, 1201 stellt klar, dass auch eine Stellvertretung ausscheidet.

363 *Rudy* in MüKo BGB § 2151 Rn. 10.

364 *Rudy* in MüKo BGB § 2151 Rn. 10.

kann. Durch § 2151 Abs. 3 S. 3 BGB wird also für das vorzeitige Unternehmertestament sichergestellt, dass die vermachten Bestandteile des Unternehmens im Zweifel selbst dann als Einheit erhalten bleiben, wenn die Bestimmung nicht getroffen werden kann.

Nichtsdestotrotz kann der Unterscheidung zwischen der Bestimmungsbefugnis gemäß § 2151 Abs. 1 BGB und der durch den Eintritt der Gesamtgläubigerschaft gemäß § 2151 Abs. 3 S. 1 BGB gewonnenen Berechtigung des Beschwerten, den Vermächtnisanspruch frei gegenüber einem der Bedachten zu erfüllen, erhebliche Bedeutung zukommen. Macht der Erblasser nämlich konkrete inhaltliche Vorgaben, an denen sich die Bestimmung des Vermächtnisnehmers zu orientieren hat, sind diese nur im Rahmen der Bestimmungserklärung nach § 2151 Abs. 1 BGB, jedoch nicht im Rahmen der Erfüllung gegenüber einem Gesamtgläubiger nach § 2151 Abs. 3 S. 1 BGB zu beachten.[365]

Der Erblasser sollte es daher gerade im Bereich der Unternehmensnachfolge nicht leichtfertig auf das Eingreifen der Auffangregelung des § 2151 Abs. 3 S. 1 BGB ankommen lassen, sondern die Person des Bestimmungsberechtigten und gegebenenfalls einen Ersatzberechtigten mit Bedacht auswählen.

B. Die Wirksamkeit der Bestimmung des Vermächtnisnehmers

Um eine wirksame Bestimmung des Vermächtnisnehmers herbeizuführen, muss die in der letztwilligen Verfügung vom Erblasser mit dem Bestimmungsrecht ausgestattete Person einen der vom Erblasser zur Wahl gestellten Bedachten auswählen. Die Bestimmung erfolgt durch unwiderrufliche[366] und empfangsbedürftige Willenserklärung. Ist der Bestimmungsberechtigte gleichzeitig mit dem Vermächtnis beschwert, erfolgt die Bestimmung gegenüber demjenigen, der das Vermächtnis erhalten soll, § 2151 Abs. 2 Hs. 1 BGB. Steht das Bestimmungsrecht einem Dritten zu, hat er es gegenüber dem Beschwerten auszuüben, § 2151 Abs. 2 Hs. 2 BGB. Die Bestimmung unterliegt als Willenserklärung grundsätzlich den Regelungen des allgemeinen Teils des BGB, sodass die arglistige oder sittenwidrige Bestimmung eines Vermächtnisnehmers gemäß § 138 Abs. 1 BGB nichtig ist.[367] Erklärt die vom Dritten bestimmte Person die Ausschlagung des

365 So auch *Klunzinger* BB 1970, 1197, 1201.

366 *Reymann* in Juris Praxiskommentar § 2151, Rn. 23.

367 *Otte* in Staudinger § 2151 Rn. 7; *Nobis* in Erman § 2151 Rn. 2; *Rudy* in MüKo BGB § 2151, Rn. 12. Letzterer nennt hierfür die Auswahl des eigenen todkranken Ehegatten

Vermächtnisses, so gilt die Bestimmung als nicht erfolgt, §§ 2180 Abs. 3, 1953 Abs. 1 BGB, sodass der Dritte eine erneute Entscheidung unter den verbleibenden Bedachten zu treffen hat.[368]

C. Anfechtbarkeit der Bestimmung des Vermächtnisnehmers

Unterliegt der Bestimmungsberechtigte bei seiner Entscheidung einem Irrtum oder wird in unzulässiger Weise Einfluss auf seine Willensbildung genommen, stellt sich die Frage nach der Anfechtbarkeit der Auswahlentscheidung. Während sich die Anfechtung von Willenserklärungen grundsätzlich nach den §§ 119 ff. BGB richtet, werden diese Normen für die Anfechtung letztwilliger Verfügungen durch die Spezialregelungen der §§ 2078 ff. BGB verdrängt. Die Auswahlentscheidung des Dritten führt zu einer Konkretisierung des Erblasserwillens und bildet mit diesem eine rechtliche Einheit. Aus diesem Grunde stellt sich die Frage, nach welchen Regelungen eine Anfechtung der Vermächtnisnehmerbestimmung erfolgen kann.

I. §§ 2078 ff. BGB

Da der Erblasser bis zu seinem Tode grundsätzlich berechtigt ist, sein Testament gemäß den §§ 2253 ff. BGB jederzeit frei zu widerrufen, kommen die Regelungen der §§ 2078 ff. BGB über die Testamentsanfechtung erst nach dem Erbfall zur Anwendung. Das Anfechtungsrecht steht hier, abweichend von den §§ 119 ff. BGB, demjenigen zu, welchem die Aufhebung der letztwilligen Verfügung unmittelbar zustatten kommen würde, § 2080 Abs. 1 BGB. *Klunzinger*[369] zieht hieraus die Schlussfolgerung, die Bestimmung des Vermächtnisnehmers sei sowohl durch den Bestimmungsberechtigten gemäß §§ 119 ff. BGB als auch durch die vom Dritten bei der Auswahlentscheidung übergangenen Bedachten gemäß §§ 2078 ff. BGB anfechtbar. Zur Begründung führt er an, durch die Drittbestimmung werde der Wille des Erblassers vervollständigt. Aus diesem Grunde

---

als Vermächtnisnehmer, wenn der Erblasser den Bestimmungsberechtigten gerade nicht bedenken wollte.

368 *Schiemann* in Frieser, Fachanwaltskommentar Erbrecht, § 2151, Rn. 3; *Reymann* in Juris Praxiskommentar § 2151, Rn. 23.

369 *Klunzinger* BB 1970, 1197, 1201.

dürfe für die Willensbildung des Dritten nichts anderes gelten, als wenn der Erblasser selbst eine anfechtbare letztwillige Verfügung getroffen hätte.[370]

Diese Auffassung überzeugt jedoch nicht. Die §§ 2078 ff. BGB dienen nicht dem Schutz des durch die Verfügung Benachteiligten, sondern verfolgen den Zweck, dem Willen und den Interessen des Erblassers in größtmöglichem Umfang zu Geltung zu verhelfen.[371] § 2080 BGB lässt die Anfechtung durch einen Außenstehenden nur deshalb zu, weil der Erblasser nach dem Erbfall nicht mehr in der Lage ist, seinen mangelbehafteten Willen selbst zu korrigieren. Nimmt der Dritte die Bestimmung des Vermächtnisnehmers vor, besteht keine vergleichbare Schutzbedürftigkeit. Der Dritte hat selbst die Möglichkeit, die Folgen seiner Erklärung zu überprüfen und Fehler bei der Willensbildung und -Äußerung im Wege der Anfechtung gemäß den §§ 119 ff. BGB nachträglich zu beseitigen. Tut er dies nicht, kommt auch darin letztlich die Ausübung der vom Erblasser eingeräumten Rechtsmacht zum Ausdruck. Eine ergänzende Anfechtungsmöglichkeit gemäß §§ 2078 ff. BGB ist daher abzulehnen.

II. §§ 119 ff. BGB

Demgegenüber ist der Bestimmungsberechtigte – beim Vorliegen eines entsprechenden Anfechtungsgrundes – grundsätzlich zur Anfechtung seiner Auswahlentscheidung gemäß §§ 119 ff. BGB berechtigt.[372] Dabei ist jedoch zu beachten, dass die Auslegung des Anfechtungsgrundes des § 119 Abs. 2 BGB einer Einschränkung unterliegen muss. Irrt der Dritte bei der Ausübung der Bestimmung über die Eignung eines Bedachten für die vom Erblasser beschriebenen Aufgabe, scheidet eine Anfechtung wegen eines Irrtums über die verkehrswesentliche Eigenschaft der Person in aller Regel aus. Die Fehlvorstellung über die Fähigkeiten und die Eignung der Person begründet im Rahmen des § 2151 BGB lediglich

370 *Klunzinger* BB 1970, 1197, 1201, anders als im Regelfall der Testamentsanfechtung soll die Anfechtung der Vermächtnisnehmerbestimmung gemäß §§ 2078 ff. BGB jedoch nicht zum Eingreifen der gesetzlichen Erbfolge führen. Durch die Anfechtung werde nur die mangelbehaftete Drittbestimmung beseitigt, sodass eine erneute Bestimmung oder ein gerichtliches Feststellungsverfahren durchzuführen sei. Zur gerichtlichen Überprüfung der Vermächtnisnehmerbestimmung und der Reichweite der gerichtlichen Entscheidungsmacht vgl. Kapitel 7. D.

371 *Harke* in BeckOGK § 2080 Rn. 4 (Stand 01.10.19).

372 *Schlitt* in MAH Erbrecht § 13, Rn. 303; *Maulbetsch* in Roth/Maulbetsch/Schulte § 4, Rn. 68; *Schiemann* in Frieser Fachanwaltskommentar Erbrecht § 2151, Rn. 3.

einen unbeachtlichen Motivirrtum.[373] Andernfalls bestünde für den Vermächtnisnehmer das Risiko, bei erfolglosen unternehmerischen Entscheidungen dem Vorwurf mangelnder Eignung ausgesetzt zu sein und mit einer Anfechtung rechnen zu müssen.[374] In Anbetracht der Dauer der Anfechtungsfrist des §§ 121 Abs. 2 BGB würde dies zu einer unangemessenen Kontrolle der Betriebsführung durch den Dritten führen.[375]

D. Gerichtliche Überprüfbarkeit der Drittbestimmung

I. Grundsatz

Hat der Dritte seine Bestimmungsentscheidung getroffen, kann sich für die übergangenen Personen die Frage aufdrängen, ob die Auswahlentscheidung des Dritten einer gerichtlichen Kontrolle unterliegt. § 2151 BGB trifft hierzu - im Gegensatz zu § 2156 S. 2 BGB, der die §§ 315 bis 319 BGB beim Vorliegen eines Zweckvermächtnisses für anwendbar erklärt und dadurch nicht nur die Überprüfung, sondern gemäß § 319 Abs. 1 S. 2 BGB sogar die Ersetzung der Bestimmungsentscheidung durch Urteil ermöglicht - keine Regelung. Die Systematik lässt daher nur den Schluss zu, dass die Entscheidung des Dritten im Falle des § 2151 Abs. 1 BGB grundsätzlich keiner inhaltlichen Kontrolle zugänglich sein soll.[376]

Dieser Grundsatz kann jedoch keine uneingeschränkte Geltung für sich in Anspruch nehmen. Wie soeben ausgeführt, kann eine wirksame Bestimmung nur durch eine vom Erblasser mit der entsprechenden Rechtsmacht ausgestattete Person erfolgen.[377] Ergeben sich insoweit Auslegungsprobleme, unterliegt der Inhalt der letztwilligen Verfügung, und damit mittelbar auch die Bestimmung, der gerichtlichen Kontrolle. Nichts anderes kann für die Frage gelten, ob die vom Dritten als Vermächtnisnehmer bestimmte Person zu dem vom Erblasser in der Verfügung benannten Personenkreis zählt.[378] Auch der Einwand, die

---

373 *Weidlich* in Palandt § 2151, Rn. 3; *Reymann* in Juris Praxiskommentar § 2151, Rn. 23; *Otte* in Staudinger § 2151, Rn. 9; *Linnartz* in Damrau/Tanck § 2151, Rn. 12.

374 *Sens* in Die Erbenbestimmung durch Dritte S. 137.

375 *Klunzinger* BB 1970, 1197, 1201.

376 *Piltz* ZEV 2005, 469, 471; *Mayer* MittBayNot 1999, 447, 450; *Burandt* in Burandt/Rojahn § 2151, Rn. 5; *Sens* in Die Erbenbestimmung durch Dritte S. 123; *Rudy* in MüKo BGB § 2151, Rn. 12.

377 *Horn/J. Mayer* in Nomos Kommentar § 2151, Rn. 11.

378 *Nobis* in Erman § 2151 Rn. 2; *Linnartz* in Damrau/Tanck § 2151, Rn. 17; *Rudy* in MüKo BGB § 2151, Rn. 12.

Bestimmung des Vermächtnisnehmers verstoße gegen die guten Sitten und sei daher nichtig, muss einer gerichtlichen Überprüfung zugänglich sein.[379]

II. Weitergehende Kontrolle nach dem Inhalt der letztwilligen Verfügung

Ob die Bestimmungsentscheidung des Dritten darüber hinaus einer inhaltlichen Kontrolle durch die Gerichte zugänglich ist, bestimmt sich danach, ob der Erblasser in seiner letztwilligen Verfügung sachliche Auswahlkriterien für die Auswahl des Vermächtnisnehmers bestimmt hat, oder nicht.

1. Die Verfügung enthält keine Auswahlkriterien

Sind der letztwilligen Verfügung solche Auswahlkriterien nicht zu entnehmen, scheidet eine gerichtliche Überprüfung aus.[380] Durch die Gestaltung der Verfügung hat der Erblasser zum Ausdruck gebracht, dass der Dritte die endgültige Entscheidung – wie es dem Regelfall des § 2151 BGB entspricht – ohne inhaltliche Beschränkungen treffen darf. Die freie Auswahlberechtigung des Dritten findet ihre Rechtfertigung in dem vom Erblasser entgegengebrachten Vertrauen.[381] Bestimmt der Dritte eine der vom Erblasser zur Auswahl gestellten Personen, so stimmt die Entscheidung des Dritten zwangsläufig mit dem Willen des Erblassers überein.[382] Das Gesetz sieht für diesen Fall weder eine Überprüfung am Maßstab der Willkür, noch am Maßstab der Billigkeit vor.[383]

2. Die Verfügung enthält sachliche Auswahlkriterien

Hat der Erblasser dem Dritten hingegen sachliche Auswahlkriterien für die Bestimmung des Vermächtnisnehmers an die Hand gegeben, ist im Wege der Testamentsauslegung zu ermitteln, ob die Entscheidung des Dritten einer gerichtlichen Kontrolle zugänglich sein soll oder nicht. Dem Erblasser steht es

379 *Otte* in Staudinger § 2151 Rn. 7; *Nobis* in Erman § 2151 Rn. 2; *Rudy* in MüKo BGB § 2151, Rn. 12.

380 *Kipp/Coing* in Erbrecht, S. 329; *Otte* in Staudinger § 2151, Rn. 8.

381 *Sens* in Die Erbenbestimmung durch Dritte S. 124; *Horn/J. Mayer* in Nomos Kommentar § 2151, Rn. 11.

382 *Piltz* ZEV 2005, 469, 471; *Otte* in Staudinger § 2151 Rn. 8.

383 Teilweise wird dieses Ergebnis mit einer Analogie zu § 319 Abs. 2 BGB begründet, vgl. *Otte* in Staudinger § 2151 Rn. 8, *Burandt* in Burandt/Rojahn § 2151, Rn. 5.

frei, die gerichtliche Überprüfung der Entscheidung anzuordnen[384], den Streit über die Wirksamkeit der Drittbestimmung einem Schiedsgericht zuzuweisen[385] oder die Überprüfung vollständig auszuschließen.[386] Bisher nicht geklärt ist allerdings, wie zu verfahren ist, wenn der Verfügung ein eindeutiger Erblasserwille nicht zu entnehmen ist. Eine gesetzliche oder durch die Rechtsprechung entwickelte Auslegungsregel existiert für diesen Fall nicht.

In der Literatur wird teilweise vertreten, im Zweifel sei davon auszugehen, dass der Erblasser eine gerichtliche Überprüfung der Drittbestimmung nicht gewollt habe.[387] Zur Begründung wird angeführt, schon der historische Gesetzgeber habe dies als typische Interessenlage vor Augen gehabt.[388] Der Erblasser habe mit dem Dritten eine Person seines Vertrauens bestimmt, wodurch er die endgültige Bestimmung aus den Händen gegeben habe.[389]

Diese Argumentation überzeugt jedoch nicht, da sie die Bedeutung der vom Erblasser aufgestellten Auswahlkriterien nicht hinreichend berücksichtigt. Nimmt der Erblasser solche Vorgaben in seine Verfügung auf, bringt er damit zu Ausdruck, dass eine willkürliche Bestimmung nicht seinem Willen entspricht. Besonders deutlich tritt dies zu Tage, wenn der Erblasser die Bestimmung des Vermächtnisnehmers von einer bestimmten Qualifikation oder der Fähigkeit, eine bestimmte Aufgabe zu erledigen, abhängig macht.[390] Durch die Aufnahme sachlicher Kriterien in die Verfügung gibt der Erblasser dem Dritten nicht nur eine Entscheidungshilfe an die Hand, sondern beschränkt gleichzeitig dessen Auswahlberechtigung. Dem Erblasserwillen ist in diesem Fall ein größeres Gewicht beizumessen, als das dem Dritten entgegengebrachte Vertrauen.

Ein solches Verständnis ergibt sich auch aus der folgenden Überlegung. Wie oben[391] im Rahmen der Diskussion um die Reichweite des § 2065 Abs. 2

---

384 *Otte* in Staudinger § 2151 Rn. 8; *Schiemann* in Frieser Fachanwaltskommentar Erbrecht § 2151 Rn. 3.

385 *Mayer* MittBayNot 1999, 447, 450; *Nobis* in Erman § 2151 Rn. 2.

386 *Otte* in Staudinger § 2151 Rn. 8; *Nobis* in Erman § 2151 Rn. 2; *Hölscher* in BeckOGK § 2151, Rn. 31, (Stand 01.10.2019).

387 *Otte* in Staudinger § 2151 Rn. 8; *Wolf* in Soergel § 2151, Rn. 4; *Burandt* in Burandt/Rojahn § 2151, Rn. 5.

388 *Otte* in Staudinger § 2151 Rn. 8 und *Schiemann* in Frieser, Fachanwaltskommentar Erbrecht, § 2151, Rn. 3 unter Verweis auf Protokolle, Band V, S. 28.

389 *Otte* in Staudinger § 2151 Rn. 8.

390 *Sens* in Die Erbenbestimmung durch Dritte S. 128 (bezogen auf die Erbenbestimmung, die nach dieser Ansicht jedoch nach § 2151 BGB analog möglich sein soll).

391 Kapitel 3. B und C.

BGB aufgezeigt, besteht ein Bedürfnis für eine erbrechtliche Drittbestimmung im Wesentlichen dann, wenn der Erblasser zukünftige Entwicklungen im Zeitpunkt der Testamentserrichtung noch nicht absehen kann. Gerade im Fall der Unternehmensnachfolge wird der Erblasser regelmäßig konkrete Vorstellungen haben, wie das Unternehmen in der Zukunft fortgeführt werden soll und welche persönlichen Eigenschaften und Fähigkeiten dafür erforderlich sind. Nimmt der Erblasser diese Umstände als Entscheidungsmaßstab in seine letztwillige Verfügung auf, wäre es widersinnig, die Entscheidung des Dritten nicht an diesen Vorgaben zu messen.

Der gerichtlichen Kontrolle der Auswahlkriterien steht auch nicht der einleitend beschriebene Umkehrschluss aus § 2156 S. 2 BGB entgegen. Indem der Erblasser sachliche Kriterien für die Bestimmung des Vermächtnisnehmers in seine letztwillige Verfügung aufnimmt, geht er über den von § 2151 Abs. 1 BGB vorgeschriebenen Mindestinhalt hinaus.[392] Die hierdurch entstehende Regelungslücke ist, soweit eine vergleichbare Interessenlage gegeben ist, im Wege der Analogie zu schließen. Die Beschränkung des Wortlauts des § 2151 BGB und das systematische Verhältnis gegenüber § 2156 S. 2 BGB müssen daher in diesem gesetzlich nicht geregelten Spezialfall zurücktreten.

III. Gerichtlicher Kontrollmaßstab

Ist somit davon auszugehen, dass die vom Erblasser aufgestellten Auswahlkriterien aufgrund der typischen Interessenlage im Zweifel der gerichtlichen Kontrolle unterliegen,[393] stellt sich die Frage nach dem vom Gericht anzuwendenden Kontrollmaßstab.

Soweit die vom Erblasser aufgestellten Kriterien einer objektiven Überprüfung zugänglich sind, hat das Gericht in vollem Umfang über das Vorliegen dieser Voraussetzungen zu befinden. Ist das entsprechende Merkmal in der Person des Bestimmten nicht gegeben, ist die Auswahlentscheidung des Dritten unwirksam. Als Beispiel können hier das Erreichen eines bestimmten Lebensalters oder der Abschluss einer bestimmten beruflichen Qualifikation genannt werden.

392 Mit ähnlicher Argumentation *Sens* in Die Erbenbestimmung durch Dritte S. 125.

393 Ein derartiges Regel-Ausnahme-Verhältnis beschreiben auch *Reymann* in Juris Praxiskommentar § 2151 Rn. 39; *Mayer* MittBayNot 1999, 447, 450; *Horn/J. Mayer* in Nomos Kommentar § 2151 Rn. 11; *Nobis* in Erman § 2151, Rn. 2; *Hölscher* in BeckOGK § 2151 Rn. 31 (Stand 01.10.2019). Letzterer will bei Auswahlkriterien des Erblassers zumindest eine Willkürkontrolle zulassen.

Häufig wird sich der Erblasser jedoch nicht auf die Vorgabe objektiver Kriterien beschränken, denn diese bilden in aller Regel lediglich die Grundlage, um die Eignung für die ins Auge gefasste Aufgabe beurteilen zu können. Die vom Erblasser aufgestellten Kriterien werden daher typischerweise durch einen Beurteilungsspielraum oder ein Ermessen des Dritten gekennzeichnet sein. Der dem Dritten zustehende Entscheidungsspielraum folgt dabei aus dem Vertrauen des Erblassers und kann aus diesem Grunde nur einer eingeschränkten gerichtlichen Kontrolle unterliegen.[394] Hier liegt es nahe, die auch von § 2156 S. 2 BGB in Bezug genommene Regelung des § 319 Abs. 1 S. 1 BGB analog anzuwenden.[395] Die vom Dritten vorgenommene Bestimmung des Vermächtnisnehmers ist danach unwirksam, wenn sie offenbar unbillig ist. Offenbare Unbilligkeit liegt vor, wenn die Bestimmung in so grober Weise gegen Treu und Glauben verstößt, dass sich die Unbilligkeit einer unbefangenen sachkundigen Person aufdrängt.[396] Das Gericht ist insoweit also letztlich auf eine Evidenzkontrolle beschränkt, wodurch ein Ausgleich zwischen dem in der Verfügung zum Ausdruck kommenden Erblasserwillen und der Vertrauensstellung des Dritten erzielt wird.

IV. Rechtsfolge der unwirksamen Bestimmung

Das Gericht entscheidet im Streitfall nur über die Wirksamkeit der getroffenen Drittbestimmung. Eine gerichtliche Bestimmung des Vermächtnisnehmers

---

394 *Mayer* MittBayNot 1999, 447, 451 ist hingegen der Ansicht, dass ein neben objektiv überprüfbaren Voraussetzungen gewährtes Ermessen des Dritten gerichtlich nicht überprüfbar sei. Das hierzu gebildete Beispiel, indem derjenige Enkel, der den Jagdschein ablegt, die Jagdwaffen des Erblassers erhalten soll, bildet diese Fallgruppe jedoch nur unvollständig wieder. Der Umstand, dass mehrere Enkel den Jagdschein erwerben, führt nicht zu einem vom Erblasser ausdrücklich eingeräumten Ermessen. Vielmehr führt dies dazu, dass der Dritte sich unter den Enkeln, die diese Voraussetzung erfüllen, frei entscheiden kann. Die diese Enkel betreffende Entscheidung ist mit dem in § 2151 Abs. 1 BGB geregelten Fall einer ungebundenen Entscheidung vergleichbar und einer gerichtlichen Überprüfung richtigerweise nicht zugänglich. Ein überprüfbarer Ermessensspielraum im hier beschriebenen Verständnis wäre hingegen gegeben, wenn der Erblasser ergänzend angeordnet hätte, dass derjenige die Waffen erhalten soll, der die beste Verwendung für die Waffen habe oder sich als der würdigste Schütze erwiesen hat. Macht der Erblasser aber seine Zuwendung von solch detaillierten Vorgaben abhängig, erscheint es naheliegend, das ausgeübte Ermessen des Dritten zumindest einer Willkürkontrolle zu unterziehen.

395 *Sens* in Die Erbenbestimmung durch Dritte S. 126.

396 BGH, Urteil vom 26.04.1991 – V ZR 61/90, zitiert nach NJW 1991, 2761.

durch Urteil im Falle der unwirksamen Entscheidung des Drittens ist nicht möglich.[397] Zum einen hat der Erblasser die Bestimmungsberechtigung ausdrücklich auf den Dritten und nicht auf das Gericht übertragen.[398] Vor allem steht einer analogen Anwendung des § 319 Abs. 1 S. 2 BGB aber die speziellere Regelung des § 2151 Abs. 3 S. 1 BGB entgegen. Trifft der Erblasser keine abweichende Verfügung, ist § 2151 Abs. 3 S. 1 und 2 BGB meines Erachtens im Wege der Gesamtanalogie dahingehend auszulegen, dass die Gesamtgläubigerschaft auch dann eintritt, wenn der Dritte eine unwirksame Bestimmung vorgenommen hat und dies durch ein Gericht festgestellt worden ist. Diese Lösung ist gegenüber der erneuten Ausübung des Bestimmungsrechts durch den Dritten vorzugswürdig, da dieser durch die unwirksame Bestimmung das vom Erblasser entgegengebrachte Vertrauen enttäuscht hat. Die gerichtliche Überprüfung gestaltet sich allerdings dann als stumpfes Schwert, wenn der Erblasser die Bestimmung des Vermächtnisnehmers auf den mit dem Vermächtnis Beschwerten übertragen hat. Denn die Rechtsfolge des § 2151 Abs. 3 BGB ermöglicht es dem Beschwerten mit befreiender Wirkung an jeden der zur Wahl stehenden Bedachten zu leisten, ohne dass eine Überprüfung anhand der oben genannten Merkmale erfolgen könnte.

Die vorstehenden Ausführungen verdeutlichen noch einmal die Bedeutung der vom Erblasser mit der Bestimmungsberechtigung ausgestatteten Person. Vor dem Hintergrund, dass die zentralen (Wertungs-)Elemente der Drittbestimmung nur einer eingeschränkten Überprüfung unterliegen, ist dem Erblasser zu raten, die Drittbestimmung einer möglichst objektiven, unbefangenen, zugleich jedoch fachkundigen Person zu übertragen. Unter Umständen kann es sich anbieten, die Bestimmungsberechtigung nicht einer einzigen Person zu überlassen, sondern die Entscheidung auf mehrere Personen zu übertragen.

E. Ausbleiben der Bestimmung des Vermächtnisnehmers

I. § 2151 Abs. 3 S. 1 BGB

Kann der Bestimmungsberechtigte die Entscheidung nicht treffen, sind die Bedachten Gesamtgläubiger, § 2151 Abs. 3 S. 1 BGB. Dies kann unterschiedliche Gründe haben. Zu denken ist hier vor allem an ein vorzeitiges Versterben oder den Verlust der Geschäftsfähigkeit, etwa in Folge eines Unfalls oder von

---

397 *Burandt* in Burandt/Rojahn § 2151, Rn. 5; *Schiemann* in Frieser, Fachanwaltskommentar Erbrecht, § 2151, Rn. 3.

398 *Sens* in Die Erbenbestimmung durch Dritte S. 124.

Altersdemenz. Ist der Bestimmungsberechtigte hingegen tatsächlich und rechtlich in der Lage, eine wirksame Bestimmung vorzunehmen, weigert sich aber, eine entsprechende Erklärung abzugeben, ist das gerichtliche Verfahren gemäß § 2151 Abs. 3 S. 2 BGB zu betreiben. Zwar ließe sich argumentieren, im Falle einer ernsthaften und endgültigen Verweigerung der Bestimmung sei ein gerichtliches Fristsetzungsverfahren entbehrlich, sodass die Gesamtgläubigerschaft unmittelbar mit der Erklärung des Dritten eintreten könnte. Aufgrund der Vielzahl der beteiligten Personen und Interessen ist aus Gründen der Rechtssicherheit jedoch auch in einem solchen Fall nach § 2151 Abs. 3 S. 2 BGB vorzugehen.

II. § 2151 Abs. 3 S. 2 BGB

Die mit dem Bestimmungsvermächtnis Bedachten haben ein nachvollziehbares Interesse daran, dass der Dritte die Bestimmung möglichst zeitnah ausübt, um für alle Beteiligten Rechtssicherheit herbei zu führen. Das Gesetz gibt ihnen jedoch keine Möglichkeit, die Entscheidung des Dritten zu erzwingen. Die auf die Vornahme der Bestimmung des Vermächtnisnehmers gerichtete Klage ist unzulässig.[399] Die Beteiligten können aber gemäß § 2151 Abs. 3 S. 2 BGB beim Nachlassgericht beantragen, dem Bestimmungsberechtigten eine Frist für die Abgabe der Erklärung zu setzen. Kommt er dieser Aufforderung nicht innerhalb der vom Gericht bestimmten Frist nach, erlischt sein Bestimmungsrecht und die Bedachten werden gemäß § 2151 Abs. 3 S. 1, 2 BGB Gesamtgläubiger. Gerade im Bereich der Unternehmensnachfolge ist es jedoch denkbar, dass eine zügige Entscheidung des Dritten nicht dem Willen des Erblassers entspricht. So entspricht es etwa einem gängigen Formulierungsvorschlag, anzuordnen, dass die Bestimmung des Vermächtnisnehmers nicht erfolgen soll, bevor der jüngste als Unternehmensnachfolger in Betracht kommende Abkömmling das 25. Lebensjahr vollendet hat.[400] Nur so ist der Dritte in der Lage, die Eignung zur Fortführung des Unternehmens zuverlässig zu beurteilen.

Der Erblasser hat daher die Möglichkeit, in seiner Verfügung von Todes wegen selbst eine Frist festzulegen oder einen Zeitpunkt zu bestimmen, vor dem die Bestimmungsentscheidung nicht getroffen werden darf. Vor dem Ablauf der

399 *Gottwald* ZEV 2006, 347, 349; *Linnartz* in Damrau/Tanck § 2151, Rn. 14; *Nobis* in Erman § 2151, Rn. 3; *Weidlich* in Palandt § 2151, Rn. 3.

400 *Otto* in Münchener Vertragshandbuch, Band 6, Bürgerlichens Recht II, S. 914; *Reymann* in Juris Praxiskommentar § 2151, Rn. 7; für eine Bestimmung bei der Vollendung des 23. Lebensjahrs: *Pauli* in Bengel/Reimann § 5, Rn. 288.

vom Erblasser gesetzten Frist beziehungsweise dem Eintritt des beschriebenen Ereignisses ist der Antrag auf gerichtliche Fristbestimmung unzulässig.[401]

Darüber hinaus wird in der Literatur gelegentlich vorgeschlagen, denjenigen, der den Antrag auf Fristsetzung beim Nachlassgericht stellt, aus dem Kreis der Bedachten auszuschließen.[402] Ein solches Vorgehen dürfte jedoch nur in den seltensten Fällen empfehlenswert sein, weil die Bedachten dadurch faktisch schutzlos gegenüber willkürlichen Verzögerungen gestellt wären.[403] Jedenfalls wenn die Bestimmung durch den mit dem Vermächtnis Beschwerten zu erfolgen hat, sollte von einem derartigen Vorgehen abgesehen werden, um den Bedachten im Falle einer vermeidbaren Verzögerung eine effektive Rechtsdurchsetzung zu ermöglichen.

Zuständig für die Fristsetzung ist das Amtsgericht, in dessen Bezirk der Erblasser im Zeitpunkt seines Todes seinen gewöhnlichen Aufenthalt hatte, § 23a Abs. 1 Nr. 2, Abs. 2 Nr. 2 GVG i.V.m § 342 Abs. 1 Nr. 9 FamFG i.V.m. § 2151 Abs. 3 S. 2 BGB und § 343 Abs. 1 FamFG. Das Amtsgericht handelt durch den Rechtspfleger, § 3 Nr. 2c RpflG. Antragsberechtigt sind die mit dem Vermächtnis Bedachten. Ist die Bestimmung durch einen Dritten vorzunehmen, kann auch der mit dem Vermächtnis Beschwerte den Antrag stellen.[404] Das Verfahren ist alleine auf die rechtsgestaltende Fristsetzung gerichtet. Das Nachlassgericht prüft insofern nur, „ob überhaupt ein Fall vorliegt, in dem eine Fristsetzung ernsthaft in Betracht kommt."[405] Die Wirksamkeit und die Auslegung[406] der Verfügung von Todes wegen werden durch das Gericht hingegen nicht geprüft, sofern die Verfügung nicht offenkundig nichtig ist.[407] Die durch das Gericht

---

401 *Piltz* ZEV 2005, 469, 471; *Mayer* ZEV 1995, 247, 249; *Hölscher* ZEV 2015, 676, 677.

402 *Haegele* Rpfleger 1965, 355, 358 Fußnote 33.

403 *Klunzinger* BB 1970, 1197, 1201.

404 *Gottwald* ZEV 2006, 347, 349.

405 OLG Stuttgart, Beschluss vom 27.02.1996 – 8 W 397/95, zitiert nach ZEV 1996, 475; OLG Düsseldorf, Beschluss vom 19.07.2017 – 1-3 Wx 265/16, zitiert nach ZEV 2018, 33, 34.

406 In dem Verfahren OLG Stuttgart, Beschluss vom 27.02.1996 – 8 W 397/95, zitiert nach ZEV 1996, 475 war unter den Beteiligten streitig, ob die Anordnung des Erblassers als Vermächtnis oder als Auflage zu auszulegen ist. Das Nachlassgericht hatte diese Frage nicht zu entscheiden, da sowohl für das Vermächtnis in § 2151 Abs. 3 S. 2 BGB als auch für die Auflage in § 2193 Abs. 3 S. 3 BGB eine gerichtliche Fristbestimmung vorgesehen ist.

407 OLG Stuttgart, Beschluss vom 27.02.1996 – 8 W 397/95, zitiert nach ZEV 1996, 475; OLG Düsseldorf, Beschluss vom 19.07.2017 – 1-3 Wx 265/16, zitiert nach ZEV 2018, 33, 34.

bestimmte Frist beginnt mit der Bekanntgabe des Beschlusses zu laufen, § 40 Abs. 1 FamFG.[408]

III. Rechtsfolge: Gesamtgläubigerschaft

Kann oder will der Dritte die Bestimmung des Vermächtnisnehmers nicht vornehmen, werden alle Bedachten gemäß § 2151 Abs. 3 S. 1 und 2 BGB Gesamtgläubiger. § 2151 Abs. 3 S. 3 BGB bestimmt, dass der Bedachte, der das Vermächtnis erhält, gegenüber den anderen Gesamtschuldnern, abweichend von § 430 BGB, nicht zum Ausgleich verpflichtet ist. Damit geht das Bestimmungsrecht faktisch auf den Beschwerten, in der Regel also auf den Erben, über.[409] Hat der Erblasser in seiner letztwilligen Verfügung die Testamentsvollstreckung angeordnet, so ist der Erbe gemäß § 2211 BGB in seiner Verfügungsbefugnis beschränkt. Die Verfügungen des Erben sind dann zunächst schwebend unwirksam.[410] In diesem Fall steht dem Testamentsvollstrecker gemäß § 2205 BGB das Recht zu, durch die Übereignung des vermachten Unternehmens an einen der Bedachten eine faktische Bestimmung des Vermächtnisnehmers herbei zu führen.

Hat der Erblasser mehrere Personen als Erben oder Testamentsvollstrecker eingesetzt, setzt die Übereignung der zum Unternehmen gehörenden Gegenstände einen gemeinsamen Willen der Erben beziehungsweise der Testamentsvollstrecker voraus. Während die Erben gemäß § 2040 BGB über Nachlassgegenstände nur gemeinschaftlich verfügen können, haben die Testamentsvollstrecker bei Meinungsverschiedenheiten gemäß § 2224 Abs. 1 S. 1 Hs. 2 BGB das Nachlassgericht anzurufen. Können sich die nicht durch einen Testamentsvollstrecker beschwerten Erben nicht auf die Übereignung an einen der Bedachten einigen, bleibt dem jeweiligen Vermächtnisnehmer zur Durchsetzung seines Rechts nur die Möglichkeit, die Erben auf Übereignung der vermachten Gegenstände zu verklagen und den Herausgabetitel gegen die Erben zu vollstrecken. Da § 2151 Abs. 3 S. 3 BGB eine Teilung im Innenverhältnis der Gesamtgläubiger im Zweifel ausschließt, droht hier ein sogenannter „Wettlauf der Gesamtgläubiger“. Jedem der Gesamtgläubiger müsste geraten werden, möglichst schnell einen Titel gegen die Erben zu erwirken und die Herausgabe der vermachten Unternehmensbestandteile im Wege der Zwangsvollstreckung durchzusetzen. In Anbetracht der Höhe des Streitwerts, droht dem Nachlass hierdurch eine nicht unerhebliche

408 *Reymann* in Juris Praxiskommentar § 2151 Rn. 38; OLG Düsseldorf, Urteil vom 19.07.2017 - 1-3Wx 265/16, zitiert nach ZEV 2018, 33, 35.

409 *Reymann* in Juris Praxiskommentar § 2151, Rn. 33.

410 *Weidlich* in Palandt § 2211, Rn. 2.

Kostenbelastung, denn die Erben werden in der Regel jeden der gegen sie geführten Prozesse verlieren. Zwar können sie das Unternehmen auch noch während des laufenden Gerichtsverfahrens auf einen der Bedachten übereignen und sich gegenüber den Klägern im Prozess auf die gegenüber allen Gesamtgläubigern eintretende Erfüllungswirkung gemäß §§ 428, 362 BGB berufen.[411] Reagiert der jeweilige Kläger hierauf jedoch mit einer Erledigungserklärung, werden die Erben in der Regel die Kosten des Rechtsstreits zu tragen haben.[412] Doch auch für die Vermächtnisnehmer ist das Verfahren mit erheblichen Belastungen verbunden. Denn selbst nachdem der Kläger einen Titel gegen die Erben erwirkt hat, verbleibt diesen das Recht, die Übereignung des Unternehmens an einen anderen Gesamtschuldner im Wege der Vollstreckungsabwehrklage gemäß § 767 ZPO geltend zu machen.[413] Dem Erblasser muss daher dringend geraten werden, den Eintritt der Rechtsfolgen des § 2151 Abs. 3 BGB durch eine entsprechende Testamentsgestaltung zu verhindern.

F. Abweichende Vereinbarung unter den Bedachten

Die Zeitspanne bis zur Bestimmung des Vermächtnisnehmers beziehungsweise der Übertragung des Unternehmens auf einen der Gesamtschuldner gemäß § 2151 Abs. 3 BGB kann für die Bedachten mit einem hohen Grad an Ungewissheit über die eigene berufliche Zukunft verbunden sein. Insofern stellt sich die Frage, ob den Bedachten das Recht zusteht, eine von der Bestimmungsentscheidung des Dritten abweichende Vereinbarung zu treffen. Bei der Untersuchung ist nach dem Zeitpunkt der Vereinbarung zu differenzieren.

---

411 *Reymann* in Juris Praxiskommentar § 2151, Rn. 31.

412 Schließen sich die beklagten Erben der Erledigungserklärung an, entscheidet das Gericht gemäß § 91a ZPO nach billigem Ermessen, wer die Kosten des Rechtsstreits zu tragen hat. Da die Beklagten hier während des Verfahrens freiwillig geleistet haben, hätten sie die Kosten zu tragen, vgl. *Flockenhaus* in Musilak/Voit § 91a Rn. 23. Schließen sich die Erben der Erledigungserklärung nicht an, prüft das Gericht im Wege der Feststellungsklage, ob die zunächst zulässige und begründete Klage durch ein nach Rechtshängigkeit eingetretenes, erledigendes Ereignis unzulässig oder unbegründet geworden ist, vgl. *Flockenhaus* in Musilak/Voit § 91a Rn. 28. Auch hier würde der klagende Vermächtnisnehmer obsiegen, wenn die Erben das Unternehmen erst nach der Zustellung der Klageschrift an einen anderen Gesamtgläubiger übereignet haben. Haben die Erben das Unternehmen ohne Kenntnis des Klägers bereits vor dem Eintritt der Rechtshängigkeit auf einen anderen Gesamtgläubiger übertragen, hat der Kläger nach § 269 Abs. 3 S. 3 ZPO zu verfahren.

413 *Reymann* in Juris Praxiskommentar § 2151, Rn. 31.

Eine vor dem Erbfall getroffene Vereinbarung ist gemäß § 311b Abs. 4 S. 2 Hs. 2 BGB nichtig. Dies gilt sowohl für eine schuldrechtliche Verpflichtung zur Übertragung des vermachten Gegenstandes, als auch für die Verpflichtung, das Vermächtnis auszuschlagen.[414]

Einer nach Eintritt des Erbfalls, aber vor der Ausübung des Bestimmungsrechts, getroffenen Vereinbarung zwischen den Vermächtnisnehmern steht § 311b Abs. 4 S. 2 Hs. 2 BGB indes nicht entgegen. Auch § 311b Abs. 2 BGB führt nicht zur Unwirksamkeit einer solchen Vereinbarung, da die bedingte Vermächtnisforderung keinen Bruchteil des künftigen Vermögens des Bedachten ausmacht. Die Norm erfasst nur die Verpflichtung, eine bestimmte Quote des eigenen zukünftigen Vermögens zu übertragen.[415] Die Verpflichtung zur Übertragung bestimmter Vermögensgegenstände bleibt hingegen unberührt.[416]

Das Gesetz steht einer Vereinbarung zwischen den Bedachten grundsätzlich also nicht entgegen. Die Vermächtnisnehmer müssen aber die aus der letztwilligen Verfügung folgenden Beschränkungen beachten. Wie oben[417] ausgeführt, unterliegt die Gläubigerstellung der Bedachten der Auswahlentscheidung des Dritten als aufschiebende Bedingung. Die Bedachten sind vor diesem Zeitpunkt weder Mit- noch Gesamtgläubiger und können daher weder alleine, noch gemeinschaftlich auf das vermachte Unternehmen zugreifen. Den Bedachten steht jedoch das Recht zu, bereits vor der Ausübung der Drittbestimmung, zugunsten der anderen Berechtigten die Ausschlagung des Vermächtnisses zu erklären.[418] Ist der Bedachte minderjährig, setzt die Ausschlagung die Genehmigung des Familiengerichts voraus, § 1643 Abs. 2 S. 1 BGB. Verbleibt nach der Ausschlagung nur noch ein Bedachter, folgt die Konkretisierung der Gläubigerstellung auf den verbleibenden Vermächtnisnehmer unmittelbar aus der letztwilligen Verfügung des Erblassers. Eine Bestimmung durch den Dritten ist nicht mehr erforderlich. Insbesondere das Interesse des Erben an Rechtssicherheit

---

414 *Grüneberg* in Palandt, § 311b, Rn. 70; *Ruhwinkel* in MüKo BGB § 311b BGB, Rn. 124.

415 *Schumacher* in Staudinger § 311b Abs. 2, Rn. 10.

416 *Grüneberg* in Palandt, § 311b, Rn. 60; *Kaufhold* ZEV 1996, 454, 455 zur Vorgängernorm des § 310 BGB a.F.

417 Kapitel 6, B. II.

418 *Reymann* in Juris Praxiskommentar § 2180, Rn. 7.
Durch die Ausschlagung des Vermächtnisses vor der Ausübung der Drittbestimmung scheidet der Bedachte aus dem Kreis der möglichen Zuwendungsempfänger aus. Das Einrücken eines Ersatzvermächtnisnehmers gemäß §§ 2190, 2069 BGB ist aus den in Kapitel 7. G. I. 1. genannten Gründen mit dem Erblasserwillen in der Regel nicht vereinbar.

spricht jedoch dafür, zumindest eine feststellende Erklärung des Dritten zu fordern.[419]

Durch die frühzeitige Ausschlagung des Vermächtnisses[420] kann die Konkretisierung des Vermächtnisnehmers früher eintreten, als vom Erblasser beabsichtigt. Dies führt jedoch nicht zwingend dazu, dass die Vermächtnisforderung auch schon zu einem früheren Zeitpunkt fällig wird. Ob dies dem Willen des Erblassers entspricht, ist typischerweise im Wege der ergänzenden Testamentsauslegung zu erforschen. Von einer vorgezogenen Fälligkeit kann etwa ausgegangen werden, wenn der Dritte die Bestimmung erst nach dem Erreichen eines bestimmten Lebensalters oder einer bestimmten Berufsqualifikation des jüngsten Abkömmlings vornehmen sollte und der verbleibende Vermächtnisnehmer diese bereits erreicht hat.

Des Weiteren stellt sich die Frage, ob die Bedachten bereits vor der Drittbestimmung über ihre Rechtsposition verfügen, beziehungsweise entsprechende schuldrechtliche Verträge eingehen können. Eine Vermächtnisforderung ist mit dem Anfall des Vermächtnisses zwar grundsätzlich abtretbar.[421] Der Erblasser kann das Vermächtnis jedoch unter der auflösenden Bedingung anordnen, dass der Bedachte den Anspruch nicht auf einen Dritten überträgt.[422] Die Abtretung

---

419 Hat der Erblasser die Bedachten nicht namentlich, sondern nur unter einer abstrakten Sammelbezeichnung benannt oder herrscht Unsicherheit über die Wirksamkeit einer Ausschlagung eines Bedachten, kann unter ihnen streitig werden, ob tatsächlich nur noch eine einzige Person als Vermächtnisnehmer verblieben ist. Ein Antrag auf gerichtliche Fristsetzung zur Ausübung der Drittbestimmung gemäß § 2151 Abs. 3 S. 2 BGB hilft den Bedachten in diesem Fall nicht weiter, da das Gericht in diesem Verfahren keine Feststellungen zur Wirksamkeit der letztwilligen Verfügung und der Zugehörigkeit zu dem bedachten Personenkreis trifft. Eine Klage auf Vornahme der Bestimmung ist hingegen unzulässig. In diesem Fall wird man dem Bedachten, dessen Zugehörigkeit zu dem Personenkreis vom Bestimmungsberechtigten bestritten wird, das Recht zusprechen müssen, seine Zugehörigkeit im Wege der Feststellungsklage jedenfalls dann gerichtlich feststellen zu lassen, wenn der Erblasser sachlichen Kriterien für die Drittbestimmung vorgegeben hat. Hat der Dritte die Bestimmung bereits vorgenommen oder die Konkretisierung auf einen einzelnen Bedachten festgestellt, kann der Übergangene die (Feststellungs-)Entscheidung nach den unter Kapitel 7. D. genannten Kriterien gerichtlich überprüfen lassen.

420 Vgl. zur Ausschlagung zugunsten Dritter *Eickelberg* ZEV 2018, 489.

421 OLG München, Beschluss vom 17.06.2016 – 34 Wx 93/16, zitiert nach NJW-RR 2016, 1101, 1102; *Schellenberger* in BeckOGK § 2174 BGB, Rn. 77 (Stand: 01.09.2019).

422 *Rudy* in MüKo BGB § 2174, Rn. 14; *Reymann* in Juris Praxiskommentar § 2174 Rn. 45. Der Erblasser kann sogar noch weiter gehen und die Zuwendung unter die Bedingung stellen, dass der Empfänger das Unternehmen „richtig bewirtschaftet“, BayObLG

des Anspruchs geht dann ins Leere. Macht der Erblasser die Bestimmung des Vermächtnisnehmers im Falle des § 2151 BGB von der beruflichen und persönlichen Eignung zur Fortführung des Unternehmens abhängig, bringt er damit zum Ausdruck, dass nur derjenige das Vermächtnis erhalten soll, der auch tatsächlich zur Führung des Unternehmens bereit ist. Der Verfügung des Erblassers wird somit in aller Regel die auflösende Bedingung zu entnehmen sein, dass als Bedachter des Bestimmungsvermächtnisses nur in Betracht kommt, wer seinen (bedingten) Anspruch nicht bereits vor der Entscheidung des Dritten an eine andere Person abgetreten hat. Eine vor der Entscheidung des Dritten getroffene Vereinbarung über die Verteilung des Vermächtnisgegenstandes kann den Bedachten daher nicht empfohlen werden.[423]

Gegen eine Vereinbarung, die die eigene Rechtsposition unberührt lässt, bestehen hingegen keine Bedenken. So steht es dem Berechtigten frei, vorsorglich eine von § 2151 Abs. 3 S. 3 BGB abweichende Verteilung zu vereinbaren, um den oben[424] beschriebenen Wettlauf zu verhindern. Ebenso erscheint es zulässig, untereinander zu vereinbaren, den anderen im Falle der eigenen Bestimmung an dem Unternehmen in einer bestimmten Form zu beteiligen. Der Wille des Erblassers, nur einen Abkömmling als Unternehmensnachfolger zu bestimmen, steht dem nicht entgegen. Denn dieser beruht typischerweise auf dem Motiv, Streit zwischen den Abkömmlingen zu vermeiden, um eine effektive Fortführung des Unternehmens zu gewährleisten, soll aber eine nachträgliche Einbeziehung nicht verhindern. Wird das Unternehmen in der Rechtsform einer Gesellschaft betrieben, kann die Umsetzung einer Vereinbarung zwischen den Bedachten aber die Zustimmung der anderen Gesellschafter erfordern.

FamRZ 1999, 59, *Weidlich* in Palandt § 2075, Rn. 2. Durch den Eintritt der auflösenden Bedingung wäre eine erneute Bestimmung des (Nach-)Vermächtnisnehmers erforderlich. Hat der auflösend bedingte Vermächtnisnehmer das Eigentum an den Unternehmensbestandteilen jedoch bereits übertragen, kommt nur noch eine Haftung auf Schadenersatz in Betracht. Die Bedingung, das Unternehmen persönlich für eine bestimmte Zeit fortzuführen, setzt eine ausdrückliche Anordnung in der letztwilligen Verfügung voraus.

423 A.A. *Piltz* ZEV 2005, 469, 471, der eine von der Entscheidung des Dritten abweichende Verteilung ohne nähere Begründung für zulässig hält. Lässt man eine Vereinbarung zu, ist im Falle der Beteiligung eines Minderjährigen die Genehmigung des Familiengerichts gemäß §§ 1643 Abs. 1, 1822 Nr. 3 BGB einzuholen. Ist in dem Betriebsvermögen ein Grundstück enthalten, folgt das Genehmigungserfordernis auch aus §§ 1643 Abs. 1, 1821 Nr. 4 i.V.m. Nr. 2 BGB.

424 Kapitel 7. E. III.

G. Nachträgliche Veränderung des vom Erblasser benannten Personenkreises

Wie oben[425] ausgeführt, muss der Erblasser die mit dem Bestimmungsvermächtnis bedachten Personen hinreichend konkret benennen. In diesem Zusammenhang stellt sich die Frage, wie mit nachträglichen Veränderungen des vom Erblasser bedachten Personenkreises umzugehen ist. Hierzu kann es etwa kommen, wenn eine der zur Wahl stehenden Personen vorzeitig durch eigenes Versterben als Vermächtnisnehmer wegfällt oder ein weiteres Kind in den abstrakt bezeichneten Personenkreis hineingeboren wird. Für die rechtliche Untersuchung dieser Frage ist zwischen einer Veränderung vor dem Eintritt des Erbfalles und dem Zeitraum zwischen Erbfall und der Drittbestimmung zu unterscheiden.

I. Veränderungen vor dem Erbfall

1. Wegfall eines Bedachten

Verstirbt der Vermächtnisnehmer, bevor es zum Eintritt des Erbfalles kommt, ist das Vermächtnis gemäß § 2160 BGB grundsätzlich unwirksam.[426] Für das Bestimmungsvermächtnis kann dies jedoch nur für die Person des Verstorbenen gelten. Dieser scheidet mit dem Tode aus dem Kreis der Bedachten aus, im Übrigen bleibt das Bestimmungsvermächtnis wirksam. Die Erben des Verstorbenen treten also grundsätzlich nicht in den Kreis der Bedachten ein. Der Erblasser hat aber die Möglichkeit, einen Ersatzvermächtnisnehmer gemäß § 2190 BGB zu bestimmen, der gegebenenfalls an die Stelle des ursprünglich Bedachten tritt.[427] Ob dies dem Willen des Erblassers entspricht, ist durch Auslegung des Testaments und hilfsweise durch Rückgriff auf die Auslegungsregeln der §§ 2066-2071 BGB zu beantworten.[428] Für den Bereich der Rechtsnachfolge in das Familienunternehmen wird der Erblasser den Kreis der Bedachten regelmäßig auf die eigenen Abkömmlinge beschränken. Gemäß § 2069 BGB könnten dann im Zweifel die Abkömmlinge des Bedachten in den Kreis der zur Wahl stehenden Personen einrücken.

---

425 Kapitel 5. C. I.

426 *Rudy* in MüKo BGB § 2151, Rn. 5; *Weidlich* in Palandt § 2151, Rn. 1; *Otte* in Staudinger § 2151, Rn. 3.

427 *Weidlich* in Palandt § 2151, Rn. 1; *Otte* in Staudinger § 2151, Rn. 3.

428 *Reymann* in Juris Praxiskommentar § 2151, Rn. 12; *Burandt* in Burandt/Rojahn § 2151, Rn. 2; *Otte* in Staudinger § 2151, Rn. 3.

Das Eingreifen der Auslegungsregel des § 2069 BGB würde im Rahmen der Unternehmensnachfolge allerdings zu erheblichen Problemen führen. Wie oben aufgezeigt, ist die Übertragung des Familienunternehmens im Wege des Bestimmungsvermächtnisses immer dann eine willkommene Gestaltungsalternative, wenn die potentiellen Unternehmensnachfolger noch minderjährig sind oder ihre Berufsausbildung noch nicht vollendet haben. Der Erblasser wird aus diesem Grunde anordnen, dass die Bestimmung durch den Dritten erst erfolgen soll, wenn der jüngste Bedachte ein gewisses Alter erreicht oder seine Berufsausbildung abgeschlossen hat.[429] Nur auf diesem Wege lässt sich sicherstellen, dass der Dritte die Eignung zur Fortführung des Unternehmens sinnvoll beurteilen und der Ausgewählte das Unternehmen zeitnah nach der Bestimmung verantwortungsbewusst übernehmen kann.

Tritt ein Abkömmling eines Bedachten als Ersatzvermächtnisnehmer in den Kreis der potentiellen Unternehmensnachfolger ein, wird dieser um eine zusätzliche Generation erweitert. Hierdurch käme es zu einer erheblichen Verzögerung der Drittbestimmung und der endgültigen Abwicklung der Rechtsnachfolge. Sollte der verstorbene Bedachte darüber hinaus über mehr als ein Kind verfügen, würden diese nach dem Grundgedanken des § 2069 BGB gemeinschaftlich an die Stelle des Verstorbenen treten. Beide Rechtsfolgen werden dem Willen des Erblassers bei der Unternehmensnachfolge in der Regel nicht entsprechen. Indem der Erblasser den Zeitpunkt für die Vornahme der Drittbestimmung in der letztwilligen Verfügung benennt, bringt er seine Erwartung über die Dauer der Übergangszeit und der damit in der Regel verbundenen Testamentsvollstreckung zum Ausdruck. Aus diesen Gründen wird die (ergänzende) Auslegung der letztwilligen Verfügung in den meisten Fällen der Unternehmensnachfolge gegen eine Ersatzberufung sprechen. Die Auslegungsregel des § 2069 BGB kommt dann nicht zur Anwendung.

2. *Erweiterung des Personenkreises*

Hat der Erblasser die zur Wahl stehenden Personen nicht individuell benannt, sondern unter einer abstrakten Bezeichnung zusammen gefasst,[430] kann eine Veränderung des Personenkreises auch dadurch eintreten, dass nach Errichtung der letztwilligen Verfügung weitere Personen die entsprechenden Merkmale

---

429 vgl. etwa den Gestaltungsvorschlag von *Reymann* in Juris Praxiskommentar § 2151, Rn. 7.

430 Etwa: Meine Kinder, meine Abkömmlinge, Mitglieder eines bestimmten Vereins, Mitarbeiter eines Unternehmens mit einer bestimmten Stellung oder Qualifikation.

erfüllen. Der Dritte ist in diesem Fall grundsätzlich berechtigt, auch die nachträglich hinzugetretenen Personen auszuwählen, wenn ein entgegenstehender Wille des Erblassers nicht erkennbar ist.[431] Im Bereich der Unternehmensnachfolge ist jedoch das soeben zur Ersatzberufung Gesagte zu berücksichtigen. Sofern der Erblasser pauschal seine Kinder mit dem Bestimmungsvermächtnis bedacht hat, ist daher im Einzelfall zu prüfen, ob es dem Willen des Erblassers entspricht, ein weiteres, erst nach der Errichtung der Verfügung geborenes Kind, in den Kreis der potenziellen Unternehmensnachfolger aufzunehmen. Um in diesem Zusammenhang drohende Rechtsunsicherheiten von Vornherein auszuschließen, ist dem Erblasser dringend zu raten, das Hinzutreten weiterer Personen zum Anlass zu nehmen, die eigene Rechtsnachfolge zu überprüfen und gegebenenfalls eine Änderung an der Verfügung von Todes wegen vorzunehmen. Gerade bei nach dem Erbfall hinzutretenden Pflichtteilsberechtigten droht dem Erblasser nämlich nicht nur eine Unsicherheit über den Kreis der bedachten Personen, sondern unter Umständen auch eine Testamentsanfechtung gemäß § 2079 BGB.

II. Veränderungen nach dem Erbfall

1. Wegfall eines Bedachten

a. Ausgangspunkt

Verstirbt ein Bedachter nach Eintritt des Erbfalles, aber vor der Ausübung der Drittbestimmung, steht § 2160 BGB der Wirksamkeit des Vermächtnisses nicht entgegen. Nach § 2074 BGB ist jedoch im Zweifel anzunehmen, dass eine letztwillige Zuwendung, die unter einer aufschiebenden Bedingung steht, nur dann gelten soll, wenn der Bedachte den Eintritt der Bedingung erlebt. Wie oben[432] ausführlich erörtert, ist das Bestimmungsvermächtnisses in seinem Bestand nicht durch die Drittbestimmung aufschiebend bedingt. Nach der hier vorgenommenen Einordnung handelt es sich um ein Vermächtnis eigener Art, das Elemente eines bedingten und eines unbedingten Anspruchs in sich vereint. Insofern stellt sich die Frage, ob das Element der aufschiebend bedingten Gläubigerstellung die Anwendung des § 2074 BGB rechtfertigt.

Die überwiegenden Stimmen in der Literatur sehen in § 2151 BGB ein auflösend bedingtes Vermächtnis[433] und lehnen die Anwendung des § 2074

431 *Rudy* in Müko BGB § 2151, Rn. 4; *Horn/J. Mayer* in Nomos Kommentar § 2151, Rn. 5d; *Weidlich* in Palandt § 2151, Rn. 1.

432 Kapitel 6. B. I. 2.

433 *Rudy* in MüKo BGB § 2151, Rn. 7; *Weidlich* in Palandt § 2151, Rn. 1.

folgerichtig ab.[434] Der Bedachte müsse nur den Erbfall, nicht aber die Auswahlentscheidung erleben. Verstirbt er, bevor der Dritte die Bestimmung treffen kann, könne er unverändert von dem Dritten als Vermächtnisnehmer bestimmt werden. Sollte dies geschehen, seien die Erben des Ausgewählten berechtigt, den vermachten Gegenstand zu fordern.[435]

b. Testamentsauslegung und typische Motive des Erblassers

Dem ist entgegen zu halten, dass ein solches Vorgehen dem Willen des Erblassers typischerweise nicht entsprechen wird. Das Bestimmungsvermächtnis erweist sich häufig dann als Gestaltungsmittel der Wahl, wenn der Erblasser zukünftige Entwicklungen noch nicht absehen kann. Dabei kann es sich etwa um die Eignung zur Fortführung eines Unternehmens oder um das Interesse der Bedachten an einem bestimmten Thema oder Gegenstand handeln. All diese Sachverhalte sind durch einen bestimmten Umstand in der Person der Bedachten geprägt. Stehen solche Motive für den Erblasser nicht im Vordergrund, scheidet die Anordnung eines Bestimmungsvermächtnisses in der Regel aus, da hier kein Grund ersichtlich ist, den Gläubiger einer Zuwendung willkürlich durch einen Dritten bestimmen zu lassen.

Ist die Anordnung des Bestimmungsvermächtnisses aber durch die Ungewissheit über eine bestimmte Eignung, ein Interesse oder ein bestimmtes Bedürfnis der Bedachten motiviert und damit eng mit der Person des Vermächtnisnehmers verknüpft, erscheint es fernliegend, im Rahmen der Testamentsauslegung anzunehmen, dass der Vermächtnisgegenstand einem Erben des verstorbenen Vermächtnisnehmers zugutekommen soll, bei dem diese persönlichen Voraussetzungen überhaupt nicht vorliegen. Soll der Dritte etwa denjenigen zum Vermächtnisnehmer bestimmen, der aufgrund seiner Ausbildung und Berufserfahrung am besten zur Führung des Unternehmens geeignet ist, erscheint es geradezu abwegig, einen hochqualifizierten aber kürzlich verstorbenen Abkömmling des Erblassers auszuwählen, mit der Folge, dass der Vermächtnisanspruch dessen Erben zustehen soll. Die Eignung des Erben zur Fortführung des Unternehmens darf für die rechtliche Bewertung an dieser Stelle keine Rolle spielen, da er durch den Tod des Vermächtnisnehmers nicht als Ersatzvermächtnisnehmer an dessen Stelle tritt. Er tritt lediglich gemäß § 1922 Abs. 1 BGB in

---

434 *Rudy* in MüKo BGB § 2151, Rn. 7; so auch *Kipp/Coing* in Erbrecht, § 55 III. 4.

435 *Kipp/Coing* in Erbrecht, § 55 III. 4; *Wolf* in Soergel § 2151, Rn. 2; *Linnartz* in Damrau/Tanck § 2151, Rn. 6; *Burandt* in Burandt/Rojahn § 2151, Rn. 2; *Otte* in Staudinger § 2151, Rn. 3.

die Stellung des verstorbenen Vermächtnisnehmers ein. Eine Anwendung des § 2069 BGB kommt in dieser Situation von vornherein nicht in Betracht, da die Norm voraussetzt, dass der Bedachte entweder zwischen Errichtung der letztwilligen Verfügung und dem Erbfall verstorben ist oder nachträglich rückwirkend auf den Erbfall als Bedachter wegfällt.[436] Ein Versterben zwischen Erbfall und der Ausübung der Drittbestimmung erfüllt diese Voraussetzung des § 2069 BGB aber nicht.

Da die Zuwendung dem verstorbenen Vermächtnisnehmer persönlich nicht mehr zugutekommen kann und dessen Abkömmlinge bei einem Versterben zwischen Erbfall und Ausübung der Drittbestimmung grundsätzlich[437] nicht als Auswahlberechtigte an dessen Stelle treten, wird der Verfügung typischerweise im Wege der Testamentsauslegung zu entnehmen sein, dass der Verstorbene durch seinen Tod aus dem Kreis der Vermächtnisnehmer ausscheiden und die Auswahl unter den verbleibenden Bedachten getroffen werden soll. Einer Auswahl des Verstorbenen, verbunden mit einem Forderungsrecht dessen Erben steht neben den soeben ausgeführten Bedenken auch entgegen, dass der Erblasser zu den gewillkürten Erben des verstorbenen Vermächtnisnehmers unter Umständen in keinerlei Beziehung stand.

c. *Anwendbarkeit des § 2074 BGB*

Führt die Auslegung des Testaments im Einzelfall wider Erwarten nicht zu einem eindeutigen Ergebnis, stellt sich die Frage, ob die Auslegungsregel des § 2074 BGB auf das Bestimmungsvermächtnis angewendet werden kann. Dies setzt voraus, dass das Bestimmungsvermächtnis eine „Zuwendung unter einer aufschiebenden Bedingung" im Sinne des § 2074 BGB darstellt. Da im Falle des Bestimmungsvermächtnisses nur die Konkretisierung der Person des Gläubiger und nicht der Bestand des Vermächtnisses als solcher durch die Entscheidung des Dritten bedingt ist, kann die Anwendung des § 2074 BGB allenfalls zur Unwirksamkeit des Vermächtnisses in der Person des Verstorbenen führen. Dieser würde mit dem Tode aus dem Kreis der Bedachten ausscheiden. Kann die Rechtsfolge des § 2074 BGB im Fall des Bestimmungsvermächtnisses ohnehin nur in der Person des verstorbenen Vermächtnisnehmers eintreten, bietet es sich an, auch auf der Seite des Tatbestandes auf die Person des Vermächtnisnehmers abzustellen und die insoweit gegebene aufschiebende Bedingung als

---

436 *Weidlich* in Palandt § 2069, Rn. 4; *Leipold* in MüKo BGB § 2069, Rn. 9.

437 Dem Erblasser steht es im Rahmen der Testierfreiheit selbstverständlich frei, eine entsprechende ausdrückliche Verfügung zu treffen.

ausreichend zu erachten. Zwar entbehrt diese Argumentation nicht eines gewissen Zirkelschlusses, die Interessenlage ist jedoch insoweit mit dem klassischen aufschiebend bedingten Vermächtnis vergleichbar, als der mit dem Bestimmungsvermächtnis Bedachte vor der Auswahlentscheidung keine gesicherte Rechtsposition erworben hat. Gemeinsam ist beiden Fällen darüber hinaus, dass der Erblasser dem Bedachten den vermachten Gegenstand nicht ohne weiteres, sondern nur bei Hinzutreten weiterer Umstände zuwenden wollte. Wie im Falle des Bestimmungsvermächtnisses, sind auch die in der Praxis immer wieder anzutreffenden aufschiebend bedingten Vermächtnisse häufig durch bestimmte Lebensumstände und damit speziell durch die Person des Bedachten gekennzeichnet.[438] Aus diesen Gründen scheint die Auslegungsregel des § 2074 BGB die typische Interessenlage des Erblassers in angemessener Weise abzubilden. Die Regelung ist somit auf das Bestimmungsvermächtnis mit der Folge anzuwenden, dass ein Bedachter, der zwischen Erbfall und Drittbestimmung verstirbt, im Zweifel aus dem Kreis der zur Wahl stehenden Personen ausscheidet und durch den Dritten nicht mehr als Vermächtnisnehmer bestimmt werden kann.

2. *Erweiterung des Personenkreises*

Auch nach dem Erbfall besteht grundsätzlich die Möglichkeit, dass weitere Personen in den Kreis der Bedachten eintreten. Das Gesetz enthält in § 2178 BGB die Wertung, dass auch eine im Zeitpunkt des Erbfalls noch nicht lebende Person mit einem Vermächtnis bedacht werden kann. Wie im Falle des Eintritts in den Personenkreis vor dem Erbfall, ist jedoch auch hier eine umfassende Prüfung des Erblasserwillens vorzunehmen. Im Fall der Unternehmensnachfolge wird die Erweiterung des Personenkreises typischerweise nicht dem Erblasserwillen entsprechen.

---

438 Vgl. etwa die Beispiele bei *Selbherr* in Nomos Kommentar § 2074, Rn. 6 (Bestehen des Studiums, Hochzeit); *Gromille* in BeckOGK § 2074, Rn. 15 (Stand 15.12.2018) (Belohnung für die Vornahme einer Handlung).

8. Kapitel: Testamentsvollstreckung

A. Grundentscheidung des Erblassers

Der Erblasser wird die Möglichkeit, das Unternehmen mittel Bestimmungsvermächtnis auf die nächste Generation zu übertragen, nur in Betracht ziehen, wenn er die Eignung seiner Abkömmlinge zur Fortführung des Unternehmens aufgrund ihres Alters oder des Ausbildungsstandes noch nicht abschließend beurteilen kann. Mit dem Erbfall kommt es daher zu einer Übergangsphase, die nach den Umständen des Einzelfalles durchaus mehrere Jahre dauern kann. Hier steht und fällt die Umsetzung der vom Erblasser gewünschten Testamentsgestaltung mit der Einsetzung einer Vertrauensperson, die das Unternehmen bis zur Übergabe an den Vermächtnisnehmer im Sinne des Erblassers fortführt.

Im Idealfall ist der vom Erblasser eingesetzte (Allein-)Erbe – dies wird in aller Regel der überlebende Ehegatte sein – in der Lage, das Unternehmen während der Übergangsphase zu führen. Dies wird jedoch nur äußerst selten der Fall sein, weil der Erblasser in dieser Situation in der Regel zu anderen Gestaltungsmittel greifen wird und auf die hier behandelte Form der Drittbestimmung nicht angewiesen ist. Aus diesem Grund kann davon ausgegangen werden, dass es dem überlebenden Ehegatten in den hier zu untersuchenden Lebenssachverhalten typischerweise an der erforderlichen Sachkenntnis fehlen wird und das Unternehmen während der Übergangszeit durch einen Außenstehenden geführt werden soll. Nichtdestotrotz wird der Erblasser seinen Ehegatten in der Regel als Erbe einsetzen, um diesem zumindest das Privatvermögen und die persönlichen Gegenstände zuzuwenden. Mit dem Tod des Erblassers gehen dann auch sämtliche Unternehmensbestandteile zunächst auf den Erben über, § 1922 Abs. 1 BGB. Um eine zukunftsorientierte Fortführung des Unternehmens sicher zu stellen, bietet sich dem Erblasser in diesem Fall die Möglichkeit, hinsichtlich des sich im Nachlass befindlichen Unternehmens Testamentsvollstreckung anzuordnen und seinen Vertrauten als Testamentsvollstrecker einzusetzen, § 2197 Abs. 1 BGB.

B. Testamentsvollstreckung an einzelkaufmännischen Unternehmen

I. Ausgangspunkt § 2206 BGB

Die Testamentsvollstreckung an einzelkaufmännischen Unternehmen bereitet jedoch nicht unerheblich rechtliche Probleme. Zurückgehend auf das

Reichsgericht[439] hält die Rechtsprechung[440] und ihr folgend der überwiegende Teil der Literatur[441] eine klassische Dauertestamentsvollstreckung im Sinne des § 2209 BGB an einzelkaufmännischen Unternehmen für unzulässig. Das Reichsgericht stellte zunächst einen formalen Begründungsansatz in den Vordergrund und argumentierte, die Eintragung eines Testamentsvollstreckervermerks in das Handelsregister sei gesetzlich nicht vorgesehen.[442] Folglich könnten in das Handelsregister lediglich die Erben als Inhaber, nicht aber der Testamentsvollstrecker als handlungs- und vertretungsberechtigte Person eingetragen werden.[443] Der Testamentsvollstrecker werde durch sein Amt nicht zum Inhaber des Unternehmens.[444] Der Bundesgerichtshof und das Schrifttum stimmen dem im Ergebnis zu, stellen zur Begründung jedoch einen materiellen Gesichtspunkt in den Vordergrund und führen aus, das Handelsrecht setze für die Führung eines einzelkaufmännischen Betriebes zwingend die unbeschränkte Haftung des Inhabers voraus. Der Testamentsvollstrecker sei jedoch gemäß § 2206 Abs. 1 S. 1 BGB nur berechtigt, Verbindlichkeiten für den Nachlass einzugehen, sodass eine Verpflichtung des Privatvermögens des Erben ausgeschlossen sei.[445] Hierdurch drohe die unzulässige Entstehung eines „Handelsgeschäftes mit beschränkter Haftung".[446] Der Konflikt zwischen Handels- und Erbrecht sei gemäß § 2

---

439 RG, Beschluss vom 26. 03.1931 – IIb 5/31, zitiert nach RGZ 132, 138.

440 BGH, Urteil vom 18.01.1954 – IV ZR 130/53, zitiert nach NJW 1954, 636; BGH, Urteil vom 27.03.1961 – II ZR 294/59, zitiert nach NJW 1961, 1304; BGH, Urteil v. 16.10.1974 – IV ZR 3/73, zitiert nach NJW 1975, 54.

441 *Weidlich* in Palandt § 2205, Rn. 7; *Otto* in Münchener Vertragshandbuch Band 6 Bürgerliches Recht II, S. 920; *Haegele* Rpfleger 1956, 182, 183; *Priester* in FS Stimpel 463, 464; a.A. *Goebel* ZEV 2003, 261; *Langenfeld/Fröhler* in „Testamentsgestaltung" S. 696.

442 RG, Beschluss vom 26. 03.1931 – IIb 5/31, zitiert nach RGZ 132, 138, 140 f.

443 *Haegele* Rpfleger 1956, 182, 183; RG, Beschluss vom 26. 03.1931 – IIb 5/31, zitiert nach RGZ 132, 138.

444 RG, Beschluss vom 26. 03.1931 – IIb 5/31, zitiert nach RGZ 132, 138; dem folgend: *H*aegele Rpfleger 1973, 113, 114; BGH, Urteil vom 27.03.1961 – II ZR 294/59, zitiert nach NJW 1961, 1304, 1305; *Langenfeld/Fröhler* in „Testamentsgestaltung" S. 696.

445 BGH, Urteil vom 18.01.1954 – IV ZR 130/53, zitiert nach NJW 1954, 636, 636; BGH, Urteil vom 27.03.1961 – II ZR 294/59, zitiert nach NJW 1961, 1304, 1305; BGH, Urteil vom 16.10.1974 – IV ZR 3/73, zitiert nach NJW 1975, 54, 54; *Weidlich* in Palandt § 2205, Rn. 7; *Langenfeld/Fröhler* in Testamentsvollstreckung, Kapitel 7. Rn. 146.

446 RG, Beschluss v. 26. 03.1931 – IIb 5/31, zitiert nach RGZ 132, 138, 144; BGH, Urteil v. 18.01.1954 – IV ZR 130/53, zitiert nach NJW 1954, 636, 636; *John* BB 1980, 757; *Winkler* in „Der Testamentsvollstrecker" S. 186; *H*aegele Rpfl 1973, 113, 114.

EGHGB durch den Vorrang des Handelsrechts zu lösen. Folglich sei die Fortführung eines einzelkaufmännischen Unternehmens durch einen Testamentsvollstrecker in dieser Eigenschaft ausgeschlossen.[447]

Dem wird heute teilweise entgegengehalten, seit der Einführung des § 5a GmbHG[448] und der damit verbundenen Möglichkeit, das Mindeststammkapital einer Unternehmergesellschaft im Nennbetrag auf einen Euro festzusetzen, könne dem Handelsrecht kein allgemeiner Grundsatz mehr entnommen werden, nach dem ein Mindestmaß an Gläubigerschutz entweder durch eine persönliche unbeschränkte Haftung oder ein gesetzlich garantiertes Mindestkapital gewährleistet sein müsse.[449] Vor diesem Hintergrund seien die Interessen der Gläubiger des Unternehmens durch die mit § 2206 Abs. 2 BGB einhergehende Haftungsbeschränkung auf den Nachlass nicht in unzumutbarer Weise beeinträchtigt.[450] Für eine solche Sichtweise lässt sich ergänzend anführen, dass auch die unbeschränkte persönliche Haftung des Erblassers vor dem Erbfall durch dessen Gesamtvermögen beschränkt gewesen ist, sodass den Gläubigern allein durch den Erbfall keine Haftungsmasse entzogen wird. Andererseits wird bei der Unternehmergesellschaft ein Mindestmaß an Gläubigerschutz zumindest dadurch verwirklicht, dass diese im Rechtsverkehr gemäß § 5a Abs. 1 GmbHG den Firmenzusatz „UG (haftungsbeschränkt)“ zu führen hat. Dies gibt Geschäftspartnern die Möglichkeit, sich im Voraus über die Höhe des Stammkapitals und die zur Verfügung stehende Haftungsmasse zu informieren. Die Firmierung eines kaufmännischen Betriebes unter Testamentsvollstreckung als „Handelsgeschäft mit beschränkter Haftung“ ist in § 19 HGB hingegen nicht vorgesehen. Insofern kann die Wertung des § 5a GmbHG die aus § 2206 BGB folgende Problematik nicht überwinden. Darüber hinaus hatte der Bundesgerichtshof bisher keine Möglichkeit, zu der geänderten Rechtslage Stellung zu nehmen. Schon aus Gründen der Rechtssicherheit muss daher in der Gestaltungspraxis bis auf Weiteres davon ausgegangen werden, dass der Testamentsvollstrecker als solcher nicht berechtigt ist, das im Nachlass befindliche Unternehmen fortzuführen.

---

447 RG, Beschluss v. 26. 03.1931 – IIb 5/31, zitiert nach RGZ 132, 138, 144; BGH, Urteil v. 18.01.1954 – IV ZR 130/53, zitiert nach NJW 1954, 636, 636; *Weidlich* in Palandt § 2205, Rn. 7.

448 MoMiG vom 23.10.2008 mit Wirkung zum 01.11.2008.

449 *Weidlich* NJW 2011, 641, 645; *ders.* in Palandt § 2205, Rn. 7; *Zimmermann* in MüKo BGB § 2205, Rn. 19; a.A. *Pauli* in Bengel/Reimann § 5, Rn. 244.

450 *Weidlich* NJW 2011, 641, 645.

Um es dem Erblasser trotz der geschilderten Bedenken zu ermöglichen, die Führung seines Unternehmens für einen bestimmten Zeitraum, unter Ausschluss der Handlungsbefugnis des Erben, auf einen Testamentsvollstrecker zu übertragen, haben Rechtsprechung und Literatur über die Jahre sogenannte Ersatzlösungen erarbeitet. Dem Erblasser bietet sich hiernach zum einen die Möglichkeit, zu verfügen, dass der Testamentsvollstrecker das Unternehmen als Bevollmächtigter des Erben unter dessen Namen und dessen persönlicher und unbeschränkter Haftung fortführt (Vollmachtslösung). Zum anderen ist der Erblasser berechtigt, anzuordnen, dass der Testamentsvollstrecker das Unternehmen im eigenen Namen und unter eigener persönlicher Haftung als Treuhänder für Rechnung des Erben führen soll (Treuhandlösung).

II. Vollmachtslösung

Im Falle der sogenannten Vollmachtslösung[451] tritt der Testamentsvollstrecker als Stellvertreter des Erben im Rechtsverkehr auf. Der Erbe wird formal Inhaber des Handelsgeschäfts[452] und haftet als solcher für die in dem Geschäft begründeten Verbindlichkeiten persönlich und unbeschränkt.[453] Der letztwilligen Verfügung wird in dieser Variante die Verpflichtung entnommen, dem Testamentsvollstrecker eine über die Beschränkungen des § 2206 BGB hinausgehende Vollmacht zu erteilen und sich selbst jeglicher Handlungen in Bezug auf das Unternehmen zu enthalten.[454] Die dem Testamentsvollstrecker zu erteilende

451 Die Vollmachtslösung liegt den Fällen BGH, Urteil vom 18.01.1954 – IV ZR 130/53, zitiert nach NJW 1954, 636; BGH, Urteil vom 27.03.1961 – II ZR 294/59, zitiert nach NJW 1961, 1304 und BayObLG, Beschluss vom 11.06.1969 – BReg 1 b Z 102/68, zitiert nach BB 1969, 974 zugrunde. Zur Vollmachtslösung auch *John* BB 1980, 757, 758; *Otto* in Münchener Vertragshandbuch Band 6 Bürgerliches Recht II, S. 920; *Haegele* Rpfleger 1973, 113, 115; *Baur* in FS Dölle, Band I, S. 249.

452 Als solcher ist der Erbe in das Handelsregister einzutragen. Die Bevollmächtigung des Testamentsvollstreckers ist aus dem Register nicht ersichtlich, vgl. *Weidlich* Palandt § 2205, Rn. 9; *Zimmermann* in MüKo BGB § 2205, Rn. 25.

453 Die Haftung des Erben für Altschulden ergibt sich aus §§ 27 Abs. 1, 25 HGB, da das Handelsgeschäft im Namen des Erben fortgeführt wird. Die Haftung kann aber gemäß §§ 27, 25 Abs. 2 BGB auf den Nachlass beschränkt werden, vgl. *Haegele* Rpfl 1973, 113, 115.

454 BGH, Urteil vom 18.01.1954 – IV ZR 130/53, zitiert nach NJW 1954, 636, 637; BayObLG, Beschluss vom 11.06.1969 – BReg 1 b Z 102/68, zitiert nach BB 1969, 974; *Haegele* Rpfleger 1973, 113, 114; *ders.* RPfl 1973, 113, 115; *Winkler* in „Der Testamentsvollstrecker“ S. 192 f.

Vollmacht muss grundsätzlich unwiderruflich sein[455] und darf keine gegenständlichen Beschränkungen enthalten.[456] Die Umsetzung dieser Vorgaben kann der Erblasser im Wege der Auflage oder der auflösenden Bedingung sicherstellen.[457] Der Testamentsvollstrecker ist dann gemäß §§ 2208 Abs. 2, 2194 BGB berechtigt, die Vollziehung dieser Auflage zu verlangen.[458]

Dieser Gestaltungsvorschlag sieht sich jedoch seit jeher der Kritik ausgesetzt, die Verpflichtung, dem Testamentsvollstrecker eine unwiderrufliche Vollmacht zu erteilen, sei dem Erben nicht zuzumuten, da hierdurch auch sein Privatvermögen in erheblichem Maße dem Einfluss des Testamentsvollstreckers ausgesetzt werde.[459] Darüber hinaus sei dem Handelsrecht ein Auseinanderfallen von Handlungsbefugnis und Haftung grundsätzlich fremd.[460] Hinzu kommt, dass sich der Ausschluss des Erben von der Führung der Geschäfte dogmatisch nur

---

455 *Otto* in Münchener Vertragshandbuch Band 6 Bürgerliches Recht II, S. 920; *Langenfeld/Fröhler* in „Testamentsgestaltung" S. 699; *John* BB 1980 757, 758 führt an, im Falle einer freiwiderruflichen Vollmacht bestünde ansonsten die Gefahr, dass der Erbe durch Weisungen, verbunden mit der Drohung, die Vollmacht im Falle der Nichtbefolgung zu widerrufen, Einfluss auf den Geschäftsbetrieb nehmen könnte.

456 *Otto* in Münchener Vertragshandbuch Band 6 Bürgerliches Recht II, S. 920.

457 BGH, Urteil v. 18.01.1954 – IV ZR 130/53, zitiert nach NJW 1954, 636, 637; *Haegele* Rpfleger 1973, 113, 115; a.A. *Sieber* in FS Hueck S. 321, 335, der anführt, eine Auflage sei nur dort zulässig, wo die durch die Auflage geforderte Leistung zumindest wirtschaftlich betrachtet aus dem Nachlass stamme. Dies könne bei der Verpflichtung des Privatvermögens des Erben jedoch nicht angenommen werden.

458 BGH, Urteil v. 18.01.1954 – IV ZR 130/53, zitiert nach NJW 1954, 636, 637; BayObLG, Beschluss vom 11.06.1969 – BReg 1 b Z 102/68, zitiert nach BB 1969, 974.

459 *Zimmermann* in MüKo BGB § 2205, Rn. 26; *John* BB 1980, 757, 758; *Haegerle* Rpfleger 1973, 113, 115, *Baur* in FS Dölle, Band I, 249, 256; *Weidlich* NJW 2011, 641, 642. *Lange* JuS 1970, 101, 103 spricht von der Gefahr, der Erbe könne zur bloßen Marionette des Testamentsvollstreckers werden. *Weidlich* Palandt § 2205, Rn. 9 sieht in der Verpflichtung zur Erteilung einer umfassenden Vollmacht einen Verstoß gegen die Wertung des § 2206 Abs. 2 BGB. *Ulmer* ZHR 146 (1982) 555, 671 führt hingegen an, die Unwiderruflichkeit der Vollmacht sei durch das rechtlich relevante Eigeninteresse des Erblassers, den Erben an der Führung es Unternehmens zu hindern, gerechtfertigt. A.A. *Winkler* in „Der Testamentsvollstrecker" S. 191, der jedoch darauf hinweist, dass eine rechtlich widerrufliche Vollmacht durch die Aufnahme von Strafklauseln und Auflagen faktisch unwiderruflich ausgestaltet werden könne. Zum Meinungsstand auch *Todtenhöfer* RNotZ 2017, 557, 567.

460 *Sieber* in FS Hueck S. 321, 335, *Baur* in FS Dölle, Band I, 249, 256.

schwer begründen lässt, da der Vollmacht grundsätzlich keine verdrängende Wirkung zukommt.[461]

Der Bundesgerichtshof hat eine entsprechende Anordnung zunächst mit der Begründung für wirksam erachtet, es stehe dem Erben frei, die Erbschaft auszuschlagen und damit dem Einfluss des Testamentsvollstreckers zu entgehen. Nehme er die Erbschaft an, so könne er von dem Testamentsvollstrecker gemäß § 2218 in regelmäßigen Abständen Auskunft und Rechnungslegung verlangen, sodass eine ausreichende Überwachung möglich sei. Im Falle einer Pflichtverletzung hafte der Testamentsvollstecker darüber hinaus gemäß § 2219 BGB auf Schadenersatz.[462] In einer späteren Entscheidung hat das Gericht jedoch in Bezug auf die Ausübung von Mitgliedschaftsrechten in einer Kommanditgesellschaft durch einen Testamentsvollstrecker Zweifel angemeldet, ob der Erbe rechtlich wirksam dazu verpflichtet werden kann, dem Testamentsvollstrecker die Ausübung dieser Rechte zu überlassen.[463] Die Vollmachtslösung wird seit dieser Entscheidung vielfach für unzulässig gehalten.[464]

III. Treuhandlösung

Wählt der Erblasser die sogenannte Treuhandlösung,[465] wird der Testamentsvollstrecker persönlich Inhaber des Handelsgeschäfts und ist als solcher in das

---

461 *Weidlich* NJW 2011, 641, 642; ders. in Palandt § 2205, Rn. 9; *Otto* in Münchener Vertragshandbuch Band 6 Bürgerliches Recht II, S. 921; *Baur* in FS Dölle, Band I, 249, 256; *Lange* in BeckOK BGB § 2205, Rn. 29 zieht daraus die Schlussfolgerung, der Erbe könne parallel zum Testamentsvollstrecker für das Unternehmen tätig werden und dessen Entscheidungen so revidieren.

462 BGH, Urteil vom 18.01.1954 – IV ZR 130/53, zitiert nach NJW 1954, 636, 637; aufrechterhalten durch BGH, Urteil vom 27.03.1961 – II ZR 294/59, zitiert nach NJW 1991, 1304, 1305. Der BGH führt hier aus, der dem Urteil zugrundeliegende Sachverhalt gebe keinen Anlass, sich mit der oben beschriebenen Kritik auseinander zu setzen und die eigene Rechtsprechung zu überdenken. Ähnlich auch BGH, Urteil vom 16.10.1974 – IV ZR 3/73, zitiert nach NJW 1975, 54.

463 BGH, Urteil vom 20.01.1969 – II ZR 75/67, zitiert nach BB 1969, 773.

464 *Weidlich* in Palandt § 2205, Rn. 9; *Otto* in Münchener Vertragshandbuch Band 6 Bürgerliches Recht II, S. 920 f.; *John* BB 1980, 757, 758; bereits vor der Entscheidung des Bundesgerichtshofes ablehnend: *Siebert* in FS Hueck S. 321, 333 f.; *Baur* in FS Dölle, Band I, 249, 258.

465 Die Treuhandlösung liegt den Fällen BGH, Urteil vom 16.10.1974 – IV ZR 3/73, zitiert nach NJW 1975, 54; OLG Hamm, Beschluss vom 05.02.1963 – 15 W 395/62, zitiert nach NJW 1963, 1554 und KG Beschluss vom 15.01.1959 – 1 W 1830/58, zitiert nach NJW 1959, 1086 zugrunde. Zur Treuhandlösung auch *John* BB 1980, 757, 758 ff.

Handelsregister einzutragen.[466] Er handelt unter der Firma des Unternehmens im eigenen Namen und haftet für die in dem Unternehmen neu begründeten Forderungen persönlich und unbeschränkt.[467] Die Haftung für Altverbindlichkeiten folgt aus einer analoger Anwendung der §§ 27 Abs. 1, 25 HGB.[468] Der Erbe wird durch die vom Testamentsvollstrecker eingegangenen Verbindlichkeiten im Außenverhältnis nicht verpflichtet. Auch für die durch den Erblasser begründeten Altverbindlichkeiten haftet der Erbe gemäß § 27 Abs. 1 HGB nicht, da er selbst das Unternehmen nicht im Sinne des Gesetzes fortführt.[469] Er ist jedoch im Innenverhältnis gegenüber dem Testamentsvollstrecker gemäß §§ 2218, 670 BGB zur Freistellung von den im Unternehmen begründeten Verbindlichkeiten verpflichtet.[470] Die treuhänderische Übertragung des Unternehmens und der Freistellungsanspruch müssen durch den Erblasser im Wege einer Auflage angeordnet werden.[471]

Hinsichtlich des Freistellungsanspruchs ist umstritten, ob dem Erben das Recht zusteht, die Haftung für den Regressanspruch auf den Wert des Nachlasses zu begrenzen. Dies wird teilweise mit der Begründung angenommen, der Testamentsvollstrecker beziehungsweise der Erblasser könnten den Erben nicht ohne dessen Zustimmung über den Nachlass hinaus verpflichten. Das

---

466 Das Treuhandverhältnis wird dabei aus dem Handelsregister nicht ersichtlich, vgl. OLG Hamm, Beschluss vom 05.02.1963 – 15 W 395/62, zitiert nach NJW 1963, 1554; *Weidlich* in Palandt § 2205, Rn. 8; *Otto* in Münchener Vertragshandbuch Band 6 Bürgerliches Recht II, S. 921.

467 *Weidlich* in Palandt § 2205, Rn. 8; *Goebel* ZEV 2003, 261, 262; *Langenfeld/Fröhler* in „Testamentsgestaltung" S. 697.

468 Der Testamentsvollstrecker kann die persönliche Haftung für die vom Erblasser herrührenden Altverbindlichkeiten aber in analoger Anwendung der §§ 27, 25 Abs. 2 HGB ausschließen. Die Haftung für Altverbindlichkeiten ist dann auf den Nachlass beschränkt, *Weidlich* in Palandt § 2205, Rn. 8; *John* BB 1980, 757, 758; *Winkler* in „der Testamentsvollstrecker", S. 187; *Haegele* Rpfleger 1956, 182, 183; *Otto* in Münchener Vertragshandbuch Band 6 Bürgerliches Recht II, S. 921.

469 *John* BB 1980, 757, 758; *H*aegele Rpfleger 1973, 113, 114; *Baur* in FS Dölle, Band I, 249, 252.

470 BGH, Urteil vom 18.01.1954 – IV ZR 130/53, zitiert nach NJW 1954, 636, 637; *H*aegele Rpfleger 1973, 113, 114; *Winkler* in „Der Testamentsvollstrecker" S. 188; *Weidlich* in Palandt § 2205, Rn. 8; *Langenfeld/Fröhler* in „Testamentsgestaltung" S. 698.

471 *Otto* in Münchener Vertragshandbuch Band 6 Bürgerliches Recht II, S. 921, der jedoch bereits in der Anordnung der Testamentsvollstreckung die konkludente Anordnung einer entsprechenden Auflage sieht.

Treuhandverhältnis enthalte daher eine konkludente Begrenzung des Regressanspruchs.[472] Die Rechtsprechung lehnt eine solche Beschränkung bisher ohne weitere Begründung ab.[473] In der Literatur wird vereinzelt die Argumentation bemüht, das Treuhandverhältnis trete als selbstständiges Schuldverhältnis neben die durch § 2206 BGB beschränkte Testamentsvollstreckung, sodass eine Beschränkung des vertraglichen Anspruchs nicht ohne weiteres angenommen werden könne.[474] Meines Erachtens ist der Regressanspruch im typischen Zwei-Personen-Verhältnis zwischen Erbe und Testamentsvollstrecker nicht schlechthin auf den Wert des Nachlasses begrenzt. Die Interessen des Erben müssen jedoch bei der Auslegung der §§ 2218, 670 BGB in angemessener Weise berücksichtigt werden. Bei Investitionen, die die Gefahr eines den Wert des Nachlasses übersteigenden Regressanspruchs begründen, muss daher besonders gründlich geprüft werden, ob der Testamentsvollstrecker entsprechende Aufwendungen im Hinblick auf die Mittel des Nachlasses für erforderlich halten darf.[475] Im Rahmen dieser Abwägung wird auch zu berücksichtigen sein, inwieweit dem Regressschuldner nach der Beendigung der Testamentsvollstreckung etwaige Gewinne aus der Maßnahme zugutekommen.[476]

Die Auflage, dem Testamentsvollstrecker die treuhänderische Führung des Unternehmens zu überlassen, enthält nicht zwingend die Verpflichtung des Erben, die gemäß § 1922 Abs. 1 BGB erlangten dinglichen Rechtspositionen an den einzelnen Gegenständen auf den Testamentsvollstrecker zu übertragen. Denn die Führung des Handelsgeschäftes setzt nicht zwingend das Eigentum an

---

472 *Zimmermann* in MüKo BGB § 2205, Rn. 28; *Weidlich* NJW 2011, 641, 642, *John* BB 1980, 757, 761. So wohl auch *Goebel* ZEV 2003, 261, 263, im Zusammenhang mit der Pfändung des Regressanspruchs durch Gläubiger des Unternehmens. Ohne Begründung zustimmend *Weidlich* in Palandt § 2205, Rn. 8.

473 BGH, Urteil vom 18.01.1954 – IV ZR 130/53, zitiert nach NJW 1954, 636, 637. Ebenso *Donner* DNotZ 1944, 143, 144; *Haegele* RPfleger 1956, 182, 183. So wohl auch *Lange* in BeckOK BGB § 2205, Rn. 31, der davon spricht, der Testamentsvollstrecker handele auf Risiko der Erben.

474 *Winkler* in „Der Testamentsvollstrecker" S. 189 f.

475 In diese Richtung wohl auch *Holch* DNotZ 1958, 282, 292 und *Hueck* ZHR 108, 1, 28, die darauf abstellen, ob die Aufwendungen zur ordnungsgemäßen Verwaltung des Nachlasses erforderlich waren. Da beide in diesem Zusammenhang jedoch § 2206 BGB zitieren, könnten ihre Ausführungen auch im Sinne einer strikten Beschränkung auf den Nachlasswert verstanden werden.

476 Zur Besonderheit des Regresses beim Bestimmungsvermächtnis vgl. Kapitel 9. A. I. 3.

den Betriebsmitteln voraus.[477] Vor diesem Hintergrund bieten sich dem Erblasser bei der Treuhandlösung zwei verschiedene Gestaltungsmöglichkeiten.

1. *Ermächtigungstreuhand*

Im Falle der sogenannten Ermächtigungstreuhand bleibt der Erbe wirtschaftlich weiterhin Träger des Unternehmens.[478] Der Testamentsvollstrecker wird lediglich dazu ermächtigt, unter der Firma des Handelsgeschäfts im eigenen Namen zu handeln und über die zum Nachlass gehörenden Gegenstände zu verfügen.[479] Dies gibt dem Testamentsvollstrecker beispielsweise das Recht, im Zeitpunkt des Erbfalls in den Lagern vorhandene Waren im eigenen Namen zu veräußern oder Forderungen von Lieferanten durch den Einsatz der auf den Geschäftskonten vorhandenen Guthaben zu erfüllen. Vor dem Hintergrund dieser Verfügungsmacht wird der Testamentsvollstrecker von dem soeben beschriebenen Regressanspruch nur in Ausnahmefällen Gebrauch machen müssen.

Der Testamentsvollstrecker ist also dinglich berechtigt, Werte des Unternehmens auf Dritte zu übertragen. Da er bei der Eingehung von Verbindlichkeiten im eigenen Namen handelt, kann er das im Eigentum des Erben stehende Betriebsvermögen schuldrechtlich jedoch nicht verpflichten.[480] Eine andere Sichtweise würde im Ergebnis zu einer sogenannten Verpflichtungsermächtigung führen, die wegen des mit ihr einhergehenden Verstoßes gegen das Offenkundigkeitsprinzip abzulehnen ist.[481] Den Geschäftsgläubigern steht daher zunächst lediglich das Vermögen des Testamentsvollstreckers als unmittelbare Haftungsmasse zur Verfügung. Will ein Geschäftsgläubiger in das im Eigentum des Erben stehende Betriebsvermögen vollstrecken, muss er zunächst einen Titel gegen den Testamentsvollstrecker erwirken. Sodann kann er den Freistellungsanspruch gegen den Erben aus §§ 2218, 670 BGB pfänden und gegen diesen gerichtlich vorgehen.[482] Durch die Pfändung und Überweisung wandelt sich der Freistellungsanspruch in einen Zahlungsanspruch der Gläubiger.[483] Eine

477 BGH, Urteil v. 16.10.1974 - IV ZR 3/73, zitiert nach NJW 1975, 54, 55.
478 BGH, Urteil v. 16.10.1974 - IV ZR 3/73, zitiert nach NJW 1975, 54, 55.
479 *John* BB 1980, 757, 759; *Otto* in Münchener Vertragshandbuch Band 6 Bürgerliches Recht II, S. 921.
480 *John* BB 1980, 757, 759; *Goebel* ZEV 2003, 261, 262; *Otto* in Münchener Vertragshandbuch Band 6 Bürgerliches Recht II, S. 921; a.A. *Weidlich* in Palandt § 2205, Rn. 8.
481 *John* BB 1980, 757, 759; *Goebel* ZEV 2003, 261, 262.
482 *Goebel* ZEV 2003, 261, 262.
483 *Goebel* ZEV 2003, 261, 262.

unzumutbare Beeinträchtigung der Gläubigerinteressen kann in dem nur mittelbaren Zugriff auf das vom Erblasser stammende Betriebsvermögen nicht gesehen werden. Denn der Umstand, dass der Testamentsvollstrecker lediglich als Treuhänder des Erben auftritt, ist im Rechtsverkehr nicht ersichtlich. Die Geschäftspartner hätten daher selbst im Falle einer Mitverpflichtung des beim Erben gebundenen Betriebsvermögens keine Veranlassung, unmittelbar gegen diesen vorzugehen.[484] Darüber hinaus hat das Handeln im eigenen Namen zur Folge, dass der Testamentsvollstrecker Eigentümer neu angeschaffter Gegenstände und Produktionsmittel wird.[485] Zwar hat er diese nach Beendigung des Treuhandverhältnisses gemäß §§ 2218, 667 BGB an den Erben zu übereignen. Bis zu diesem Zeitpunkt stehen sie Geschäftsgläubigern jedoch als Haftungsmasse im Vermögen des Testamentsvollstreckers zu Verfügung.

2. *Vollrechtstreuhand*

Im Falle der sogenannten Vollrechtstreuhand überträgt der Erbe neben der Führung des Handelsgeschäfts sämtliche Rechtspositionen im Zusammenhang mit dem Unternehmen auf den Testamentsvollstrecker.[486] Die soeben beschriebenen haftungsrechtlichen Probleme stellen sich hier nicht, da das aus dem Nachlass stammende Betriebsvermögen auf den Testamentsvollstrecker übertragen wird. Der Erbe kann die Vollstreckung durch Privatgläubiger des Testamentsvollstreckers in einen dem Unternehmen zugeordneten Gegenstand im Wege der Drittwiderspruchsklage gemäß § 771 ZPO verhindern.[487] Die Treuhand stellt ein die

---

484 *John* BB 1980, 757, 759.

485 Eine automatische Übertragung des Eigentums neu angeschaffter Gegenstände auf den Erben erfolgt weder über die Figur der Erwerbsermächtigung, noch über eine dingliche Surrogation, vgl. *John* BB 1980, 757, 759, *Otto* in Münchener Vertragshandbuch Band 6 Bürgerliches Recht II, S. 921 f. Zwar ließe sich die Eigentumsübertragung im Wege einer antizipierten Übereignung nach §§ 929 S. 1, 930 BGB konstruieren. Gerade in Fällen, in denen der Testamentsvollstrecker das Unternehmen schlussendlich an einen Vermächtnisnehmer herausgeben muss, ist ein solches Vorgehen aber unpraktisch und nicht erforderlich.

486 *Weidlich* NJW 2011, 641, 642; *Winkler* in „Der Testamentsvollstrecker" S. 185 schlägt jedoch vor, das Betriebsgrundstück aufgrund der hohen Transaktionskosten nicht auf den Testamentsvollstrecker zu übertragen. *Langenfeld/Fröhler* in „Testamentsgestaltung" S. 696, weisen darauf hin, dass die Übertragung im Wege des Insichgeschäfts gemäß § 181 BGB zulässig sei.

487 *Baur* in FS Dölle, Band I, 249, 254, *Winkler* in „Der Testamentsvollstrecker", S. 118; *Langenfeld/Fröhler* in „Testamentsgestaltung" S. 698.

Veräußerung hinderndes Recht im Sinne der Norm dar.[488] Dies gilt jedenfalls im Hinblick auf die vom Treugeber auf den Treuhänder übertragenen Gegenstände,[489] muss aber auch für die nachträglich durch den Testamentsvollstrecker für das Unternehmen erworbenen Gegenstände angenommen werden. Zwar fehlt es hier an einer unmittelbaren Übertragung durch den Erben. Die Gegenstände sind im Rechtsverkehr aber eindeutig dem Unternehmen zugeordnet, sodass sie auch im Rahmen der Zwangsvollstreckung als Bestandteil des treuhänderisch verwalteten Sondervermögens betrachtet werden können.[490]

C. Testamentsvollstreckung an Beteiligungen an Personengesellschaften

I. Rechtsprechung des Reichsgerichts

Wird das Unternehmen in der Rechtsform einer Personengesellschaft betrieben, stellt sich die Frage, in welchem Umfang die Rechte und Pflichten des Gesellschafter-Erben durch die Anordnung einer Dauertestamentsvollstreckung berührt werden. Das Reichsgericht hielt die Testamentsvollstreckung an Beteiligungen an Personengesellschaften grundsätzlich für unzulässig. Dies galt in gleicher Weise für den Anteil eines persönlich haftenden Gesellschafters,[491] wie für die Stellung als Kommanditist.[492] Zur Begründung wurde im Wesentlichen angeführt, der Testamentsvollstrecker könne den Erben gemäß § 2206 Abs. 2 BGB ohne dessen Zustimmung nicht über den Wert des Nachlasses hinaus verpflichten. Dies sei mit der Stellung eines persönlich haftenden Gesellschafters unvereinbar.[493] Die Haftung des Kommanditisten sei zwar der Höhe nach begrenzt, die Haftung richte sich aber sowohl im Innen-, als auch im Außenverhältnis nicht nach erbrechtlichen, sondern nach gesellschaftsrechtlichen Regelungen, sodass nicht auszuschließen sei, dass die Haftung des Gesellschafters den Wert des Nachlasses übersteigt.[494]

---

488 *Preuß* in BeckOK ZPO § 771, Rn. 14; *Lackmann* in Musilak/Voit § 771, Rn. 21.
489 *Preuß* in BeckOK ZPO § 771, Rn. 14.
490 *Winkler* in „Der Testamentsvollstrecker", S. 118 f.
491 RG, Urteil vom 04.03.1943 – II 113/42, zitiert nach RGZ 170, 392.
492 RG, Urteil vom 10.01.1944 – II 103/43, zitiert nach RGZ 172, 199, 203.
493 RG-Urteil, Urteil vom 04.03.1943 – II 113/42, zitiert nach RGZ 170, 392, 394.
494 RG, Urteil vom 10.01.1944 – II 103/43, zitiert nach RGZ 172, 199, 203.

II. Rechtsprechung des Bundesgerichtshofes

1. *Testamentsvollstreckung an einer Kommanditbeteiligung*

Der für das Gesellschaftsrecht zuständige II. Senat des Bundesgerichtshofes schloss sich der Rechtsprechung des Reichsgerichts in Bezug auf den Anteil eines persönlich haftenden Gesellschafters zunächst an.[495] Die Zulässigkeit der Testamentsvollstreckung an einer Kommanditbeteiligung ließ der Bundesgerichthof hingegen wiederholt offen.[496] Erst nachdem sich der für das Erbrecht zuständige IVa. Senat in einer Entscheidung aus dem Jahr 1986[497] intensiv mit der Testamentsvollstreckung an Gesellschaftsanteilen auseinander gesetzt hatte, befand der II. Senat des Bundesgerichtshofes die Testamentsvollstreckung an Kommanditanteilen für zulässig.[498] In der Begründung setzte er sich sowohl mit den erbrechtlichen als auch mit den gesellschaftsrechtlichen Aspekten der Testamentsvollstreckung auseinander.

Zunächst führte der Bundesgerichtshof aus, erbrechtliche Wertungen stünden der Testamentsvollstreckung nicht entgegen. Der vererbte Gesellschaftsanteil sei Bestandteil des Nachlasses im Sinne des § 2205 BGB und könne als solcher grundsätzlich der Verwaltungsbefugnis des Testamentsvollstreckers unterliegen.[499] Die Zugehörigkeit zum Nachlass war zuvor unter Verweis auf die Rechtsprechung des Bundesgerichtshofes, wonach der Gesellschaftsanteil im Wege der „Sondererbfolge" unmittelbar auf den im Gesellschaftsvertrag bestimmten Erben übergeht und nicht in der Erbengemeinschaft gebunden wird,[500] in Zweifel gezogen

495 BGH, Urteil vom 11.04.1957 – II ZR 182/55, zitiert nach NJW 1957, 1026, 1027, 1028; BGH, Urteil vom 22.11.1965 – II ZR 102/63, zitiert nach WM 1966, 188, 189; BGH, Urteil v. 20.01.1969, II ZR 75/67, zitiert nach BB 1969, 773; BGH, Urteil v. 10.02.1977 – II ZR 120/75, zitiert nach NJW 1977, 1339, 1343; BGH, Urteil v. 24.11.1980 – II ZR 194/79, zitiert nach NJW 1981, 749, 750 (für den Anteil an einer Gesellschaft bürgerlichen Rechts).

496 BGH, Urteil v. 11.04.1957 – II ZR 182/55, zitiert nach NJW 1957, 1026, 1027, 1028; so auch BGH, Urteil v. 10.02.1977 – II ZR 120/75, zitiert nach NJW 1977, 1339, 1344.

497 BGH, Urteil v. 14.05.1968 – IVa ZR 155/84, zitiert nach NJW 1986, 2431.

498 BGH, Beschluss vom 03.07.1989 – II ZB 1/98, zitiert nach NJW 1989, 3152.

499 BGH, Beschluss vom 03.07.1989 – II ZB 1/98, zitiert nach NJW 1989, 3152, 3153 f.; bestätigt durch BGH, Beschluss v. 10.01.1996 – IV ZB 21/94, zitiert nach NJW 1996, 1284, 1285; zustimmend *Flume* NJW 1988, 161, 162; *Reimann* MittBayNot 1986, 232, 233.

500 BGH, Urteil v. 22.11.1956 – II ZR 222/55, zitiert nach NJW 1957, 180 f.

worden.[501] Der Bundesgerichtshof stellte jedoch klar, dass die Zuweisung des Gesellschaftsanteils an einen bestimmten Erben nicht zur Folge habe, dass erbrechtliche Sonderregelungen (wie die §§ 2197 ff. BGB) nicht zur Anwendung kommen könnten. Begründen lässt sich dies zum einen mit der Wertung des § 4 HöfeO (Hof als „Teil der Erbschaft“)[502] zum anderen mit der Funktion des Nachlasses, den Nachlassgläubigern als Haftungsobjekt zur Verfügung zu stehen.[503]

In Hinblick auf das Gesellschaftsrecht ist zunächst die Zustimmung der übrigen Gesellschafter erforderlich.[504] Die Zustimmung kann sowohl konkret im Einzelfall, als auch vorab im Gesellschaftsvertrag erteilt werden.[505] Die weiteren Anforderungen oder Beschränkungen der Testamentsvollstreckung richten sich nach der jeweiligen Gesellschaftsform, in der das Unternehmen betrieben wird.[506] Da der Kommanditist gemäß § 171 HGB nur beschränkt auf seine Einlage und nicht unbeschränkt persönlich haftet, besteht in seiner Person kein Konflikt mit der Regelung des § 2206 BGB. Gesellschaftsrechtliche Wertungen stehen der Testamentsvollstreckung an Kommanditanteilen folglich nicht entgegen. Dies gilt nach der Rechtsprechung des Bundesgerichtshofes jedenfalls, sofern der Kommanditist von der Geschäftsführung und der Vertretung der

---

501 *Ulmer* NJW 1984, 1496, 1498 f.; BGH, Urteil v. 24.11.1980 – II ZR 194/79, zitiert nach NJW 1981, 749, 750.

502 BGH, Beschluss vom 03.07.1989 – II ZB 1/98, zitiert nach NJW 1989, 3152, 3152; so schon BGH, Urteil v. 14.05.1986 – Iva ZR 155/84, zitiert nach NJW 1986, 2431, 2433; *Marotzke* JZ 1986, 457, 460.

503 BGH, Urteil v. 14.05.1986 – Iva ZR 155/84, zitiert nach NJW 1986, 2431, 2433; *Winkler* in „Der Testamentsvollstrecker“ Rn. 343.

504 BGH, Urteil vom 10.02.1977 – II ZR 120/75, zitiert nach NJW 1977, 1339, 1344; BGH, Beschluss vom 03.07.1989 – II ZB 1/98, zitiert nach NJW 1989, 3152, 3153; zustimmend *Everts* MittBayNot 2003, 427, 428.

505 BGH, Beschluss vom 03.07.1989 – II ZB 1/98, zitiert nach NJW 1989, 3152, 3153. Sieht der Gesellschaftsvertrag das Recht zur freien Übertragung des Gesellschaftsanteils vor, wird darin die konkludente Zustimmung der Gesellschafter zur Einsetzung eines Testamentsvollstreckers zu sehen sein, BGH, Urteil vom 10.02.1977 – II ZR 120/75, zitiert nach NJW 1977, 1339, 1344. *Winkler* in „Der Testamentsvollstrecker“ Rn. 347 und *Zimmermann* in MüKo BGB § 2205, Rn. 34 wollen hingegen bereits eine allgemeine Vererblichkeits- und Nachfolgeklausel im Gesellschaftsvertrag ausreichen lassen, wenn dem Erblasser das Recht zusteht, die Person des Gesellschafter-Erbens in seiner letztwilligen Verfügung eigenmächtig zu bestimmen. Denn durch die Klausel brächten die Gesellschafter zu Ausdruck, dass sie an der Person des Hinzutretenden nur geringes Interesse haben. A.A. *Kroiß* in Nomos Kommentar § 2205 Rn. 52.

506 BGH, Beschluss vom 03.07.1989 – II ZB 1/98, zitiert nach NJW 1989, 3152, 3154.

Gesellschaft ausgeschlossen ist (§§ 164, 170 HGB).[507] Der Umstand, dass der Kommanditist bis zur Leistung seiner Einlage gemäß § 171 Abs. 1 Hs. 1 HGB von den Gläubigern der Gesellschaft persönlich in Anspruch genommen werden kann und bis zur Eintragung des Kommanditanteils in das Handelsregister gemäß § 176 Abs. 1 S. 1, Abs. 2 HGB sogar unbeschränkt haftet, führt nicht zu einer anderen rechtlichen Beurteilung. Denn die Haftung beruht in beiden Fällen nicht auf einer Handlung des Testamentsvollstreckers, sondern der geschäftsführenden Gesellschafter und trifft den Erben unabhängig von der Anordnung der Testamentsvollstreckung.[508] Die Testamentsvollstreckung an Kommanditanteilen ist demzufolge dem Grunde nach zulässig. Die Befugnisse des Testamentsvollstreckers können aber im Einzelfall durch Rechte des Erben beschränkt sein.[509]

2. *Testamentsvollstreckung am Anteil eines persönlich haftenden Gesellschafters*

Die Dauertestamentsvollstreckung an einem Anteil eines persönlich haftenden Gesellschafters wirft aus gesellschaftsrechtlicher Sicht erhebliche Probleme auf. Zwar unterliegt der Geschäftsanteil eines persönlich haftenden Gesellschafters nach der Rechtsprechung des Bundesgerichthofes inzwischen „als Ganzes, gewissermaßen mit seiner Außenseite (…) der Verwaltung des Testamentsvollstreckers“,[510] die Rechtsposition des Testamentsvollstreckers ist aber „aus im Gesellschaftsrecht wurzelnden Gründen begrenzt“.[511] Ausgangspunkt der Einordnung ist der schon genannte Umstand, dass der Testamentsvollstrecker den Erben gemäß § 2206 BGB nicht über das Nachlassvermögen hinaus verpflichten

---

507 BGH, Beschluss vom 03.07.1989 – II ZB 1/98, zitiert nach NJW 1989, 3152, 3154; a.A. *Everts* MittBayNot 2003, 427, 428 f., der die Testamentsvollstreckung unabhängig von der Befugnis des Kommanditisten zur Geschäftsführung und Vertretung der Gesellschaft zulassen will.

508 BGH, Beschluss vom 03.07.1989 – II ZB 1/98, zitiert nach NJW 1989, 3152, 3155.

509 Der Testamentsvollstrecker ist beispielsweise nicht berechtigt, die geleistete Einlage mit der Folge des § 172 Abs. 4 HGB zurück zu fordern oder ohne Zustimmung des Erben an einer Einlagenerhöhung mitzuwirken, BGH, Beschluss vom 03.07.1989 – II ZB 1/98, zitiert nach NJW 1989, 3152, 3155. Vgl. zur Ausübung des Stimmrechts und des Antrags- und Rederechts durch den Testamentsvollstrecker auch *Everts* MittBayNot 2003, 427, 428 und *Kroiß* In Nomos Kommentar § 2205 Rn. 54.

510 BGH, Urteil vom 14.05.1986 – IVa ZR 155/84, zitiert nach NJW 1986, 2431, 2433.

511 BGH, Beschluss vom 10.01.1996 – IV ZB 21/94, zitiert nach NJW 1996, 1284, 1285; BGH, Beschluss vom 12.01.1998 – II ZR 23/97, zitiert nach NJW 1998, 1313, 1314.

kann, der persönlich haftende Gesellschafter für die Verbindlichkeiten der Gesellschaft aber gemäß § 128 HGB unbeschränkt persönlich haftet.[512] Die hierdurch geprägte Arbeits- und Haftungsgemeinschaft der Gesellschafter hat zur Folge, dass das Recht zur Geschäftsführung und zur Vertretung der Gesellschaft nicht durch den Testamentsvollstrecker ausgeübt werden kann.[513] Sieht der Gesellschaftsvertrag keinen Ausschluss des Erblassers von der Geschäftsführung und der Vertretung der Gesellschaft vor, so verbleiben diese Rechte beim Gesellschafter-Erben.[514] Der Testamentsvollstrecker ist ferner nicht befugt, in die inneren Angelegenheiten der Gesellschaft einzugreifen[515] oder unmittelbar auf die Mitgliedsrechte des Erben einzuwirken.[516] Auch das Stimmrecht des persönlich haftenden Gesellschafters kann der Testamentsvollstrecker als solcher – im Gegensatz zur Rechtslage bei der Kommanditbeteiligung – nicht ausüben.[517]

Die Aufgabe des Testamentsvollstreckers beschränkt sich daher im Wesentlichen auf die Verwaltung der mit dem Geschäftsanteil verbundenen, verkehrsfähigen Vermögensrechte.[518] Der Testamentsvollstrecker ist in diesem

---

512 BGH, Beschluss vom 03.07.1989 – II ZB 1/98, zitiert nach NJW 1989, 3152, 3154; BGH, Beschluss vom 10.01.1996 – IV ZB 21/94, zitiert nach NJW 1996, 1284, 1285.

513 BGH, Beschluss vom 10.01.1996 – IV ZB 21/94, zitiert nach NJW 1996, 1284, 1285; zustimmend *Lange* in BeckOK BGB § 2205, Rn. 51; *Weidlich* ZEV 1994, 205, 207, der dem Testamentsvollstrecker jedoch zumindest das Zustimmungsrecht des § 116 Abs. 2 HGB zugestehen will. *Döbereiner* in Münchener Vertragshandbuch Band 6 Bürgerliches Recht II, S. 1114, führt neben dem Spannungsverhältnis von § 2206 BGB und § 128 HGB auch den Grundsatz der Selbstorganschaft an, um den Ausschluss des Testamentsvollstreckers von der Geschäftsführung und der Vertretung zu begründen.

514 *Lange* in BeckOK BGB § 2205, Rn. 52. Im Gesellschaftsvertrag kann vereinbart werden, dass das Recht zur Geschäftsführung und zur Vertretung der Gesellschaft mit dem Tod des Gesellschafters erlischt. Der Erbe ist dann zur Geschäftsführung und zur Vertretung nicht berechtigt, vgl. *Weidlich* ZEV 1994, 205, 207.

515 OLG Düsseldorf, Urteil vom 24.09.2007 – I – 9 U 26/07, zitiert nach ZEV 2008, 142, 143; *Winkler* in „Der Testamentsvollstrecker", Rn. 345.

516 BGH, Beschluss vom 12.01.1998 – II ZR 23/97, zitiert nach NJW 1998, 1313, 1314.

517 OLG Düsseldorf, Urteil vom 24.09.2007 – I – 9 U 26/07, zitiert nach ZEV 2008, 142, 143 f.; *Lange* in BeckOK BGB § 2205, Rn. 51; a.A. *Weidlich* ZEV 1994, 205, 208, der den Testamentsvollstrecker nur dann von der Ausübung des Stimmrechts ausschließen will, wenn der Beschlussgegenstand in den Kernbereich der Mitgliedschaft fällt. Handelt es sich hingegen um einen Beschlussgegenstand, bei dem der Erbe eine Mehrheitsentscheidung gegen sich gelten lässt, sei der Testamentsvollstrecker zur Ausübung des Stimmrechts berechtigt.

518 BGH, Beschluss vom 10.01.1996 – IV ZB 21/94, zitiert nach NJW 1996, 1284, 1285.

Zusammenhang berechtigt, über den Anspruch auf zukünftiges Auseinandersetzungsguthaben[519] und die nach dem Erbfall entstehenden Gewinnansprüche[520] zu verfügen. Gemäß § 2211 Abs. 1 BGB und § 2214 BGB ist er darüber hinaus befugt, Verfügungen des Erben über den Geschäftsanteil und der daraus folgenden Vermögensrechte, sowie die Vollstreckung in den Gesellschaftsanteil durch Eigengläubiger des Erben zu verhindern.[521] Da dem Testamentsvollstrecker bezogen auf den Anteil eines persönliche haftenden Gesellschafters somit lediglich eine beaufsichtigende Funktion zukommt und ihm ein Eingreifen in die inneren Angelegenheiten der Gesellschaft nicht gestattet ist, ist die Zustimmung der übrigen Gesellschafter hier nicht erforderlich.[522]

Neben einer solchen beaufsichtigenden Testamentsvollstreckung steht es dem Erblasser auch frei, eine der oben[523] zur Testamentsvollstreckung an einzelkaufmännischen Unternehmen beschriebenen Ersatzlösungen anzuordnen. Die Bevollmächtigung des Testamentsvollstreckers und die treuhänderische Übertragung des Geschäftsanteils auf den Testamentsvollstrecker bedürfen jedoch zu ihrer Wirksamkeit der Zustimmung sämtlicher Gesellschafter.[524]

D. Testamentsvollstreckung an der Beteiligung an einer Kapitalgesellschaft

Anders als im Falle eines einzelkaufmännischen Unternehmens oder der Beteiligung an einer Personengesellschaft, ist die Testamentsvollstreckung an der Beteiligung an einer GmbH zulässig[525] und ohne größere Schwierigkeiten durchführbar. Die Zustimmung der übrigen Gesellschafter ist für die wirksame Anordnung der Testamentsvollstreckung nicht erforderlich.[526] Dies gilt

---

519 BGH, Beschluss vom 12.01.1998 – II ZR 23/97, zitiert nach NJW 1998, 1313, 1314.

520 OLG Düsseldorf, Urteil vom 24.09.2007 – I – 9 U 26/07, zitiert nach ZEV 2008, 142, 143, *Everts* MittBayNot 2003, 427, 430.

521 OLG Düsseldorf, Urteil vom 24.09.2007 – I – 9 U 26/07, zitiert nach ZEV 2008, 142, 143; *Everts* MittBayNot 2003, 427, 430.

522 *Weidlich* in Palandt § 2205, Rn. 11; *Döbereiner* in Münchener Vertragshandbuch Band 6 Bürgerliches Recht II, S. 1114; so sind wohl auch die Ausführungen in BGH, Urteil vom 14.05.1986 – IVa ZR 155/84, zitiert nach NJW 1986, 2431, 2433 zu verstehen.

523 Kapitel 8. B. II und III.

524 *Zimmermann* in MüKo BGB § 2205, Rn. 38; *Kroiß* in Nomos Kommentar § 2205 Rn. 61.

525 *Priester* in FS Stimpel S. 463, 464 f.; *Todtenhöfer* RNotZ 2017, 557, 560; *Kroiß* In Nomos Kommentar § 2205, Rn. 71; *Zimmermann* in MüKo BGB § 2205, Rn. 51.

526 *Kroiß* in Nomos Kommentar § 2205, Rn. 71; *Todtenhöfer* RNotZ 2017, 557, 560.

selbst dann, wenn im Gesellschaftsvertrag eine Vinkulierungsklausel im Sinne des § 15 Abs. 5 GmbHG enthalten ist.[527] Den Gesellschaftern steht jedoch die Möglichkeit offen, die Testamentsvollstreckung an einem Gesellschaftsanteil durch eine Klausel im Gesellschaftsvertrag ausdrücklich auszuschließen oder zu beschränken.[528]

Der Testamentsvollstrecker übt grundsätzlich sämtliche aus der Mitgliedschaft folgenden Verwaltungs- und Vermögensrechte, unter Ausschluss des Erben, aus.[529] Hat der Erblasser mehrere Personen als Testamentsvollstrecker bestellt, können diese das Stimmrecht in der Gesellschaft nur einheitlich ausüben.[530] Ein Konflikt mit der Wertung des § 2206 BGB besteht bei der GmbH grundsätzlich nicht, da der Erbe aufgrund der Haftungsbeschränkung des § 13 Abs. 2 GmbHG durch die Handlungen des Testamentsvollstreckers nicht persönlich verpflichtet wird. Im Verhältnis zum Erben sind jedoch die folgenden Beschränkungen zu beachten. Soll in der Gesellschaft eine Kapitalerhöhung durchgeführt werden, durch die die Gesellschafter zur Leistung einer Einlage verpflichtet werden, ist der Testamentsvollstrecker nur dann zur Mitwirkung an den entsprechenden Beschlüssen berechtigt, wenn die Einlage aus den Mitteln des Nachlasses erbracht werden kann.[531] Weiterhin ist der Testamentsvollstrecker in seiner Rechtsmacht durch das Verbot unentgeltlicher Verfügungen gemäß § 2205 S. 3 BGB beschränkt. [532] Auch die höchstpersönlichen Rechte des Gesellschafters sind der Verfügungsbefugnis des Testamentsvollstreckers entzogen.[533] An der eigenen Wahl zum Geschäftsführer darf der Testamentsvollstrecker gemäß

527 *Weidlich* in Palandt § 2205, Rn. 19; *Kroiß* In Nomos Kommentar § 2205, Rn. 71; *Mayer* ZEV 2002, 209, 210.

528 OLG Frankfurt, Urteil vom 16.09.2008 – 5 U 187/07, zitiert nach FamRZ 2009, 733; *Zimmermann* in MüKo BGB § 2205, Rn. 52 f.; *Lange* in BeckOK BGB § 2205, Rn. 58; *Mayer* ZEV 2002, 209, 210; a.A. *Lange* in FS 25 Jahre Deutsches Notarinstitut S. 665, 670, der lediglich einzelne Beschränkungen für zulässig erachtet.

529 BGH, Urteil vom 10.06.1959 – V ZR 25/58, zitiert nach NJW 1959, 1820, 1821; *Werner* ZErb 2008, 195, 196; *Weidlich* in Palandt § 2205, Rn. 19; *Mayer* ZEV 2002, 209, 210; *Lange* in FS 25 Jahre Deutsches Notarinstitut S. 665, 667.

530 *Mayer* ZEV 2002, 209, 210.

531 *Mayer* ZEV 2002, 209, 211; *Lange* in FS 25 Jahre Deutsches Notarinstitut S. 665, 671; *Todtenhöfer* RNotZ 2017, 557, 575 f.

532 *Frank* ZEV 2003, 5, 6; *Weidlich* in Palandt § 2205, Rn. 19. Beachte auch die Ausführungen von *Mayer* ZEV 2002, 209, 212, zu unentgeltlichen Verfügungen im Wege der Stimmrechtsausübung (inhaltliche Änderung der Mitgliedschaft).

533 *Mayer* ZEV 2002, 209, 210; *Werner* ZErb 2008, 197, 195; *Todtenhöfer* RNotZ 2017, 557, 562; *Kroiß* In Nomos Kommentar § 2205, Rn. 71.

§ 181 BGB nur mitwirken, wenn die Erben oder der Erblasser dem zugestimmt haben.[534] Schließlich unterliegt der Testamentsvollstrecker, wie ein Gesellschafter, der gesellschaftsrechtlichen Treuepflicht.[535] Wiederholte Verstöße gegen die Treuepflicht können eine Entlassung des Testamentsvollstreckers gemäß § 2227 BGB rechtfertigen.[536]

E. Haftung des Testamentsvollstreckers

Verletzt der Testamentsvollstrecker seine Pflicht zur ordnungsgemäßen Verwaltung des Nachlasses aus § 2216 BGB, steht dem Erben beziehungsweise dem geschädigten Vermächtnisnehmer ein Schadenersatzanspruch gemäß § 2219 Abs. 1 BGB zu. Im Falle einer groben Pflichtverletzung droht dem Testamentsvollstrecker darüber hinaus die Entlassung durch das Nachlassgericht, § 2227 BGB. Verwaltet der Testamentsvollstrecker jedoch den in den Nachlass fallenden Anteil einer GmbH oder betreibt er im Wege der Treuhand- oder Vollmachtslösung ein einzelkaufmännisches Unternehmen, kann nicht in jeder für das Unternehmen objektiv nachteiligen Entscheidung eine Pflichtverletzung gesehen werden. Ob der Testamentsvollstrecker seiner Pflicht zur ordnungsgemäßen Verwaltung nachkommt, bestimmt sich zwar grundsätzlich nach objektiven Gesichtspunkten.[537] Die Verwaltung des Nachlasses steht dabei aber weitgehend in seinem Ermessen.[538] Eine Pflichtverletzung des Testamentsvollstreckers kann folglich nur angenommen werden, wenn er die Grenzen der zulässigen Ermessensausübung überschreitet.[539]

Im Rahmen seiner Ermessensbetätigung hat der Testamentsvollstrecker zu prüfen, ob die ins Auge gefasste Maßnahme „wirtschaftlich geboten und für den verwalteten Nachlass vorteilhaft ist."[540] Dabei ist der Testamentsvollstrecker jedoch nicht gezwungen, unter mehreren sich bietenden Handlungsalternativen

---

534 *Weidlich* in Palandt § 2205, Rn. 19; *Mayer* ZEV 2002, 209, 212; *Lange* in BeckOK BGB § 2205, Rn. 58a; BGH, Urteil vom12.06.1989 – II ZR 246/86, zitiert nach NJW 1989, 2694, 2695.

535 *Werner* ZErb 2008, 195, 198; *Priester* in FS Stimpel S. 463, 469.

536 *Werner* ZErb 2008, 195, 198.

537 BayObLG, Beschluss vom 20.06.1990 – BReg. 1 a Z 19/89, zitiert nach FamRZ, 1990, 1279, 1281.

538 BGH, Urteil vom 03.12.1986 – IVa ZR 90/85, zitiert nach NJW 1987, 1070, 1071.

539 BGH, Urteil vom 03.12.1986 – IVa ZR 90/85, zitiert nach NJW 1987, 1070, 1071.

540 BayObLG, Beschluss vom 20.06.1990 – BReg. 1 a Z 19/89, zitiert nach FamRZ, 1990, 1279, 1281.

stets den sichersten Weg einzuschlagen.[541] Der Bundesgerichtshof hat vielmehr das Bild „eines zwar umsichtigen und soliden, aber dynamischen Geschäftsführers“ [542] vor Augen, der die bestehenden Risiken und die sich bietenden Chancen gegeneinander abwägt und auf dieser Erkenntnisgrundlage entscheidet.[543] Zur Konkretisierung des dem Testamentsvollstreckers zustehenden Ermessensspielraums kann auf die zu § 93 Abs. 1 S. 2 AktG entwickelten Grundsätze zurückgegriffen werden.[544] Die als „Business Judgement Rule“[545] bekannte Norm bestimmt, dass eine Pflichtverletzung nicht vorliegt, „wenn das Vorstandsmitglied bei einer unternehmerischen Entscheidung vernünftigerweise annehmen durfte, auf der Grundlage angemessener Information zum Wohle der Gesellschaft zu handeln.“[546] Hierin kommt der auch für die Testamentsvollstreckung an einem Unternehmen gültige Gedanke zum Ausdruck, dass ein gerichtlich überprüfbarer Maßstab für „richtiges unternehmerisches Verhalten“[547] aufgrund der Vielzahl an Variablen nicht bestehen kann. Der Testamentsvollstrecker unterliegt hinsichtlich der mit der Führung des Handelsgeschäfts

---

541 Vgl. *Winkler* in „Der Testamentsvollstrecker, Rn. 169, der auch darauf verweist, dass das Gesetz im Falle der Testamentsvollstreckung - anders als in den §§ 1079, 1807 f., 2119 BGB - keine sogenannte mündelsichere Anlage vorschreibt.

542 BGH, Urteil vom 03.12.1986 - IVa ZR 90/85, zitiert nach NJW 1987, 1070, 1071.

543 So auch BayObLG, Beschluss vom 20.06.1990 - BReg. 1 a Z 19/89, zitiert nach FamRZ, 1990, 1279, 1281.

544 § 93 Abs. 1 S. 2 AktG wurde durch das Gesetz zur Unternehmensintegrität und Modernisierung des Anfechtungsrechts (UMAG) vom 22.09.2005 in das AktG aufgenommen. Die Norm hat in erster Linie deklaratorische Bedeutung und beschreibt den bereits zuvor anerkannten Ermessensspielraum des Vorstandes einer Aktiengesellschaft bei unternehmerischen Entscheidungen, vgl. *Dauner-Lieb* in Henssler/Strohn, § 93 AktG, Rn. 18. Die in § 93 Abs. 1 S. 2 AktG geregelten Grundsätze sind auf die Haftung des GmbH-Geschäftsführers aus § 43 Abs. 1 GmbHG analog anzuwenden, *Ziemons* in MHLS § 43, Rn. 134. Vor dem Hintergrund der typischerweise mit der Stellung als Vorstand oder Geschäftsführer einhergehenden treuhänderischen Verwaltung fremden Vermögen, erscheint es angemessen, die in § 93 Abs. 1 S. 2 BGB enthaltenen Grundsätze auch auf das unternehmerische Ermessen des Testamentsvollstreckers anzuwenden.

545 *Spindler* in MüKo AktG § 93, Rn. 44; *Grigoleit/Tomasic* in Grigoleit Aktiengesetz § 93, Rn. 26.

546 Die Norm ist im Wege der Auslegung um das ungeschriebene Tatbestandsmerkmal zu ergänzen, dass die handelnde Person keinem Interessenkonflikt unterliegen darf, *Dauner-Lieb* in Henssler/Strohn, § 93 AktG, Rn. 24.

547 Für die AG: *Dauner-Lieb* in Henssler/Strohn, § 93 AktG, Rn. 18.

unweigerlich einhergehenden unternehmerischen Entscheidungen also keiner Erfolgshaftung.[548] Die gerichtliche Überprüfung unternehmerischer Entscheidungen hat sich daher im Rahmen einer ex-ante-Betrachtung[549] auf die Frage zu beschränken, ob der Testamentsvollstrecker die sich aus der Maßnahme ergebenden Chancen und Risiken in angemessener Weise gegeneinander abgewogen hat.[550]Findet die Befugnis des Testamentsvollstreckers zur Führung des Handelsunternehmens ihre Grundlage in der Vollmacht- oder Treuhandlösung, hat der Testamentsvollstrecker im Rahmen seiner Prognoseentscheidung auch die mit der Maßnahme verbundenen Risiken für das Privatvermögen des Erben zu beachten.

548 Zum Vorstand der AG *Dauner-Lieb* in Henssler/Strohn, § 93 AktG, Rn. 18; *Hölters* in Aktiengesetz § 93, Rn. 31.

549 *Grigoleit/Tomasic* in Grigoleit Aktiengesetz § 93, Rn. 30.

550 Zur eingeschränkten gerichtlichen Kontrolle unternehmerischer Entscheidungen des Testamentsvollstreckers im Entlassungsverfahren gemäß § 2227 BGB vgl. auch BayObLG, Beschluss vom 20.06.1990 – BReg. 1 a Z 19/89, zitiert nach FamRZ, 1990, 1279, 1281.

9. Zusammenfassung der Untersuchung und Gestaltungsvorschlag

A. Die Person und die Befugnisse des Testamentsvollstreckers

I. Gestaltungsmöglichkeiten im Falle eines einzelkaufmännischen Unternehmens

Der Erfolg des frühzeitigen Unternehmertestaments steht und fällt mit der Person, die das Unternehmen bis zur Bestimmung des endgültigen Unternehmensnachfolgers fortführt. Da der Ehegatte des Erblassers typischerweise nicht in der Lage sein wird, die Leitung des Unternehmens bis zur Bestimmung des Vermächtnisnehmers zu übernehmen, muss der Erblasser eine Vertrauensperson mit der Führung der Geschäfte beauftragen. Neben der fachlichen Eignung für die ins Auge gefasste Aufgabe muss bei der Testamentsgestaltung besonders darauf geachtet werden, dass die Person in rechtlicher Hinsicht die erforderlichen Befugnisse erhält, um das Unternehmen zuverlässig zu führen.

Die Anordnung der Testamentsvollstreckung bietet in Anbetracht des § 2206 BGB keine ausreichende Grundlage, um die Vertrauensperson zur Fortführung des einzelkaufmännischen Unternehmens zu ermächtigen. Der Erblasser hat aber die Möglichkeit, dem Testamentsvollstrecker die notwendigen Befugnisse unter Rückgriff auf die sogenannten Ersatzlösungen einzuräumen. Die Anwendung der Vollmachtslösung erscheint dabei – unabhängig von den gegen diesen Lösungsansatz vorgebrachten rechtlichen Bedenken – in der spezifische Konstellation des Bestimmungsvermächtnisses[551] für die Fortführung eines einzelkaufmännischen Unternehmens nicht interessengerecht. Der Erblasser wird aus den oben[552] genannten Gründen das Ziel verfolgen, den Erben aus der Fortführung des Unternehmens weit gehend heraus zu halten. Ein Handeln im Namen des Erben und dessen persönliche unbeschränkte Haftung für die im Handelsgeschäft begründeten Verbindlichkeiten erscheint dann unangemessen. Im Rahmen der Treuhandlösung erweist sich die Ermächtigungstreuhand als vorzugswürdig. Gegen die Vollrechtstreuhand sprechen hier insbesondere die

551 Zur Anwendung der Vollmachtlösung im Falle einer Umwandlungsanordnung durch den Erblasser vgl. Kapitel 9. A. I. 4. b.

552 Kapitel 8. A.

mit der dinglichen Übertragung der Unternehmensbestandteile unter Umständen einhergehenden erheblichen Transaktionskosten. Daneben werden die handelnden Personen im Zweifel ein Interesse daran haben, den Übertragungs- und Organisationsaufwand möglichst gering zu halten, um eine zügige Wiederaufnahme der Geschäfte zu ermöglichen. Der Erblasser sollte im Falle des Bestimmungsvermächtnisses nach dem bisher Gesagten daher am ehesten auf die Möglichkeit zurückgreifen, die Führung des einzelkaufmännischen Unternehmens im Wege der Ermächtigungstreuhand auf den Testamentsvollstrecker zu übertragen. Durch den Abschluss eines entsprechenden Treuhandvertrages erhält der Testamentsvollstrecker die Befugnis, das Unternehmen im eigenen Namen und unter eigner Haftung auf Rechnung des Erben bis zur Bestimmung des Vermächtnisnehmers zu führen. Bei der Ausgestaltung des Treuhandverhältnisses muss allerdings die spezifische Interessenlage des Bestimmungsvermächtnisses berücksichtigt werden.

1. *Treuhandverhältnis zwischen Erbe und Testamentsvollstrecker*

Für den Zeitraum zwischen dem Eintritt des Erbfalls und der Bestimmung des Vermächtnisnehmers ist zunächst notwendigerweise von einem Treuhandverhältnis zwischen Erbe und Testamentsvollstrecker auszugehen. Denn bis zur Übertragung des Unternehmens auf den Vermächtnisnehmer ist der Erbe Inhaber aller im Unternehmen vorhandenen Rechte und der Vermächtnisnehmer als Person nicht bekannt. Ohne die durch die Bestimmung eintretende Konkretisierung steht der Vermächtnisnehmer als Partei eines schuldrechtlichen Treuhandverhältnisses nicht zur Verfügung. Aus diesem Grund kann eine Berechtigung des Testamentsvollstreckers, das Unternehmen als Treuhänder im eigenen Namen fortzuführen, nur angenommen werden, wenn der Erbe der Fortführung des Unternehmens durch den Testamentsvollstrecker zustimmt. Der Erblasser muss die Einsetzung des Erben folglich um die Auflage ergänzen, die Führung des Unternehmens auf den Testamentsvollstrecker als Treuhänder zu übertragen. Tätigt der Testamentsvollstrecker während der Schwebezeit Aufwendungen, wäre ein Ersatzanspruch aus §§ 2218, 670 BGB folgerichtig zunächst gegen den Erben gerichtet. Ist ein Vermächtnisnehmer aber bestimmt, erscheint es zweckmäßig, den Regress und die mit der Übertragung des Unternehmens auf den Vermächtnisnehmer verbundenen Vorgänge im Verhältnis zwischen dem Testamentsvollstrecker und dem Vermächtnisnehmer durchzuführen und den Erben aus der Abwicklung weitestgehend heraus zu halten. Dies betrifft insbesondere die Übertragung der Unternehmensbestandteile und den Ersatz von Aufwendungen des Testamentsvollstreckers.

2. *Verhältnis zwischen Testamentsvollstrecker und Vermächtnisnehmer*

Im Hinblick auf mögliche Regressforderungen des Testamentsvollstreckers muss dabei beachtet werden, dass ein unmittelbares Rechtsverhältnis zwischen Testamentsvollstrecker und Vermächtnisnehmer zunächst nicht besteht. Der Vermächtnisnehmer verfügt durch die letztwillige Verfügung lediglich über den Vermächtnisanspruch gegen den Erben aus § 2174 BGB, ist aber an dem Treuhandverhältnis zwischen dem Testamentsvollstrecker und dem Erben nicht beteiligt. Eine interessengerechte Lösung lässt sich hier am elegantesten im Wege der Vertragsübernahme erreichen. Durch den Abschluss eines entsprechenden Vertrages übernimmt der Vermächtnisnehmer die Rechtsposition des Erben aus dem Treuhandverhältnis mit dem Testamentsvollstrecker und wird verpflichtet, dem Testamentsvollstrecker die zum Zwecke der Unternehmensführung getätigten Aufwendungen zu ersetzen. Zwar bedarf ein solcher Vertrag zwischen dem Erben und dem Vermächtnisnehmer der Zustimmung des Vertragspartners,[553] der Testamentsvollstrecker wird seine Zustimmung aber erteilen, da er ein eigenes wirtschaftliches Interesse am Übergang des Treuhandverhältnisses auf den Unternehmensnachfolger hat. Der Erblasser wiederum kann den Abschluss eines entsprechenden Übernahmevertrages durch den Vermächtnisnehmer im Wege der Auflage sicherstellen.

Die dingliche Übertragung des Unternehmens auf den Vermächtnisnehmer bereitet in rechtlicher Hinsicht hingegen keine Probleme. Der Testamentsvollstrecker ist gemäß § 2205 S. 2 BGB berechtigt, über die aus dem Nachlass stammenden Gegenstände und Forderungen des Unternehmens zu verfügen. Soweit er während der Schwebephase Waren und Produktionsmittel im eigenen Namen erworben oder Forderungen begründet hat, kann er diese im Zuge der Abwicklung des Treuhandverhältnisses ebenfalls unmittelbar auf den Vermächtnisnehmer übertragen. Eine Mitwirkung des Erben bei der Übertragung des Unternehmens ist folglich nicht erforderlich.

3. *Begrenzung der Regressforderung*

Bei der vertraglichen Ausgestaltung der Regressansprüche ist ergänzend folgendes zu beachten. Unabhängig von einem theoretischen zukünftigen Ausgleich durch den Vermächtnisnehmer erscheint eine über den Nachlasswert hinausgehende Haftung des Erben für die Aufwendungen des Testamentsvollstreckers

553 *Heinemeyer* in MüKo BGB Vorb. §§ 414 ff. Rn. 8.

hier kaum vertretbar. Denn anders als im Falle einer zeitlich befristet angeordneten Testamentsvollstreckung, kommt der Wert des Unternehmens dem Erben hier zu keinem Zeitpunkt zugute. Nach der Grundregel des § 2184 BGB steht dem Erben darüber hinaus nicht mal der während der Übergangszeit erwirtschaftete Gewinn zu. Das Risiko einer unbegrenzten Regresshaftung würde den Erben in der Regel dazu veranlassen, die Erbschaft auszuschlagen und den Pflichtteil zu verlangen, wodurch der Wille des Erblassers vereitelt würde.

Der Vermächtnisnehmer wird das Vermächtnis hingegen seinerseits nur annehmen, wenn die im Zeitpunkt der Bestimmung schon entstandene Regressforderung die im Unternehmen vorhandenen Werte nicht übersteigt.[554] Annahme und Ausschlagung des Vermächtnisses unterliegen gemäß § 2180 BGB keiner Erklärungsfrist, sodass der durch das Bestimmungsvermächtnis Berechtigte bei seiner Entscheidung zunächst die Bestimmungsentscheidung abwarten und entsprechende Informationen über den Zustand des Unternehmens einholen kann. Im Fall hoher Regressforderungen droht deshalb das Gestaltungskonzept des Erblassers unterlaufen zu werden. Will der Erblasser die Fortführung des Unternehmens durch einen seiner Abkömmlinge auch für diesen Fall sicherstellen, zugleich aber das wirtschaftliche Risiko des Erben begrenzen, kann es sich anbieten, den aus den §§ 2218, 670 BGB folgenden Freistellungsanspruch in der Treuhandvereinbarung auf einen am Wert des Unternehmens orientierten Betrag zu begrenzen und gleichzeitig anzuordnen, dass der Anspruch erst mit der Bestimmung des Vermächtnisnehmers fällig wird.[555]

554 Die Annahme des Vermächtnisses ist nach ihrem Zugang beim Beschwerten unwiderruflich, kann aber nach den allgemeinen Regeln angefochten werden, vgl. *Horn/J. Mayer* in Nomos Kommentar § 2180, Rn. 6. Während im Falle des Erben die fehlerhafte Vorstellung über gegen den Nachlass gerichtete Forderungen einen Irrtum über eine verkehrswesentliche Eigenschaft des Nachlasses begründen kann (vgl. *Leipold* in MüKo BGB § 1954, Rn. 14), wird man in einem Irrtum des Vermächtnisnehmers über die Höhe der Regressforderung des Testamentsvollstreckers keinen die Anfechtung der Annahme des Vermächtnisses rechtfertigenden Eigenschaftsirrtum nach § 119 Abs. 2 BGB erblicken können. Denn der Regressanspruch ist nur mittelbare Folge der Annahme und kann nicht als Eigenschaft des vermachten Unternehmens betrachtet werden. Auch eine Anfechtung des Treuhandvertrages muss in diesem Falle ausscheiden, denn die Fehlvorstellung des Vermächtnisnehmers über die Höhe der Regressforderung stellt einen unbeachtlichen Motivirrtum dar.

555 Vgl auch den Gestaltungsvorschlag von *Litzenburger* in Formularbuch Vermögens- und Unternehmensnachfolge B. 1.05, S. 603 f.; *Otto* in Münchener Vertragshandbuch, Band 6, Bürgerliches Recht II, S. 914 sieht zwar ebenfalls eine Stundung des

Der Testamentsvollstrecker wird sich zu einer solchen Regelung jedoch seinerseits nur bereit erklären, wenn sein mit der Begrenzung des Regressanspruchs einhergehendes unternehmerisches Risiko entsprechend vergütet wird.

4. Umwandlung des Unternehmens in eine GmbH

a. Zu Lebzeiten durch den Erblasser

Im Rahmen der Nachfolgeplanung sollten daher immer auch alternative Gestaltungsoptionen in Betracht gezogen werden, um das Haftungsrisiko aller Beteiligten während der Schwebephase so weit wie möglich zu reduzieren. Dieses Ziel kann der Erblasser am zuverlässigsten erreichen, indem er das Unternehmen noch zu Lebzeiten im Wege der Ausgliederung gemäß § 152 UmwG in eine GmbH umwandelt.[556] Im Gegensatz zu der Rechtslage beim einzelkaufmännischen Handelsgeschäft, ist die Testamentsvollstreckung am Geschäftsanteil einer GmbH grundsätzlich auch ohne ergänzende Auflagen gegenüber dem Erben zulässig. Der Erblasser kann seine Vertrauensperson in diesem Fall zum Testamentsvollstrecker ernennen und den Testamentsvollstrecker durch eine Befreiung vom Verbot des § 181 BGB ermächtigen, sich selbst zum Geschäftsführer zu bestellen.

Erfolgt die Umwandlung nach den §§ 123 Abs. 3 Nr. 2, 124 Abs. 1, 152 ff. UmwG, wird das Unternehmen aus dem Vermögen des Erblassers ausgegliedert und auf eine neugegründete GmbH als aufnehmenden Rechtsträger übertragen. Das im Unternehmen gebundene Vermögen des Kaufmanns geht dabei im Wege der partiellen Gesamtrechtsnachfolge auf die GmbH über,[557] sodass eine Übertragung der Einzelgegenstände nicht erforderlich ist. Für den Erblasser hat dies zudem den Vorteil, dass neben den im Unternehmen vorhandenen Gegenständen und Forderungen auch sämtliche Vertragsverhältnisse ohne das Erfordernis einer Zustimmung durch die Gegenseite auf die Gesellschaft übergehen.[558]

Regressanspruchs bis zur Bestimmung des Vermächtnisnehmers vor, richtet den Anspruch aber dennoch gegen den Erben.

556 *Otto* in Münchener Vertragshandbuch, Band 6, Bürgerliches Recht II, S. 916.

557 *Ballreich* in Fallkommentar Umwandlungsrecht Rn. 1586; *Seulen* in Semler/Stengel § 152, Rn. 34.

558 *Leitzen* in Habersack/Wicke § 152, Rn. 12; *Karollus* in Lutter § 152, Rn. 10.

b. Durch den Testamentsvollstrecker

Hat der Erblasser diesen Schritt zu Lebzeiten nicht vollzogen, stellt sich die Frage, ob die Umwandlung auch noch während der Schwebephase durch den Erben bzw. den Testamentsvollstrecker durchgeführt werden kann. Die Ausgliederung gemäß §§ 123 Abs. 3 Nr. 2, 152 UmwG muss durch den Kaufmann persönlich erfolgen.[559] Insofern gewinnen hier die oben geschilderten[560] Ersatzlösungen erneut an Bedeutung.

Ordnet der Erblasser die Treuhandlösung an, betreibt der Testamentsvollstrecker das Unternehmen im eigenen Namen und wird als Kaufmann ins Handelsregister eigetragen. Eine Ausgliederung im Sinne des § 152 UmwG durch den Testamentsvollstrecker ist in diesem Fall – vorbehaltlich einer abweichenden Verfügung des Erblassers – zwar rechtlich zulässig.[561] Die Ausgliederung des Unternehmens aus dem Vermögen des Testamentsvollstreckers kann jedoch nur in dem Umfang erfolgen, in dem es im Vermögen des Testamentsvollstreckers tatsächlich vorhanden ist,[562] denn „mit der Eintragung der Ausgliederung in das Handelsregister geht das ausgegliederte Vermögen (…) auf den übernehmenden Rechtsträger über, und zwar mit den rechtlichen Beziehungen, die beim übertragenden Einzelkaufmann bestehen."[563]

Da im Falle der Ermächtigungstreuhand keine Vollrechtübertragung auf den Testamentsvollstrecker erfolgt, kann das Unternehmen als Ganzes von einer Ausgliederung aus dem Vermögen des Testamentsvollstreckers nicht erfasst werden.[564] Wählt der Erblasser hingegen die Vollrechtstreuhand, ist eine Ausgliederung des Unternehmens aus dem Vermögen des Testamentsvollstreckers nach vorheriger Übertragung der Einzelgegenstände durch den Erben möglich. Die Übernahme von Vertragsverhältnissen durch den Testamentsvollstrecker ist dabei aber gemäß § 415 BGB von der Zustimmung der jeweiligen Vertragspartner abhängig, so dass die Vorteile der partiellen Gesamtrechtsfolge in der Praxis nicht zur Geltung kommen.

Eine unmittelbare Ausgliederung des Unternehmens ohne eine vorherige Übertragung von Einzelgegenständen kann folglich nur unter Einbeziehung des

---

559 *Hörtnagl* in Schmitt/Hörtnagl/Stratz § 152, Rn. 2; *Buteröwe* in Henssler/Strohn § 152 UmwG, Rn. 18.

560 Kapitel 8. B. II und III.

561 *Mayer* in Widmann/Mayer § 152, Rn. 45; *Leitzen* in Habersack/Wicke § 152, Rn. 37.

562 Sinngemäß *Seulen* in Semler/Stengel § 152, Rn. 83.

563 OLG Karlsruhe, Urteil vom 19.08.2008 – 1 U 108/08, zitiert nach NJW-RR 2008, 1698.

564 *Mayer* in Widmann/Mayer § 152, Rn. 46.

Erben erfolgen. Ermächtigt der Erblasser den Testamentsvollstrecker, das Unternehmen im Wege der Vollmachtslösung als Vertreter des Erben fortzuführen, ist der Erbe als Kaufmann in das Handelsregister einzutragen. Als solcher ist der Alleinerbe zur Ausgliederung des Unternehmens auf eine GmbH gemäß § 152 UmwG berechtigt.[565] Ob auch eine das Unternehmen fortführende Erbengemeinschaft als spaltungsfähiger Rechtsträger in Betracht kommt, ist umstritten.[566] Vor dem Hintergrund der zu Beginn[567] beschriebenen Angleichung der unternehmensführenden Erbengemeinschaft an den Kaufmannsbegriff des HGB muss die Gleichstellung jedoch konsequenterweise auch im Umwandlungsrecht zur Geltung kommen.[568] Da der Erbe gemäß § 2211 Abs. 1 BGB in seiner Verfügungsbefugnis über das Unternehmen beschränkt ist, kann er die Umwandlung nur mit Zustimmung des Testamentsvollstreckers vornehmen. Führt der Erbe die Ausgliederung durch, wird er Gesellschafter der neugegründeten GmbH.[569] Die Testamentsvollstreckung setzt sich dann am Geschäftsanteil des Erben fort.[570]

Mit der Eintragung der Ausgliederung in das Handelsregister geht das von der Ausgliederung umfasste Vermögen, einschließlich der im Unternehmen begründeten Vertragsverhältnisse auf die GmbH über. Als bisheriger Einzelkaufmann haftet der Erbe grundsätzlich gemäß § 157 UmwG persönlich für die bis zur Ausgliederung im Unternehmen begründeten Verbindlichkeiten. Erfolgt die Ausgliederung aber innerhalb von drei Monaten nach Kenntnis vom Erbfall, wird der Erbe gemäß § 27 Abs. 2 HGB von der handelsrechtlichen Haftung befreit,[571] sodass den Erben nur die (beschränkbare) erbrechtliche Haftung der §§ 1975 ff. BGB trifft.[572]

---

565 *Hörtnagl* in Schmitt/Hörtnagl/Stratz § 152, Rn. 6.

566 Gegen die Zulässigkeit: *Hörtnagl* in Schmitt/Hörtnagl/Stratz § 152, Rn. 4 und 6; für die Zulässigkeit *Karollus* in Lutter § 152, Rn. 14 und 20; *Leitzen* in Habersack/Wicke § 152, Rn. 34 und 37; *Seulen* in Semler/Stengel § 152, Rn. 26; *Schmidt* JuS 2017, 809, 813.

567 Kapitel 2. B. I. 1.

568 *Karollus* in Lutter § 152, Rn. 14 und 20; *Leitzen* in Habersack/Wicke § 152, Rn. 34 und 37.

569 *Karollus* in Lutter § 152, Rn. 7.

570 *Kollmeyer* NJW 2017, 3271, 3274 und *Langenfeld/Fröhler* in Testamentsgestaltung Kapitel 7. Rn. 161.

571 *Schmidt* JuS 2017, 809, 813 f.; *ders.* NJW 1985, 2785, 2790; *Thiessen* in MüKo HGB § 27, Rn. 52; *Bömeke* in BeckOK HGB § 27, Rn. 27; a.A. *Reuschle* in EBJS § 27, Rn. 31; *Vossler* in Oetker § 27, Rn. 22.

572 *Thiessen* in MüKo HGB § 27, Rn. 52.

5. *Gestaltungsvorschlag*

Soll das einzelkaufmännische Unternehmen während der Schwebephase in eine GmbH umgewandelt werden, bietet daher die Vollmachtslösung ausnahmsweise die für die Praxis günstigste Gestaltungsmöglichkeit. Die oben geschilderten[573] haftungsrechtlichen Bedenken gegen die Vollmachtslösung fallen hier in Anbetracht der mit der Ausgliederung eintretenden Haftungsbeschränkung weniger stark ins Gewicht. Denn eine persönliche Verpflichtung des Erben kann hier nur während der verhältnismäßig kurzen Übergangsphase bis zur Eintragung der Ausgliederung erfolgen.[574] Zwar darf das dem Erben hierdurch drohende Haftungsrisiko nicht vollständig vernachlässigt werden. Letztlich ist dieser Gestaltungsalternative aber aufgrund der zuvor beschriebenen Probleme bei der treuhänderischen Vermögensübertragung auf den Testamentsvollstrecker der Vorrang einzuräumen, zumal dem Erben auch im Falle der Treuhandlösung das Risiko einer Regresshaftung verbleibt. Dem Erblasser muss daher jedenfalls bei einer längeren Schwebephase empfohlen werden, den Testamentsvollstrecker im Wege der Vollmachtslösung zur Fortführung des Unternehmens zu ermächtigen und den Erben durch eine entsprechende Auflage zur Ausgliederung des Unternehmens auf eine neugegründete GmbH zu verpflichten. Darüber hinaus sollte der Erblasser durch eine entsprechende Verfügung klarstellen, dass der Testamentsvollstrecker vom Verbot des § 181 BGB befreit ist und die Befugnis erhält, sich nach Errichtung der GmbH zum Alleingeschäftsführer zu bestellen.

Ist ein Rechtsformwechsel des Unternehmens während der Schwebephase hingegen nicht gewünscht,[575] hat der Erblasser auf die eingangs[576] entwickelten Grundsätze zurückzugreifen und die treuhänderische Fortführung des Unternehmens durch den Testamentsvollstrecker (Ermächtigungstreuhand) anzuordnen. Soll der Regressanspruch des Testamentsvollstreckers dabei zum Schutze des Gestaltungsziels auf einen näher bestimmten Betrag begrenzt werden, erscheint es angemessen, die hierdurch eintretende Verlagerung des unternehmerischen Risikos durch eine von § 2184 BGB abweichende Gewinnverteilung

573 Kapitel 8. B. II.

574 Zur Haftung für Neuverbindlichkeiten *Schmidt* JuS 2017, 809, 813.

575 Der Wunsch des Erblassers kann z.B. auf steuerlichen Erwägungen oder dem geringen Umfang des Handelsgeschäfts beruhen. Auch ein verhältnismäßig kurzer Zeitraum bis zur Bestimmung des Vermächtnisnehmers kann den Erblasser davon abhalten, die Organisationsstruktur des Unternehmens während der ohnehin herausfordernden Schwebephase zu verändern.

576 Kapitel 8. A. I. 1.-3.

auszugleichen. Dem Testamentsvollstrecker kann zu diesem Zweck neben seiner Grundvergütung, ein nach den Umständen des Einzelfalls angemessener Prozentsatz, des während der Schwebephase erwirtschafteten Gewinns im Wege des Vermächtnisses zugewendet werden, um einen Gleichlauf der unternehmerischen Chancen und Risiken zumindest in den Grundzügen sicherzustellen.

II. Gestaltungsvorschlag für die Rechtsnachfolge in den Anteil einer Personengesellschaft durch Bestimmungsvermächtnis

Während die Testamentsvollstreckung an einer Kommanditbeteiligung in weitem Umfang praktisch durchführbar erscheint, bereitet die Verwaltung des Anteils eines persönlich haftenden Gesellschafters in der Phase zwischen dem Erbfall und der Bestimmung des Vermächtnisnehmers erhebliche Schwierigkeiten. Da der Testamentsvollstrecker in dieser Funktion nicht berechtigt ist, die Geschäfte zu führen und die Gesellschaft nach außen zu vertreten,[577] verbliebe zum Schutz des Vermächtnisnehmers lediglich die Möglichkeit, den mit dem Erbfall im Wege einer Nachfolgeklausel in die Gesellschaft eintretenden Erben von der Geschäftsführung und der Vertretung auszuschließen und seine Befugnisse in der Gesellschaft so weit wie möglich zu beschränken. Nach der Vornahme der Bestimmung müsste der Erbe den Geschäftsanteil auf den Vermächtnisnehmer übertragen, wo die Gesellschafterrechte im Zweifel wiederaufleben sollen. Zwar bereitet die Aufrechterhaltung des Geschäftsbetriebs während der Schwebephase hier in tatsächlicher Hinsicht weniger Probleme, als im Falle eines einzelkaufmännischen Handelsgeschäftes, da die Geschäfte durch die Mitgesellschafter fortgeführt werden können. Hierin liegt jedoch zugleich ein hohes Risiko für den Erben, der gemäß § 128 HGB persönlich und unbegrenzt für die Verbindlichkeiten der Gesellschaft haftet.

Aus diesem Grund ist eine Vertragsgestaltung in Betracht zu ziehen, die den Erben vollständig außen vor lässt und nur dem letztendlich bestimmten Nachfolger das Recht gibt, in die Gesellschaft einzutreten. Anstatt die Beteiligung also zunächst im Wege der Nachfolgeklausel auf den Erben zu übertragen und für die Dauer bis zur Ausübung des Bestimmungsrechts aus § 2151 BGB

---

577 *Weidlich* ZEV 1994, 205, 205, 207 und *Everts* MittBayNot 2003, 427, 434 schlagen daher vor, einen der Mitgesellschafter zum Testamentsvollstrecker zu bestimmen. Dieser könne die Geschäftsführung und die Vertretung der Gesellschaft zwar nicht in seiner Eigenschaft als Testamentsvollstrecker, wohl aber als Gesellschafter wahrnehmen. Dies verhilft jedoch nicht zur Lösung des Problems, weil die Kompetenzen hierdurch tatsächlich nicht erweitert werden.

Testamentsvollstreckung über den Gesellschaftsanteil anzuordnen, kann es sich anbieten, dem Nachfolgeberechtigten durch die Aufnahme einer Eintrittsklausel in den Gesellschaftsvertrag einen unmittelbaren Anspruch auf Aufnahme in die Gesellschaft zu verschaffen.

Die Eintrittsklausel ist ein Rechtsgeschäft unter Lebenden und unterliegt als solches nicht den Einschränkungen des § 2065 Abs. 2 BGB.[578] Der Gesellschaftsvertrag kann also vorsehen, dass eine näher bezeichnete Vertrauensperson des Erblassers zu dem im Gesellschaftsvertrag genannten Zeitpunkt berechtigt sein soll, den Eintrittsberechtigten zu bestimmen.[579] Durch eine derartige Vertragsgestaltung erlangt der Eintrittsberechtigte im Ergebnis eine dem Bestimmungsvermächtnis vergleichbare Rechtsposition. Bei der Formulierung der Klausel ist darauf zu achten, das vom Erblasser gewünschte Verfahren bei der Drittbestimmung möglichst umfassend im Gesellschaftsvertrag zu regeln. Hierbei kann auf die oben[580] zu § 2151 BGB gemachten Ausführungen zurückgegriffen werden. Die Eintrittsklausel könnte in diesem Fall etwa wie folgt lauten:[581]

I. Im Falle des Todes eines Gesellschafters wird die Gesellschaft von den verbleibenden Gesellschaftern fortgesetzt. Der versterbende Gesellschafter scheidet mit seinem Tod aus der Gesellschaft aus; seine Gesellschaftsrechte wachsen den verbleibenden Gesellschaftern entsprechend dem Verhältnis, in dem ihre Beteiligungen zueinanderstehen, zu.

II. Verstirbt der Gesellschafter A, steht demjenigen Abkömmling des A (X, Y, Z) den T_1 durch schriftliche Erklärung gegenüber der Gesellschaft bestimmt hat, das Recht zu, in die Gesellschaft in einem der Beteiligung des verstorbenen Gesellschafters entsprechenden Umfang einzutreten. Die überlebenden Gesellschafter treten herzu die ihnen angewachsenen Gesellschaftsrechte in dem

578 *Ulmer* ZGR 1972, 195, 217 (Fn. 110); *Crezelius* in „Unternehmenserbrecht", § 3, Rn. 145; *Riedel* ZErb 2003, 212, 216; *Klöhn* in Henssler/Strohn, § 139 HGB, Rn. 87; *Müller/Sass* in Keim/Lehmann, G. I. 5. Rn. 1; *Döbereiner* in Münchener Vertragshandbuch Band 6 Bürgerliches Recht II, S. 1106.

579 Der Gesellschaftsvertrag sollte auch eine ergänzende Regelung darüber enthalten, wem das Eintrittsrecht zusteht, wenn der zur Entscheidung Berufene nicht willens oder in der Lage ist, die Bestimmung vorzunehmen.

580 Kapitel 7.

581 Abwandlung des Formulierungsvorschlages von *Müller/Sass* in Keim/Lehmann, G. I. 5.; Abs. I wurde wörtlich übernommen aus *Riedel* in BeckOGK § 1922 BGB, Rn. 578.1 (Stand: 01.05.2019).

Umfang, in dem sie ursprünglich dem verstorbenen Gesellschafter zustanden, an den Eintretenden ab.

III. *Als Eintrittsberechtigter soll derjenige bestimmt werden, der nach seinen beruflichen und persönlichen Verhältnissen am Besten geeignet ist, die aus der Gesellschafterstellung folgenden Aufgaben dauerhaft zu erfüllen. Die Bestimmung darf nicht erfolgen, bevor der jüngste Abkömmling (Z) das 25. Lebensjahr vollendet hat.*

IV. *Ist T_1 zur Vornahme der Bestimmung nicht in der Lage oder nimmt er die Bestimmung innerhalb einer ihm von einer der zur Wahl stehenden Personen gesetzten, angemessenen Frist nicht vor, geht das Bestimmungsrecht auf T_2 über. Die Fristsetzung bedarf der Schriftform. Besteht zwischen den Beteiligten Uneinigkeit über den formalen Ablauf der Bestimmung, entscheiden die verbleibenden Gesellschafter mit einfacher Mehrheit.*

V. *Der Eintretende hat seinen Eintritt innerhalb von sechs Wochen nach (doppelter) Kenntnis über den Tod des Gesellschafters und sein Eintrittsrecht gegenüber der Gesellschaft schriftlich zu erklären. Lehnt er den Eintritt ab, ist unter den verbleibenden Abkömmlingen eine erneute Bestimmung vorzunehmen. Abs. IV. S. 3 gilt entsprechend.*

Durch den Beitrittsvertrag wird der Eintretende grundsätzlich zur Leistung einer Einlage verpflichtet.[582] Umgekehrt steht den Erben aufgrund des Ausscheidens des Erblassers grundsätzlich ein Abfindungsanspruch gegen die Gesellschaft aus §§ 736, 738 Abs. 1 BGB zu.[583] Der Kapitalanteil des Erblassers geht folglich nicht allein aufgrund der gesellschaftsvertraglichen Eintrittsklausel auf den Berechtigten über.[584] Hierfür bedarf es vielmehr einer ergänzenden Regelung durch den Erblasser. Diesem bieten sich hier zwei unterschiedliche Gestaltungsalternativen.[585] Die erste Möglichkeit besteht darin, den Abfindungsanspruch gesellschaftsvertraglich auszuschließen. In diesem Fall werden die Vermögensrechte des Erblassers bis zum Eintritt des ausgewählten Nachfolgers von den verbleibenden Gesellschaftern treuhänderisch verwaltet und nach dessen Eintritt

---

582 BGH, Urteil vom 29.09.1977 – II ZR 214/75, zitiert nach NJW 1978, 264, 265; *Götte* DNotZ 1988, 603, 606; *Riedel* ZErb 2003, 212, 216; *Müller/Sass* in Keim/Lehmann, G. I. 5, Rn. 3; *Kindler* in Koller/Kindler/Roth/Drüen, § 139, Rn. 24.

583 BGH, Urteil vom 25.05.1987 – II 195/86, zitiert nach NJW 1987, 989; *Göbel* DNotZ 1979, 133, 154; *Klöhn* in Henssler/Strohn, § 139 HGB, Rn. 88.

584 *Ulmer* ZGR 1972, 195, 218; *Göbel* DNotZ 1979, 133, 153; *Müller/Sass* in Keim/Lehmann, G. I. 5, Rn. 3.

585 BGH, Urteil vom 29.09.1977 – II ZR 214/75, zitiert nach NJW 1978, 264, 265.

auf diesen übertragen oder mit dessen Einlageschuld verrechnet.[586] Die soeben genannte Klausel könnte für diesen Fall etwa um folgende Formulierung ergänzt werden:[587]

VI. Bis zum Zeitpunkt des Eintritts halten die übrigen Gesellschafter den Kapitalanteil des verstorbenen Gesellschafters treuhänderisch. Macht der Eintrittsberechtigte von seinem Eintrittsrecht ordnungsgemäß Gebrauch, so sind die übrigen Gesellschafter verpflichtet, den Anteil unentgeltlich auf ihn zu übertragen. Ein Abfindungsanspruch der Erben des verstorbenen Gesellschafters gegen die Gesellschaft oder die übrigen Gesellschafter ist in diesem Fall ausgeschossen.

VII. Machen die Eintrittsberechtigten nach dem in Abs. V. beschriebenen Verfahren von ihrem Eintrittsrecht endgültig keinen Gebrauch, verfällt das Eintrittsrecht. In diesem Fall steht den Erben des verstorbenen Gesellschafters ein Abfindungsanspruch entsprechend den Regelungen des § … dieses Vertrages gegen die Gesellschaft zu.[588] Der Stichtag für die Ermittlung des Abfindungsanspruchs ist der Todestag.

Die andere Gestaltungsmöglichkeit besteht darin, dem Nachfolger den im Nachlass enthaltenen Abfindungsanspruch im Wege des Bestimmungsvermächtnisses zuzuwenden (erbrechtliche Eintrittsklausel).[589] Sehen der Gesellschaftsvertrag und die letztwillige Verfügung des Erblassers keine Regelung vor, ist im Zweifel von der erstgenannten Alternative auszugehen.[590] Wählt der Erblasser die zuletzt genannte Alternative, muss er die Klausel des Gesellschaftsvertrages und seine letztwillige Verfügung inhaltlich aufeinander abstimmen. Die oben genannte

---

586 *Ulmer* ZGR 1972, 195, 220; *Crezelius* in „Unternehmenserbrecht", § 3, Rn. 144; *Kilian* in Henssler/Strohn, § 727 BGB, Rn. 19; *Klöhn* in Henssler/Strohn, § 139 HGB, Rn. 89; *Döbereiner* in Münchener Vertragshandbuch Band 6 Bürgerliches Recht II, S. 1106.

587 Abwandlung des Formulierungsvorschlages von *Müller/Sass* in Keim/Lehmann, G. I. 5; vgl. auch *Riedel* in BeckOGK § 1922 BGB, Rn. 581.1 (Stand: 01.11.2019); *Döbereiner* in Münchener Vertragshandbuch Band 6 Bürgerliches Recht II, S. 1095.

588 Eine Regelung über die Verjährung ist hier nicht erforderlich, da der aufschiebend bedingte Abfindungsanspruch erst mit dem endgültigen Ausbleiben eines Eintritts zur Entstehung gelangt.

589 Zur Zuwendung im Wege eines gewöhnlichen Vermächtnisses *Kindler* in Koller/Kindler/Roth/Drüen, § 139, Rn. 24; *Roth* in Baumbach/Hopt, § 139, Rn. 55; *Ulmer* ZGR 1972, 195, 219.

590 *Kindler* in Koller/Kindler/Roth/Drüen, § 139, Rn. 24; *Klöhn* in Henssler/Strohn, § 139 HGB, Rn. 90.

Klausel des Gesellschaftsvertrages (Abs. I-V) könnte für diesen Fall etwa um folgende Formulierung ergänzt werden:[591]

VIII. *Den Erben des verstorbenen Gesellschafters steht ein Abfindungsanspruch entsprechend den Regelungen des § … dieses Vertrages gegen die Gesellschaft zu. Der Stichtag für die Ermittlung des Abfindungsanspruchs ist der Todestag. Der Anspruch wird mit der Vornahme einer wirksamen Bestimmung des Eintrittsberechtigten fällig.* [592]

IX. *Der Eintrittsberechtigte hat eine Einlage in die Gesellschaft zu leisten, deren Höhe dem Betrag des in Abs. VI. geregelten Abfindungsanspruchs entspricht.*

Das Testament des Erblassers ist dann um folgende Verfügung zu ergänzen:

Vermächtnis

I. *Hiermit vermache ich den in Ziff. … Abs. VI. des Gesellschaftsvertrages der ABC-OHG vom … vereinbarten Abfindungsanspruch demjenigen meiner Abkömmlinge (X, Y, Z), der in Folge einer wirksamen Bestimmung nach den Regelungen der Ziff. … des Gesellschaftsvertrages der ABC-OHG vom … in die Gesellschaft eintritt.*

II. *§ 2151 Abs. 3 BGB kommt nicht zur Anwendung. Insoweit gilt Ziff. … Abs. IV des Gesellschaftsvertrages der ABC-OHG vom … entsprechend.*

III. *Bezogen auf den in Abs. 1 genannten Anspruch ordnete ich Testamentsvollstreckung an und bestimme T_1 (ersatzweise T_2) zum Testamentsvollstrecker.*[593]

Beide Gestaltungsalternativen führen praktisch zum selben Ergebnis. Dies gilt auch im Hinblick auf Pflichtteils- und Pflichtteilsergänzungsansprüche der pflichtteilsberechtigten Angehörigen. Entscheidet sich der Erblasser für eine

591 Abwandlung des Formulierungsvorschlages von *Riedel* in BeckOGK § 1922 BGB, Rn. 578.1 (Stand: 01.11.2019).

592 Der Abfindungsanspruch verjährt grundsätzlich in der Regelverjährung der §§ 195, 199 BGB. Die Frist beginnt nach § 199 Abs. 1 BGB nicht vor dem Eintritt der Fälligkeit zu laufen. Wäre der Abfindungsanspruch im Zeitpunkt der Drittbestimmung bereits verjährt, könnte der Begünstigte nicht mehr mit dem Abfindungsanspruch gegen die Einlagenforderung der Gesellschaft aufrechnen. Auch § 215 BGB würde nicht zu einem anderen Ergebnis führen, da die Einlageforderung der Gesellschaft gegen den Bestimmten erst mit der Bestimmung, bzw. mit der Erklärung des Begünstigten, in die Gesellschaft eintreten zu wollen, entsteht.

593 Durch die Testamentsvollstreckung lässt sich verhindern, dass Privatgläubiger der Erben in den Anspruch vollstrecken (§ 2214 BGB) oder die Erben über den Anspruch anderweitig verfügen (§ 2211 Abs. 1 BGB).

erbrechtliche Eintrittsklausel, fällt die Abfindungsforderung in den Nachlass und ist bei der Berechnung des Pflichtteilsanspruchs gemäß § 2311 BGB zu berücksichtigen.[594] Schließt der Erblasser den Abfindungsanspruch aus, wird der Wert der Beteiligung praktisch am Nachlass vorbei auf den Eintrittsberechtigten übertragen.[595] Der Abfindungsanspruch darf dann bei der Ermittlung des Nachlasswertes nicht berücksichtigt werden. Die mittelbare Übertragung des Kapitalanteils vom Erblasser über die überlebenden Gesellschafter auf den Eintrittsberechtigten führt aber zu einem Pflichtteilsergänzungsanspruch gemäß § 2325 BGB, da dem Eintrittsberechtigten der Wert der Beteiligung unentgeltlich zugewendet wird.[596] Die 10-Jahres-Frist des § 2325 Abs. 3 BGB führt in diesem Fall nicht zu einem anderen Ergebnis, da die für den Fristbeginn erforderliche Ausgliederung aus dem Vermögen des Erblassers[597] erst mit dem Erbfall eintritt.[598]

Die Bestimmung des Nachfolgeberechtigten im Wege der Eintrittsklausel bietet den Vorteil, dass sie die zuvor ausgeführten Probleme der Testamentsvollstreckung an der Beteiligung einer Personengesellschaft umgeht. Dennoch sollte diese Gestaltung nicht vorschnell gewählt werden, denn durch die Fortführung der Gesellschaft unter Ausschluss der Erben sind die Geschicke der Gesellschaft der Familie des Erblassers womöglich auf Jahre entzogen. Der Erblasser muss daher genau überlegen, ob der das Schicksal seiner Beteiligung lieber in die Hände seiner Erben und – soweit zulässig – einer zum Testamentsvollstrecker

594 *Riedel* ZErb 2003, 212, 216.

595 *K. Schmidt* in „Gesellschaftsrecht“, § 45 V 6a. bb; *Döbereiner* in Münchener Vertragshandbuch Band 6 Bürgerliches Recht II, S. 1108.

596 *Döbereiner* in Münchener Vertragshandbuch Band 6 Bürgerliches Recht II, S. 1108; *Schäfer* in MüKo BGB § 727, Rn. 56.
a.A. *Riedel* ZErb 2003, 212, 216 und 213 f., der auf eine vermeintliche Parallele des Abfindungsausschlusses zur reinen Fortsetzungsklausel verweist. Vereinbaren die Gesellschafter die bloße Fortführung der Gesellschaft durch die überlebenden Gesellschafter unter einem wechselseitigen Abfindungsausschluss, ist nach BGH, Urteil vom 22.11. 1956 – II ZR 222/55, zitiert nach NJW 1957, 180, 181 nicht von einer unentgeltlichen Zuwendung im Sinne des § 2325 Abs. 1 BGB auszugehen. Diese Wertung kann auf die Eintrittsklausel aber nicht übertragen werden, weil die Klausel nicht auf einen wechselseitigen Anspruchsverzicht gerichtet ist, sondern die von einer Gegenleistung unabhängige Übertragung des Kapitalanteils auf einen Außenstehenden bewirken soll.

597 *Weidlich* in Palandt § 2325, Rn. 25.

598 *Riedel* ZErb 2003, 212, 213.

bestellten Vertrauensperson legen oder den Geschäftsanteil seinen Mitgesellschaftern anvertrauen will.

Ist der Erblasser seinen Mitgesellschaftern so eng verbunden, dass er sie als Vertrauenspersonen und Bestimmungsberechtigte in Betracht zieht, wird es sich regelmäßig anbieten, die Nachfolge im Wege einer Eintrittsklausel zu regeln. Dies stellt gegenüber dem erbrechtlichen Ansatz (Nachfolgeklausel, Bestimmungsvermächtnis und Testamentsvollstreckung) die rechtlich einfachere und womöglich kostengünstigere Variante dar. Hat der Erblasser hingegen nur zu einem der Mitgesellschafter ein hinreichend ausgeprägtes Vertrauensverhältnis, kann er diesem zwar unter Umständen das Recht zur Bestimmung des Nachfolgeberechtigten im Gesellschaftsvertrag einräumen, dessen Einfluss auf die Geschäfte während der Schwebezeit ist aber durch die Mehrheitsverhältnisse in der Gesellschaft bestimmt. Gerade wenn der Erblasser in erheblichem Umfang an der Gesellschaft beteiligt ist, kann sein Ausscheiden zu einem Machtvakuum und einer sich daraus entwickelnden Neuausrichtung der Gesellschaft führen. Will der Erblasser dabei verhindern, dass sein Geschäftsanteil allen verbleibenden Gesellschaftern entsprechend ihrer Beteiligung anwächst, kann es seinem Interesse entsprechen, die Beteiligung im Wege einer Nachfolgeklausel auf einen Erben zu übertragen und diesem für die Schwebephase den Mitgesellschafter als Berater und Testamentsvollstrecker zur Seite zu stellen. Eine solche Gestaltung bietet gegenüber der Ernennung einer außenstehenden Person zum Testamentsvollstrecker den Vorteil, dass der Mitgesellschafter schon aus seiner Gesellschafterstellung heraus zur Führung der Geschäfte und zur Vertretung der Gesellschaft berechtigt ist, sodass der grundsätzlich bestehende Konflikt mit § 2206 BGB ausscheidet. Auch der Mitgesellschafter ist aber als Testamentsvollstrecker ohne weitere Anordnung nicht in der Lage, den Erben an der Ausübung seiner Rechte in der Gesellschaft zu hindern.

Die Frage, welchem Nachfolgemodell letztendlich der Vorzug zu gewähren ist, kann folglich nur unter Berücksichtigung aller Umstände des Einzelfalles beantwortet werden. Neben dem Verhältnis des Erblassers zu seinen Mitgesellschaftern und der Überlegung, ob überhaupt eine außerhalb der Gesellschaft stehende Vertrauensperson vorhanden ist, die als Testamentsvollstrecker in Betracht kommt, sind insbesondere Art und Umfang der Beteiligung von maßgeblicher Bedeutung. Ist der Erblasser etwa als Kommanditist an der Gesellschaft beteiligt, sprechen gute Gründe dafür, die Nachfolge im Wege des Bestimmungsvermächtnisses zu regeln.[599] Im Falle eines persönlich haftenden Gesellschafters

599 Die Testamentsvollstreckung ist im Falle einer Kommanditbeteiligung zulässig und

spricht hingegen häufig schon das dem Erben drohende Haftungsrisiko gegen die Vermächtnislösung und für die Aufnahme einer Eintrittsklausel in den Gesellschaftsvertrag. Des Weiteren sind bei der Entscheidung die Dauer der Übergangsphase und die Anzahl, das Alter und die Gesundheit der Mitgesellschafter zu berücksichtigen. Droht nämlich während der Übergangsphase ein weiterer Gesellschafter durch den Tod aus der Gesellschaft auszuscheiden, kann dies die Handlungsfähigkeit der Gesellschaft massiv beeinträchtigen. Kann die Fortführung der Geschäfte durch die überlebenden Gesellschafter nicht sichergestellt werden, ist der Vermächtnislösung im Zweifel der Vorrang vor einer Eintrittsklausel zu gewähren.

Entschließt sich der Erblasser nach alledem, die Nachfolge in den Geschäftsanteil im Wege des Bestimmungsvermächtnisses zu regeln, ist die letztwillige Verfügung auf den Inhalt des Gesellschaftsvertrages abzustimmen. Soll die Bestimmung des Vermächtnisnehmers durch eine nicht zum Kreis der Gesellschafter gehörende Person erfolgen, darf mit dem Bestimmungsvermächtnis nur bedacht werden, wer nach dem Gesellschaftsvertrag zur Nachfolge in die Gesellschaft berechtigt ist. Denn andernfalls wäre die Übertragung des Geschäftsanteils von der nachträglichen Zustimmung der Gesellschafter abhängig, wodurch die Entscheidung des Dritten gegebenenfalls unterlaufen würde. Ist eine Person durch eine einfache oder qualifizierte Nachfolgeklausel zur Nachfolge in die Gesellschaft berechtigt, ist hierin nach dem oben genannten[600] Auslegungsgrundsatz im Zweifel zugleich die vorweggenommene Zustimmung der Gesellschafter zur Übertragung des Geschäftsanteils auf den Vermächtnisnehmer zu sehen. Aus Gründen der Rechtssicherheit ist jedoch unbedingt auf die Aufnahme eines klarstellenden Zusatzes in den Gesellschaftsvertrag hinzuwirken.[601]

Lässt sich eine entsprechende Gestaltung des Gesellschaftsvertrages für den Erblasser zu Lebzeiten nicht realisieren, ist er im Rahmen der Erfüllung des Vermächtnisanspruchs auf die Mitwirkung der überlebenden Gesellschafter angewiesen. Um hier einen Widerspruch zwischen der erbrechtlichen Drittbestimmung und der nach dem Gesellschaftsvertrag erforderlichen Zustimmung der Mitgesellschafter zu vermeiden, wird der Erblasser nicht umhinkommen, die Bestimmung des Vermächtnisnehmers auf die Gesellschafter (Bestimmung

---

durchführbar, das Haftungsrisiko des Erben ist beschränkt und der Einfluss bzw. die Kontrollbefugnisse in der Gesellschaft bleiben erhalten.

600 Kapitel 2. B. I. 2. c.

601 Vgl. den Formulierungsvorschlag bei Ivo ZEV 2006, 302, 303.

des Vermächtnisnehmers ggf. durch gemeinsamen Beschluss mit einer außenstehenden Person[602]) zu übertragen.

III. Gestaltungsvorschlag zur Rechtsnachfolge in die Beteiligung an einer Kapitalgesellschaft

Die Anordnung der Testamentsvollstreckung an dem Geschäftsanteil einer GmbH ist grundsätzlich zulässig. Der Erblasser ist somit berechtigt, den Geschäftsanteil im Wege des Bestimmungsvermächtnisses auf einen Nachfolger zu übertragen und für die Dauer der Schwebephase Testamentsvollstreckung anzuordnen. Ist der Erblasser der einzige Gesellschafter der GmbH, bereitet die praktische Umsetzung des mit dem Bestimmungsvermächtnis verfolgten Gestaltungswunsches keine rechtlichen Schwierigkeiten. Der Erblasser sollte hier lediglich darauf achten, den Testamentsvollstrecker von den Beschränkungen des § 181 BGB zu befreien, damit sich dieser zum Geschäftsführer der Gesellschaft bestellen kann.

Sind neben dem Erblasser noch weitere Personen an der Gesellschaft beteiligt, sind die Besonderheiten des Gesellschaftsvertrages zu beachten. Gerade im Falle einer Familiengesellschaft wird der Gesellschaftsvertrag typischerweise Vinkulierungsklauseln enthalten, die die Übertragung eines Geschäftsanteils der Zustimmung der übrigen Gesellschafter unterstellen. Will der Erblasser in diesem Fall von der (Bestimmungs-)Vermächtnislösung Gebrauch machen, ist eine Abstimmung mit dem Gesellschaftsvertrag erforderlich. Enthält der Gesellschaftsvertrag eine Nachfolgeklausel, ist dafür Sorge zu tragen, dass alle als Vermächtnisnehmer in Betracht kommenden Personen nach dem Gesellschaftsvertrag zur Nachfolge in die Gesellschaft berechtigt sind. Ist eine auf den Erbfall ausgerichtete Nachfolge-, Einziehung- oder Abtretungsklausel hingegen nicht vorhanden, ist die Zustimmung der Gesellschafter für die Abtretung an den Vermächtnisnehmer nach den oben geschilderten[603] Auslegungsgrundsätzen nicht erforderlich. Aus Gründen der Rechtssicherheit muss jedoch dringend empfohlen werden, eine entsprechende Klarstellung in die Vinkulierungsklausel aufzunehmen. Kann der Erblasser eine solche Vertragsgestaltung zu Lebzeiten nicht erreichen, gilt das soeben zu den Personengesellschaftern Gesagte.

---

602 In Betracht kommen hier etwa der überlebende Ehegatte oder der Testamentsvollstrecker.

603 Kapitel 2. B. I. 3, b.

IV. Die Person des Testamentsvollstreckers und ihr rechtliches Verhältnis zum Erblasser

Der Erblasser wird das Bestimmungsvermächtnis als Instrument der Unternehmensnachfolge nur in Betracht ziehen, wenn er über eine Vertrauensperson verfügt, die zur Fortfortführung des Unternehmens bis zur Bestimmung des Vermächtnisnehmers bereit und in der Lage ist. Im Idealfall ist die Person mit dem Unternehmen vertraut und kann bereits zu Lebzeiten des Erblassers auf die mit der Führung des Unternehmens einhergehenden Aufgaben vorbereitet werden. So kann es sich etwa anbieten, einen Prokuristen des Unternehmens zum Testamentsvollstrecker zu ernennen oder eine externe Vertrauensperson frühzeitig mit entsprechenden Befugnissen auszustatten.

In rechtlicher Hinsicht ist bei der Nachfolgeplanung zu beachten, dass der vom Erblasser in der letztwilligen Verfügung gemäß § 2197 Abs. 1 BGB benannte Testamentsvollstrecker zur Übernahme des Amtes kraft Gesetzes nicht verpflichtet ist.[604] Die Rechte und Pflichten des Testamentsvollstreckers entstehen erst im Zeitpunkt der Annahmeerklärung, § 2202 Abs. 1 BGB. Im Sinne der Rechts- und Planungssicherheit muss für den Fall des Bestimmungsvermächtnisses daher dringend empfohlen werden, die Pflicht zur Übernahme des Amtes bereits zu Lebzeiten des Erblassers vertraglich zu vereinbaren[605] und das Kündigungsrecht des Testamentsvollstreckers aus § 2226 BGB auf Kündigungen aus wichtigem Grunde zu beschränken.[606]

Des Weiteren sollte eine Absprache über die Vergütung des Testamentsvollstreckers getroffen werden. Enthält die letztwillige Verfügung des Erblassers keine näheren Angaben, kann der Testamentsvollstrecker gemäß § 2221 BGB eine an den Umständen des Einzelfalles orientierte,[607] angemessene Vergütung verlangen. Im Fall der zeitweisen Fortführung eines Unternehmens wird hierfür regelmäßig auf das Einkommen eines Geschäftsführers eines vergleichbaren Unternehmens abzustellen sein. Nach allgemeiner Ansicht kann der Erblasser eine von § 2221 abweichende Regelung der Vergütung nur in seiner Verfügung

604 *Otto* in Münchener Vertragshandbuch Band 6 Bürgerliches Recht II, S. 920.

605 *Otto* in Münchener Vertragshandbuch Band 6 Bürgerliches Recht II, S. 920.

606 Vgl. hierzu *Zimmermann* in MüKo BGB § 2226, Rn. 4; *Kroiß* in Nomos Kommentar § 2226, Rn. 5, der allerdings davon ausgeht, dass eine entgegen der Vereinbarung ausgesprochene Kündigung wirksam ist und lediglich zur Zahlung von Schadenersatz verpflichtet.

607 Zu den zu berücksichtigenden Gesichtspunkten vgl. *Zimmermann* ZEV 2001, 334, 335.

von Todes wegen vornehmen.[608] Trifft der Erblasser mit dem zukünftigen Testamentsvollstrecker eine Vergütungsvereinbarung, muss er den Inhalt der Vereinbarung folglich in seine Verfügung von Todes wegen übernehmen, um eine Wirkung gegenüber dem Erben zu erreichen.[609] Will der Erblasser ergänzend einen weiteren Anreiz zur Übernahme des Amtes schaffen, kann er ein Vermächtnis zugunsten des Testamentsvollstreckers anordnen und die Zuwendungen des Vermächtnisses von der Bedingung abhängig machen, dass der Testamentsvollstrecker sein Amt annimmt und dieses bis zur Übertragung des Unternehmens auf den Vermächtnisnehmer fortführt.[610]

B. Weitere Anforderungen an die letztwillige Verfügung

Der Testamentsvollstrecker muss nicht zwingend auch zur Bestimmung des Vermächtnisnehmers ermächtigt werden. In vielen Fällen wird es sich aber anbieten, seine wirtschaftliche Expertise und seine Kenntnis des Unternehmens in die Entscheidung einfließen zu lassen. Um zugleich die Bedeutung der Entscheidung innerhalb der Familie nicht außer Acht zu lassen, kann der Erblasser die Bestimmung des Vermächtnisnehmers auf seinen überlebenden Ehegatten und den Testamentsvollstrecker zur gemeinschaftlichen Entscheidung übertragen. Die Entscheidung hat dann grundsätzlich einstimmig zu ergehen. Ist eine gemeinsame Entscheidung jedoch nicht erreichbar, sollte dem Ehegatten, nach dem Ablauf einer näher bestimmten Frist, das alleinige Bestimmungsrecht zustehen, um das Eingreifen der Regelung des § 2151 Abs. 3 BGB zu vermeiden. Darüber hinaus ist dem Erblasser zu empfehlen, einen Ersatzbestimmungsberechtigten für den Fall des Versterbens oder den Eintritt der Geschäftsunfähigkeit zu bestimmen.

Bei der Formulierung der letztwilligen Verfügung hat der Erblasser darauf zu achten, die Zuwendung des Unternehmens ausdrücklich als Vermächtnis zu bezeichnen. Andernfalls kann er Gefahr laufen, dass die Verfügung gemäß § 2087 Abs. 1 BGB als Erbeinsetzung ausgelegt wird. Zwar wäre eine Umdeutung der nach § 2065 Abs. 2 BGB unwirksamen Erbeinsetzung in ein Bestimmungsvermächtnis nach dem hier gefundenen Ergebnis zulässig. Im Sinne

608 *Kroiß* in Nomos Kommentar § 2221, Rn. 2; *Weidlich* in Palandt § 2221, Rn. 2; *Zimmermann* in MüKo BGB § 2221, Rn. 4; Bay ObLG, Beschluss vom 12.12.1979 – 1 Z 64/79, zitiert nach Rpfleger 1980, 152, 153.

609 *Tolksdorf* in BeckOGK § 2221, Rn. 5 (Stand 01.12.2019).

610 *Kroiß* in Nomos Kommentar § 2202, Rn. 9; *Lange* in BeckOK BGB § 2202, Rn. 12.

der Rechtssicherheit und der mit der Auslegung verbundenen Frage, wer kraft Gesetzes als Erbe in die Rechtspositionen des Erblassers eintritt, ist aber unbedingt eine ausdrückliche Regelung zu treffen. Dies gilt auch im Hinblick auf die Benennung der mit dem Bestimmungsvermächtnis bedachten Personen. Neben der möglichst genauen Bezeichnung des „hinreichend bestimmten Personenkreises" sollte die Verfügung einen klarstellenden Zusatz enthalten, der die Berufung eines Ersatzvermächtnisnehmers im Falle des Vorverstrebens ausschließt. Darüber hinaus sollte erklärt werden, dass als Vermächtnisnehmer nur bestimmt werden darf, wer im Zeitpunkt der Entscheidung noch am Leben und nach den in der Verfügung genannten Kriterien zur Führung des Unternehmens am Besten geeignet ist. Zwar steht dem Bestimmungsberechtigten bei der Prüfung der Eignung ein nur eingeschränkt überprüfbarer Ermessenspielraum zu. Durch die Angabe materieller Auswahlkriterien kann der Erblasser aber zumindest eine objektive Grundlage für die Bestimmung des Vermächtnisnehmers vorgeben. Als geeignete Auswahlkriterien können hier insbesondere die Ausbildung und die fachliche Qualifikation, der bisherige berufliche Werdegang und die soziale Führungskompetenz der Vermächtnisnehmer herangezogen werden. Handelt es sich bei dem vermachten Unternehmen um einen handwerklichen Betrieb, sollten zudem die handwerklichen und künstlerischen Fähigkeiten in die Bewertung einbezogen werden.

Die Einhaltung der materiellen Auswahlkriterien durch den Bestimmungsberechtigten unterliegt im Zweifel der gerichtlichen Kontrolle. Aus Gründen der Rechtssicherheit sollte der Erblasser aber auch hier den klarstellenden Hinweis in die Verfügung von Todes wegen aufnehmen, dass eine gerichtliche Überprüfung der Drittbestimmung am Maßstab des § 319 Abs. 1 S. 1 BGB gewollt ist.[611] Nimmt der Erblasser eine entsprechende Verfügung vor, bietet es sich ergänzend an, die Rechtsfolgen einer durch das Gericht festgestellten unwirksamen Bestimmung näher auszugestalten. In Betracht kommt hier zum Beispiel der Übergang des Bestimmungsrechts auf eine Art „Schiedsgericht", bestehend aus einem Familienmitglied, einem Mitglied der einschlägigen Industrie- und Handels- oder Handwerkskammer und einer dritten – nachträglich zu bestimmenden – Person.

611 *Mayer* ZEV 1995, 247, 249.

C. Pflichtteilsrecht

Neben der Auswahl einer Vertrauensperson, die das Unternehmen während der Schwebezeit fortführt, ist die Versorgung des überlebenden Ehegatten und die Abfindung der letztlich nicht zur Nachfolge berufenen Kinder des Erblassers von wesentlicher Bedeutung für eine erfolgreiche Nachfolgeplanung. Dabei wird der Erblasser typischerweise das Ziel verfolgen, seine Kinder zumindest in den Grundzügen gleich zu behandeln und jedes Kind in angemessenem Umfang an seinem Vermögen zu beteiligen. Eine Privilegierung des Unternehmensnachfolgers ist zwar in den meisten Fällen unumgänglich und durch den mit der Fortführung des Unternehmens einhergehenden Aufwand und die daraus folgenden Haftungsrisiken gerechtfertigt. Der Erblasser muss aber jedenfalls den gesetzlichen Pflichtteil seiner Kinder in seine Nachfolgeplanung mit einbeziehen, denn die durch den Erblasser nicht bedachte Geltendmachung der Pflichtteilsansprüche unmittelbar nach dem Erbfall kann die Fortführung des Unternehmens vor erhebliche Herausforderungen stellen oder gar unmöglich machen. Aus diesem Grund stellt sich die Frage, wie der Erblasser trotz der Unsicherheit über die Unternehmensnachfolge eine angemessene und zugleich rechtssichere Beteiligung aller Abkömmlinge an seinem Vermögen sicherstellen kann.

Steht im Zeitpunkt der Testamentserrichtung bereits fest, dass eines der Kinder nicht als Nachfolger des Unternehmens in Betracht kommt, kann es sich anbieten, mit diesem Kind einen entgeltlichen Pflichtteilsverzicht im Sinne des § 2346 Abs. 2 BGB zu vereinbaren oder dem Kind bereits zu Lebzeiten eine Abfindung unter Anrechnung auf den Pflichtteil gemäß § 2315 BGB zuzuwenden. Im Falle der potenziellen Unternehmensnachfolger kann ein solches Vorgehen hingegen nicht empfohlen werden, denn der Umfang ihrer Beteiligung am Vermögen des Erblassers ist bis zur Entscheidung über die Unternehmensnachfolge ungewiss. Eine lebzeitige Zuwendung ist daher nicht geeignet eine gerechte Verteilung des Nachlasses herbei zu führen.

I. Vermächtnisnehmer werden nicht Erben

Hat der Erblasser den überlebenden Ehegatten als Alleinerben eingesetzt und seine Kinder mit dem Bestimmungsvermächtnis bedacht, steht den Kindern ein Pflichtteilsanspruch nach den §§ 2303 ff. BGB zu. Das Wahlrecht des § 2307 Abs. 1 BGB findet auf das Bestimmungsvermächtnis keine Anwendung. Die mit dem Bestimmungsvermächtnis bedachten Abkömmlinge sind daher nicht gezwungen, sich frühzeitig zwischen Pflichtteil und Vermächtnis zu entscheiden. Sieht die letztwillige Verfügung keine einschränkenden Bestimmungen[612] vor, kann jeder von ihnen den Pflichtteilsanspruch während der Schwebephase ohne negative Auswirkungen auf das Bestimmungsvermächtnis geltend machen. Wird der jeweilige Pflichtteilsberechtigte später als Vermächtnisnehmer bestimmt, hat er sich den Wert seines Pflichtteils auf die Vermächtnisforderung anrechnen zu lassen oder ist zur Herausgabe des als Pflichtteil empfangenen Geldes verpflichtet, § 812 Abs. 1 S. 1 Alt. 1 BGB.

Durch die Geltendmachung des Pflichtteilsanspruchs droht dem Unternehmen während der ohnehin herausfordernden Übergangsphase eine massive finanzielle Belastung.[613] Der Erblasserwille wird daher regelmäßig darauf gerichtet sein, die Abfindung der nicht berücksichtigten Vermächtnisnehmer erst nach der Bestimmung des Unternehmensnachfolgers vorzunehmen. Praktisch lässt sich dies erreichen, indem der Erblasser die Zuwendung des Bestimmungsvermächtnisses unter die auflösende Bedingung des vorzeitigen Pflichtteilsverlangens stellt. Die an der Übernahme des Unternehmens interessierten Abkömmlinge werden in diesem Fall zunächst von der Geltendmachung des Pflichtteilsanspruchs absehen. Droht ihnen in der Folgezeit aber der ersatzlose Wegfall ihres Pflichtteilsanspruchs, werden zumindest die Abkömmlinge mit geringen Chancen auf die Unternehmensnachfolge ihre Zurückhaltung aufgeben und den Pflichtteil geltend machen.[614] Aus diesem Grund muss die drohende Verjährung des Pflichtteilsanspruchs bei der Testamentsgestaltung berücksichtigt werden.

Der Pflichtteilsanspruch verjährt in der regelmäßigen Verjährungsfrist der §§ 195, 199 BGB.[615] Setzt der Erblasser seinen Ehegatten als Erben ein, ist die Verjährung der Pflichtteilsansprüche der Kinder bis zur Vollendung des 21. Lebensjahres des jeweiligen Kindes gehemmt, § 207 Abs. 1 S. 2 Nr. 2 BGB.[616] Die Ansprüche verjähren dann frühestens mit Ablauf des Jahres, in dem das Kind sein 24. Lebensjahr vollendet. Soll die Bestimmung des Vermächtnisnehmers nach dem Willen des Erblassers aber erst vorgenommen werden, wenn das jüngste Kind des 25. Lebensjahr vollendet hat, besteht das Risiko, dass die Pflichtteilsansprüche der übergangenen Vermächtnisnehmer im Zeitpunkt der

612 Der Pflichtteilsanspruch kann durch den Erblasser nicht ausgeschlossen oder beschränkt werden. Durch die Anordnung von auflösend bedingter Zuwendungen und „Strafklauseln" kann der Erblasser den Pflichtteilsberechtigten in der Praxis aber regelmäßig von der Geltendmachung abhalten (dazu sogleich).

613 *Kollmeyer* NJW 2017, 3271, 3271.

614 *Hölscher* ZEV 2015, 676, 680.

615 *Keim* MittBayNot 2010, 85, 94.

616 *Hölscher* ZEV 2015, 676, 680.

Bestimmung bereits verjährt sind.[617] Dies hat der Erblasser bei der Gestaltung seiner letztwilligen Verfügung zu beachten. Die naheliegende Lösung einer einseitigen Verlängerung der Verjährungsfrist durch den Erblasser kann dabei jedoch nicht empfohlen werden.[618] Zum einen setzt die Verlängerung der Verjährungsfrist gemäß § 202 Abs. 2 BGB nach wohl überwiegender Ansicht einen Vertrag zwischen Schuldner und Gläubiger voraus.[619] Jedenfalls aber ist der Erblasser durch die Wahl der im Erbrecht zur Verfügung stehenden Regelungsinstrumente beschränkt.[620] Der Erblasser kann die Verlängerung der Verjährungsfrist daher nur erreichen, indem er dem Pflichtteilsberechtigten einen Anspruch auf Abschluss einer verjährungsverlängernden Vereinbarung zuwendet oder die Erbeinsetzung von einer entsprechenden Auflage abhängig macht.[621] Eine angemessene Berücksichtigung der Interessen der Vermächtnisnehmer lässt sich jedoch auch auf anderem Wege erreichen.

Besteht im Zeitpunkt der Testamentserrichtung die Gefahr, dass die Bestimmung des Unternehmensnachfolgers erst nach Eintritt der Verjährung der Pflichtteilsansprüche erfolgen kann, hat der Erblasser die Möglichkeit, die Abfindung der nicht ausgewählten Vermächtnisnehmer im Wege eines weiteren aufschiebend bedingten Vermächtnisses sicher zu stellen.[622] Das Abfindungsvermächtnis ist durch die Bestimmung einer andern Person zum Unternehmensnachfolger aufschiebend bedingt[623] und sollte, um den Erben aus der weiteren

---

617 *Hölscher* ZEV 2015, 676, 680.

618 Unter Verweis auf den in der Beratungspraxis geltenden Grundsatz des sichersten Weges *Hölscher* ZEV 2015, 676, 680 f.

619 So jedenfalls die Gesetzesbegründung BT-Drucks 14, 6040 S. 110 f.; vgl. auch *Lange* ZEV 2003, 433, 436; *Ellenberger* in Palandt § 202, Rn. 3; *Bock* in Nomos Kommentar § 2332, Rn. 28; so wohl auch *Heinrich* in BeckOK BGB § 202, Rn. 4 und 6. A.A. *Keim* ZEV 2004, 173, 174 unter Verweis auf den Wortlaut des § 202 Abs. 2 BGB und das Wesen der Verfügung von Todes wegen. Für die Zulässigkeit der Verjährungsverlängerung auch *Amann* DNotZ 2002, 94, 126; *Brambrig* ZEV 2002, 137, 138 und *Löhnig* ZEV 2004, 267, 268.

620 *Keim* ZEV 2004, 173, 174.

621 *Keim* ZEV 2004, 173, 174; *ders.* MittBayNot 2010, 85, 94; *Bock* in Nomos Kommentar § 2332, Rn. 28.

622 *Mayer* MittBayNot 1999, 447, 451; *Hölscher* ZEV 2015, 676, 681.

623 Die Bedingung ist so zu formulieren, dass sie auch dann eingreift, wenn eine Auswahl durch den Bestimmungsberechtigten nicht erfolgt und das Unternehmen von dem Erben mit der Wirkung des § 2151 Abs. 3 S. 3 BGB auf einen anderen Vermächtnisnehmer übertragen wird.

Abwicklung herauszuhalten, als Untervermächtnis[624] gegen den Unternehmensnachfolger gerichtet werden.[625]

Bei der Ausgestaltung dieses Untervermächtnisses hat der Erblasser einen weiten Gestaltungsspielraum. Neben der Zuwendung eines bestimmten oder vom Wert des Pflichtteils abhängigen Geldbetrages kann es sich hier anbieten, das Untervermächtnis als Wahlvermächtnis im Sinne des § 2154 BGB auszugestalten. Hierdurch kann der Erblasser dem Unternehmensnachfolger das Recht einräumen, das Untervermächtnis wahlweise durch die Zahlung eines Geldbetrages oder die Einräumung einer näher ausgestalteten Beteiligung zu erfüllen. Eine Beteiligung der nicht ausgewählten Abkömmlinge am Gewinn des Unternehmens lässt sich beispielsweise durch die Errichtung einer stillen Gesellschaft im Sinne der §§ 230 ff. HGB erreichen.[626] Die stille Gesellschaft ist eine nicht rechtsfähige Innengesellschaft[627] im Sinne des § 705 BGB, deren Zweck darauf gerichtet ist, eine außenstehende Person am wirtschaftlichen Erfolg eines Handelsgewerbes zu beteiligen.[628] Durch den Gesellschaftsvertrag verpflichtet sich der stille Gesellschafter zur Leistung einer Einlage in das Vermögen des Inhabers des Handelsgeschäftes.[629] Im Gegenzug steht ihm ein Anspruch auf Gewinnbeteiligung gegen das Unternehmen zu, § 231 HGB.

Durch die Zuwendung des Anspruchs auf Errichtung der stillen Gesellschaft schafft der Erblasser eine Möglichkeit, auch die nicht zum Unternehmensnachfolger bestimmten Abkömmlinge dauerhaft am Gewinn des Unternehmens zu beteiligen, ohne dadurch die Fortführung des Unternehmens zu gefährden. Das Wahlrecht verschafft dem Unternehmensnachfolger dabei die Möglichkeit, den Abfluss finanzieller Mittel zum Zwecke der Geschwisterabfindung gezielt zu

---

624 Zum Untervermächtnis *Rudy* in MüKo BGB § 2186, Rn. 2 ff.

625 In dem in der Praxis kaum anzutreffenden Fall, dass der Erblasser neben dem Unternehmen über keinerlei Privatvermögen verfügt, läge nach *Dobroschke* DB 1967, 803, 805 ein sogenanntes Universalvermächtnis vor. Die Anordnung eines Universalvermächtnisses hat zur Folge, dass gemäß § 2385 BGB die Regelungen der §§ 2378, 2382, 2383 BGB über den Erbschaftskauf entsprechend anzuwenden sind, vgl. *Dobroschke* DB 1967, 803, 805; *Damrau/Mayer* ZEV 2001, 293, 293; *Joussen* NJW 2003, 1851, 1852; a.A. *Muscheler* AcP 208, 69, 93 f. In diesem Fall würde der zum Unternehmensnachfolger bestimmte Vermächtnisnehmer dann auch ohne testamentarische Anordnung für die Nachlassverbindlichkeiten haften.

626 *Kollmeyer* NJW 2017, 3271, 3274; *Mayer* MittBayNot 1999, 447, 451.

627 *Hoffmann-Theinert* in BeckOK HGB § 230, Rn. 7; *Roth* in Baumbach/Hopt § 230, Rn. 2.

628 *Servatius* in Henssler/Strohn, § 230 HGB, Rn. 1.

629 *Servantus* in Henssler/Strohn § 230 HGB, Rn. 12.

steuern. Da die Beteiligung an einem zukünftigen Gewinn aber weitaus unsicherer ist, als ein sofort fälliger Geldanspruch und der Unternehmensnachfolger eine Gewinnbeteiligung seiner Geschwister im Zweifel deutlich eher verkraften kann, als eine Zahlungsverpflichtung in Höhe der Pflichtteilsansprüche, kann dem Erblasser geraten werden, den Wert der vermachten Einlage gegenüber der alternativen Geldforderung höher zu gewichten.

Neben diesen materiellen Überlegungen sollte der Erblasser im Rahmen der Testamentsgestaltung auch das Verfahren zur Wahl des vermachten Gegenstandes näher ausgestalten. Sieht die letztwillige Verfügung des Erblassers keine abweichenden Angaben vor, richtet sich die Wahl des vermachten Gegenstandes nach den §§ 262 ff. BGB. Der Erblasser kann die Person des Wahlberechtigten dabei nach freiem Belieben bestimmen. Gerät der Unternehmensnachfolger mit der Ausübung des Wahlrechts in Verzug, kann der Untervermächtnisnehmer gemäß § 264 Abs. BGB nach seiner Wahl klagen und vollstrecken. Auch nach dem Beginn der Zwangsvollstreckung ist der Schuldner allerdings berechtigt, nach eigener Wahl mit befreiender Wirkung an den Gläubiger zu leisten.

Dies erscheint für die Konstellation des Abfindungsvermächtnisses nicht interessengerecht. Nimmt der Unternehmensnachfolger die Wahl nicht innerhalb einer vom Erblasser bestimmten Frist vor, sollte das Wahlrecht auf den Untervermächtnisnehmer übergehen, um den Untervermächtnisnehmer in der effektiven Ausübung seiner Rechte nicht zu beeinträchtigen. Wie die Mitglieder jeder anderen Gesellschaft, sind auch die Gesellschafter einer stillen Gesellschaft auf wechselseitiges Vertrauen und Rücksichtnahme angewiesen. Kommt der Unternehmensnachfolger seiner Verpflichtung zur rechtzeitigen Wahl einer Abfindung der weichenden Vermächtnisnehmer nicht nach, kann dies durchaus den begründeten Verdacht erzeugen, er werde seinen Verpflichtungen auch in Zukunft nicht ordnungsgemäß und rechtzeitig nachkommen. Aus diesem Grund sollte der Untervermächtnisnehmer die Wahl zwischen Geldforderung und Gewinnbeteiligung nach Ablauf der Frist selbst treffen dürfen. Die Wahl des vermachten Gegenstandes erfolgt nach freiem Ermessen und unterliegt keiner gerichtlichen Kontrolle. Anders als im Fall des Bestimmungsvermächtnisses bestehen hier zudem keine Bedenken, die Abkömmlinge der Untervermächtnisnehmer als Ersatzvermächtnisnehmer zu bestimmen, denn es geht hier nicht um die Eignung zur Unternehmensführung, sondern lediglich um die finanzielle Beteiligung der Abkömmlinge. Nimmt der Wert des Untervermächtnisses schließlich auf die Höhe des Pflichtteils Bezug, erscheint es interessengerecht, das Wahlvermächtnis mit einem an § 2314 BGB orientierten Auskunftsanspruch zu verbinden,[630] um den Untervermächtnisnehmern eine effektive Geltendmachung ihrer Abfindung zu gewährleisten.

II. Bestimmungsvermächtnis als Vorausvermächtnis

Hat der Erblasser die potenziellen Unternehmensnachfolger hingegen (ggf. neben einem überlebenden Ehegatten) als Miterben eingesetzt und die Nachfolge in das Unternehmen ergänzend im Wege des Bestimmungsvermächtnisses (Vorausvermächtnis) geregelt,[631] steht den pflichtteilsberechtigten Erben der Pflichtteil nur zu, wenn sie die Erbschaft ausschlagen, § 2306 Abs. 1 BGB.[632] Nimmt ein Pflichtteilsberechtigter die Erbschaft an, wird jedoch später nicht zum Unternehmensnachfolger bestimmt, hat er die von dem Vermächtnis ausgehenden Belastungen ohne Rücksicht auf den eigenen Pflichtteil zu tragen.[633] Ein Recht, das Vermächtnis anteilig zu kürzen, besteht gemäß § 2318 Abs. 3 BGB nur, soweit Dritte einen Pflichtteilsanspruch gegen den pflichtteilsberechtigten Erben geltend machen.[634] Einen Schutz des Pflichtteils gegen die Vermächtnisforderung als solche sieht das Gesetz jenseits der Ausschlagungsmöglichkeit des § 2306 Abs. 1 BGB hingegen nicht vor.[635] Auch ein Anspruch auf den Zusatzpflichtteil nach § 2305 S. 1 BGB scheidet in der Regel aus, weil die Beschwerung des Erbteils mit dem Vermächtnis bei der Wertberechnung gemäß § 2305 S. 2 BGB außer Betracht bleibt und die Erbquote den Pflichtteil des Betroffenen

630 *Hölscher* ZEV 2015, 676, 681.

631 Vgl. die Gestaltungsvorschläge bei *Otto* in Münchener Vertragshandbuch Band 6 Bürgerliches Recht II, S. 913; *Litzenburger* in Formularbuch Vermögens- und Unternehmensnachfolge Formular B. 1.05; *Remmel* in Keim/Lehmann Formular G. VI. 1.; *Pauli* in Bengel/Reimann § 5 Rn. 288; *Schlitt* in MAH Erbrecht § 13, Rn. 297.

632 In diesem Fall besteht die Besonderheit, dass die mit dem Bestimmungsvermächtnis bedachten Erben vor Ablauf der Ausschlagungsfrist des § 1944 BGB gar nicht wissen können, ob sie durch das Bestimmungsvermächtnis begünstigt oder beschwert werden. Um den Schutz der Pflichtteilsberechtigten nicht zu unterlaufen, muss das Wahlrecht des § 2306 Abs. 1 BGB aber auch auf diese Konstellation Anwendung finden, denn die Pflichtteilsberechtigten können vor dem Ablauf der Ausschlagungsfrist in der Regel nicht erkennen, welcher Wert ihnen aus der Erbschaft erwächst. Sie müssen daher die Möglichkeit haben, die Erbschaft auszuschlagen und den Pflichtteil zu verlangen.

633 *Lange* in MüKo BGB § 2318, Rn. 14; BGH, Urteil vom 10.07.1985 – IVa ZR 151/83, zitiert nach NJW 1985, 2828, 2829.

634 BGH, Urteil vom 10.07.1985 – IVa ZR 151/83, zitiert nach NJW 1985, 2828, 2829.

635 *Lange* in MüKo BGB § 2318, Rn. 14; *Horn* in Burandt/Rojahn § 2318, Rn. 21.

typischerweise übersteigt. Stellt das Unternehmen den wesentlichen Nachlasswert da, ist die Miterbeneinsetzung der potenziellen Unternehmensnachfolger daher nicht geeignet, eine angemessene Nachlassbeteiligung sicher zu stellen. Dem Betroffenen müsste in diesem Fall aus wirtschaftlichen Gründen empfohlen werden, die Erbschaft auszuschlagen und den Pflichtteil zu verlangen.[636]

Will der Erblasser die frühzeitige Geltendmachung von Pflichtteilsansprüchen verhindern, zugleich aber allen Kindern eine angemessene Abfindung zukommen lassen, kann er auch in dieser Sachverhaltskonstellation auf das soeben beschriebene Untervermächtnis zurückgreifen. Wird eine angemessene Nachlassbeteiligung der nicht zum Unternehmensnachfolger bestimmten Kinder aber ohnehin erst durch das Untervermächtnis gewährleistet, stellt sich die Frage, ob dem Erblasser überhaupt empfohlen werden soll, die potenziellen Unternehmensnachfolger ergänzend als Miterben zu berufen.

III. Sollen die Vermächtnisnehmer ergänzend als Miterben eingesetzt werden?

Die eingangs gegen die Fortführung eines kaufmännischen Unternehmens in Erbengemeinschaft vorgetragenen Bedenken stehen einer Erbeinsetzung der Kinder in der speziellen Konstellation der Unternehmensnachfolge durch Bestimmungsvermächtnis nicht entgegen. Neben der Anordnung der Testamentsvollstreckung wird der Erblasser die Erben zur treuhänderischen Übertragung des Unternehmens auf den Testamentsvollstrecker verpflichten, sodass die Handlungsfähigkeit des Unternehmens durch die Erbengemeinschaft nicht beeinträchtigt wird. Auch ein frühzeitiges Auseinandersetzungsverlangen gefährdet das Unternehmen aufgrund des angeordneten Vorausvermächtnisses nicht. Zumindest in Fällen, in denen ein Ehegatte als möglicher Alleinerbe nicht vorhanden ist, kann eine Einsetzung der Kinder als Miterbe daher naheliegen.

Ist der Erblasser hingegen verheiratet, wird ihm in der Regel zu empfehlen sein, seinen Ehegatten als Alleinerben einzusetzen. Dies gilt insbesondere dann, wenn das Privatvermögen des Erblassers im Wesentlichen aus einem von den Ehegatten bewohnten Hausgrundstück besteht. Andernfalls bestünde die Gefahr, dass das Grundstück zum Zwecke der Erbauseinandersetzung veräußert werden muss. Neben dieser eher praktischen Erwägung darf auch das für den Ehegatten als Erbe

636 Die Ausschlagung der Erbschaft lässt das Vorausvermächtnis grundsätzlich unberührt. Der Erblasser kann das Vermächtnis aber unter der auflösenden Bedingung der Erbausschlagung anordnen, vgl. *Heinemann* in BeckOGK § 1950, Rn. 18, (Stand 01.07.2019).

bestehende Haftungsrisiko nicht unterschätzt werden. Abhängig vom Zustand des Unternehmens kann der aus dem Treuhandverhältnis folgende Regressanspruch des Testamentsvollstreckers eine erhebliche finanzielle Belastung darstellen. Der Ehegatte wird die ihm zugewiesene Rolle daher nur annehmen, wenn seine eigene Versorgung so weit wie möglich sichergestellt ist und er nicht zum reinen Platzhalter für den späteren Unternehmensnachfolger degradiert wird. Für die Kinder wird die Enterbung hingegen regelmäßig keine unzumutbare Härte bedeuten, denn ihre finanzielle Beteiligung am Nachlass ist durch das aufschiebend bedingte Abfindungsvermächtnis sichergestellt und die persönlichen Wertgegenstände und Erinnerungsstücke des Erblassers bleiben dank der Alleinerbenstellung des Ehegatten in der Familie. Dem Erblasser ist daher, entgegen einem verbreiteten Gestaltungsvorschlag,[637] zu empfehlen, seinen Ehegatten als Alleinerben einzusetzen und die als Unternehmensnachfolger in Betracht kommenden Abkömmlinge lediglich im Wege der Vermächtnisse zu bedenken.

Dies gilt ganz besonders bei der Nachfolge in den Anteil eines persönlich haftenden Gesellschafters einer Personengesellschaft. Wählt der Erblasser hier den Weg, dem Nachfolger die Beteiligung im Wege des Bestimmungsvermächtnisses zu übertragen, ist der Testamentsvollstrecker aus den oben geschilderten[638] Gründen gehindert, die aus der Beteiligung folgenden Rechte in vollem Umfang auszuüben. Die für die Gesellschaftsbeteiligung geltende Sondererbfolge hätte zur Folge, dass jeder (nachfolgeberechtigte[639]) Miterbe im Umfang seiner Erbquote in die Gesellschaft eintreten würde, ohne bei der Wahrnehmung der wesentlichen Gesellschafterrechte durch den Testamentsvollstrecker beschränkt zu sein. Selbst wenn ein oder sogar mehrere Kinder des Erblassers aufgrund ihres Alters oder ihrer Ausbildung bereits in der Lage sein sollten, die Vorgänge im Unternehmen nachzuvollziehen und kritisch zu hinterfragen, kann eine Miterbeneinsetzung aufgrund des hierdurch drohenden Konfliktpotenzials nicht empfohlen werden. Denn die Gesellschaft hätte hier nicht nur den Tod des Erblassers zu kompensieren, sondern auch die Belange der überlebenden Gesellschafter mit den Interessen des

637 *Otto* in Münchener Vertragshandbuch Band 6 Bürgerliches Recht II, S. 913; *Litzenburger* in Formularbuch Vermögens- und Unternehmensnachfolge Formular B. 1.05; *Remmel* in Keim/Lehmann Formular G. VI. 1.; *Pauli* in Bengel/Reimann § 5 Rn. 288; *Schlitt* in MAH Erbrecht § 13, Rn. 297.

638 Kapitel 8. C. II. 2.

639 Ein Konflikt mit dem Gesellschaftsvertrag wird sich in diesem Fall nur selten ergeben, denn die jeweiligen Abkömmlinge müssen aufgrund ihrer Stellung als potenzielle Unternehmensnachfolger ohnehin gesellschaftsvertraglich zu Nachfolge berechtigt sein.

Ehegatten, der zumindest teilweise noch minderjährigen Kinder des Erblassers und des Testamentsvollstreckers in Einklang zu bringen.

Der Erblasser sollte sich also darauf beschränken, seinen überlebenden Ehegatten als Alleinerben einzusetzen[640] und die Fortführung des Unternehmens über die beschriebenen Ersatzlösungen sicherstellen. Entscheidet sich der Erblasser mangels einer Umwandlungsanordnung für die Ermächtigungstreuhand, sind die oben[641] beschriebenen Beschränkungen der Regressansprüche und die Überleitung des Treuhandverhältnisses auf den Vermächtnisnehmer zu berücksichtigen.

D. Einflüsse des Steuerrechts auf die Testamentsgestaltung und die Verteilung der während der Schwebzeit erwirtschafteten Gewinne

Will der Erblasser eine gerechte Verteilung von Nutzen und Lasten zwischen seinem Erben und dem Vermächtnisnehmer herstellen, sind ergänzend zu dem bisher Gesagten auch steuerrechtliche Gesichtspunkte in den Blick zu nehmen. Während die Nachfolgeplanung in Fällen der klassischen Unternehmensnachfolge im Ausgangspunkt allerdings häufig in dem Wunsch nach einer steueroptimierten Gestaltung beruht, befindet sich der Erblasser in den hier erörterten Lebenssachverhalten typischerweise in einer Art Zwangslage. Kann der Fortbestand des Familienunternehmens nur im Wege der Drittbestimmung sichergestellt werden, kommen steuerrechtlich günstigeren Gestaltungsalternativen in der Regel wenig Bedeutung zu.[642] Im Rahmen des Bestimmungsvermächtnisses kann es daher nur darum gehen, drohende Steuernachteile im Rahmen der Testamentsgestaltung so weit wie möglich zu vermeiden.

Erbschaftsteuerrechtlich stellt der Erwerb des Unternehmens durch Bestimmungsvermächtnis einen aufschiebend bedingten Erwerb von Todes wegen im Sinne des § 9 Abs. 1 Nr. 1 lit. a ErbStG dar.[643] Die Steuerpflicht der Vermächtnisnehmer tritt also erst mit der Vornahme der Drittbestimmung und nur in der Person des Unternehmensnachfolgers ein. Der Erbe hat zunächst den Wert

---

640 Die Kinder können vorsichtshalber als Ersatzerben eingesetzt werden.

641 Kapitel 9. A. I. 3.

642 *Litzenburger* in Formularbuch Vermögens- und Unternehmensnachfolge Formular B. 1.05; Rn. 5.

643 *Stein* ZEV 2011, 572, 574; *Otto* in Münchener Vertragshandbuch Band 6 Bürgerliches Recht II, S. 923; *Remmel* in Keim/Lehmann G. VI. 1. Rn. 11; *Litzenburger* in Formularbuch Vermögens- und Unternehmensnachfolge Formular B. 1.05; Rn. 19.

des gesamten Nachlasses zu versteuern, nach der Durchführung der Drittbestimmung kann er den Wert des Unternehmens aber gemäß § 10 Abs. 5 Nr. 2 ErbStG in Abzug bringen und seine Steuerlast dadurch reduzieren.[644] Die Steuererleichterungen der §§ 13a, 13b ErbStG für das Betriebsvermögen kommen dabei gemäß § 13a Abs. 3 ErbStG nur dem Vermächtnisnehmer als endgültigem Unternehmensnachfolger zugute.[645]

Neben diesem erbschaftssteuerlichen Aspekt können vor allem einkommensteuerliche Auswirkungen während der Schwebephase von erheblicher Bedeutung für die Testamentsgestaltung sein. Nach der gesetzlichen Grundregel steht dem Vermächtnisnehmer neben seinem Anspruch auf Übergabe und Übereignung sämtlicher zum Unternehmen gehörender Gegenstände und der Übertragung der im Unternehmen vorhandenen Rechte und Forderungen auch ein Anspruch auf Herausgabe des in der Schwebephase erwirtschafteten Gewinns aus § 2184 BGB zu. Nach dem geltenden Einkommenssteuerrecht sind die in der Schwebephase im Unternehmen erwirtschafteten Gewinne jedoch gemäß §§ 2 Abs. 1 S. 1 Nr. 2, 15 Abs. 1 S. 1 Nr. 1 EStG durch den Erben zu versteuern.[646] Der Umstand, dass das Unternehmen während der Schwebezeit möglicherweise nicht durch den Erben persönlich, sondern durch den Testamentsvollstrecker als Treuhänder im eigenen Namen betrieben wird, führt steuerrechtlich nicht zu einer abweichenden Beurteilung.[647]

Durch die Verpflichtung, die Gewinne einerseits während der Schwebephase persönlich zu versteuern,[648] andererseits aber nach Vornahme der Drittbestimmung an den Vermächtnisnehmer herauszugeben, droht dem Erben eine finanzielle Doppelbelastung, die es im Rahmen der Testamentsgestaltung zu vermeiden gilt. Eine interessengerechte Lösung lässt sich am einfachsten erreichen, indem die Regelung des § 2184 BGB in der letztwilligen Verfügung abbedungen

644 *Remmel* in Keim/Lehmann, G.VI. 1, Rn. 11; *Litzenburger* in Formularbuch Vermögens- und Unternehmensnachfolge Formular B. 1.05; Rn. 19.

645 *Hannes/Holtz* in Meincke/Hannes/Holtz § 13a, Rn. 54.

646 BMF Schreiben vom 14.03.2006 IV B 2 – S 2242 – 7/06, zitiert nach ZEV 2006, 154, 155; *von Oertzen* ZEV 1996, 459, 460; *Tiedtke/Peterek* ZEV 2007, 349, 350; *Roth/Maulbetsch* NJW-Spezial 2012, 167, 167.

647 *Wacker* in Schmidt EStG § 15 Rn. 141; *Bode* in Blümich § 15, Rn. 203.

648 Der Erbe kann die während der Schwebephase gezahlten Steuern nicht gemäß § 2185 BGB von dem Vermächtnisnehmer herausverlangen, denn die Einkommensteuer hat ihren Grund in der persönlichen Erzielung von Einkünften und folgt nicht aus der Inhaberschaft des Unternehmens oder eines bestimmten Vermögens, vgl. *von Oertzen* ZEV 1996, 459, 460; *Tiedtke/Peterek* ZEV 2007, 349, 350.

wird.[649] Der Vermächtnisnehmer ist durch den Verlust des Anspruchs auf Herausgabe der Gewinne nicht unangemessen benachteiligt, denn bis zur Ausübung der Drittbestimmung trägt er weder unmittelbar zum Erfolg des Unternehmens bei, noch übernimmt er eine persönliche Haftung für die im Unternehmen begründeten Verbindlichkeiten.

Dem Einwand, eine solche Regelung begründe die Gefahr, dass der Erbe die Herausgabe des vermachten Unternehmens mutwillig verzögert, um den Gewinn des Unternehmens zu vereinnahmen,[650] kann im Rahmen der Testamentsgestaltung dadurch begegnet werden, dass dem Erben die Früchte des Unternehmens nur bis zu dem Zeitpunkt verbleiben, in dem nach der Verfügung des Erblassers die Bestimmung des Vermächtnisnehmers getroffen werden soll.

Der Ausschluss des § 2184 BGB durch die letztwillige Verfügung des Erblassers hat für sich genommen jedoch noch nicht zur Folge, dass der Erbe unmittelbar über den erwirtschafteten Gewinn verfügen kann. Die Anordnung der Testamentsvollstreckung und die treuhänderische Übertragung des Unternehmens auf den Testamentsvollstrecker führen vielmehr dazu, dass die Gewinne zunächst im treuhänderisch gebundenen Betriebsvermögen aufgehen und dem Zugriff des Erben entzogen sind. Will der Erblasser, dass der erwirtschaftete Gewinn dem Erben während der Schwebephase zugutekommt, muss eine Regelung über die Gewinnauskehr in den Treuhandvertrag zwischen Erbe und Testamentsvollstrecker aufgenommen werden. Wird das Unternehmen hingegen (inzwischen) in der Rechtsform einer Gesellschaft betrieben, richtet sich der Anspruch des Erben nach der in der Gesellschafterversammlung beschlossenen Gewinnverteilung.

Ist die vom Erblasser ausgewählte Vertrauensperson zur Übernahme der Aufgabe nur bereit, wenn sie neben ihrer regulären Vergütung an dem während der Schwebephase erwirtschafteten Gewinn beteiligt wird, kann der Erblasser ein entsprechendes Vermächtnis in seine letztwillige Verfügung aufnehmen. Um das zuvor erörterte Problem der Doppelbelastung des Erben zu vermeiden, kann die Vermächtnisforderung des Testamentsvollstreckers auf einen gewissen Anteil des Nettogewinns[651] begrenzt werden. Der Gewinnanteil des Testamentsvollstreckers ist dann bei der Formulierung des Herausgabeanspruchs im Treuhandvertrag in Abzug zu bringen.

---

649 *von Oertzen* ZEV 1996, 459, 461; *Roth/Maulbetsch* NJW-Spezial 2012, 167, 167.

650 *von Oertzen* ZEV 1996, 459, 461; *Hölscher* ZEV 2015, 676, 679.

651 So der Gestaltungsvorschlag zur Umgehung der Doppelbelastung im Rahmen von § 2184 BGB von *Roth/Maulbetsch* NJW-Spezial 2012, 167, 167 und *von Oertzen* ZEV 1996, 459, 460.

E. Formulierungsvorschlag für die letztwillige Verfügung des Erblassers

I. Fortführung als Handelsgeschäft im Wege der Ermächtigungstreuhand

§ 1 Erbteinsetzung

I. Hiermit setze ich meinen Ehepartner E zu meinem Alleinerben ein.
II. Ersatzerben sind meine Kinder A, B und C zu gleichen Anteilen. Steht eines meiner Kinder als Ersatzerbe nicht zur Verfügung, wächst sein Anteil den verbleibenden Ersatzerben im Verhältnis ihrer Erbteile an.

§ 2 Bestimmungsvermächtnis

I. Hiermit vermache ich mein unter der Firma F geführtes einzelkaufmännisches Unternehmen mit allen Aktiva und Passiva und dem Betriebsvermögen, wie es sich aus der letzten Jahresbilanz vor dem in § 2 Abs. 3 genannten Zeitpunkt ergibt, meinen Kindern A, B und C in der Weise, dass mein Ehepartner E gemeinsam mit meinem Prokuristen P nach meinem Tod entscheiden soll, welches meiner Kinder das Vermächtnis erhalten soll.
II. Ersatzvermächtnisnehmer werden nicht bestellt. Als Vermächtnisnehmer kann nur bestimmt werden, wer im Zweitpunkt der Drittbestimmung noch lebt und voll geschäftsfähig ist.
III. Die Bestimmung des Vermächtnisnehmers darf nicht erfolgen, bevor mein jüngstes Kind (C) das 25. Lebensjahr vollendet hat. Die Bestimmung soll spätestens sechs Monate nach dem in Satz 1 genannten Zeitpunkt erfolgen.
IV. Kann eine einvernehmliche Bestimmung des Vermächtnisnehmers innerhalb der in Abs. 3 genannten Frist nicht erzielt werden, geht das Bestimmungsrecht zur alleinigen Entscheidung auf meinen Ehepartner E über. Ist eine der bestimmungsberechtigten Personen in dem in Abs. 3 S. 1 genannten Zeitpunkt bereits verstorben oder nicht mehr voll geschäftsfähig, steht das Bestimmungsrecht der jeweils anderen Person zur alleinigen Entscheidung zu.
V. Als Vermächtnisnehmer soll bestimmt werden, wer aufgrund seiner Ausbildung, seines beruflichen Werdegangs, seiner handwerklichen Fähigkeiten und seiner sozialen Führungskompetenz zur Führung des Unternehmens am besten geeignet ist. Die Beurteilung und Gewichtung dieser Kriterien liegt im Ermessen des Bestimmungsberechtigten. Die Ermessensentscheidung unterliegt der Kontrolle der staatlichen Gerichte. § 319 Abs. 1 S. 1 BGB ist entsprechend anzuwenden.

VI. *Stellt das Gericht die Unwirksamkeit der Vermächtnisnehmerbestimmung fest, geht das Bestimmungsrecht auf ein Schiedsgericht über. Das Schiedsgericht hat die Bestimmung des Vermächtnisnehmers unter Beachtung der Rechtsauffassung des Gerichts vorzunehmen. Dem Schiedsgericht sollen angehören:*
   a. *Mein Ehegatte, ersatzweise mein nächster lebender Verwandter, der nicht mit dem Bestimmungsvermächtnis bedacht ist*
   b. *Ein Mitglied des Vorstandes der örtlichen Industrie- und Handelskammer*
   c. *Die dritte Person wird durch die beiden Vorstehenden gemeinsam bestimmt.*

VII. *Die Zuwendung des in Abs. 1 genannten Bestimmungsvermächtnisses steht für jeden der genannten Vermächtnisnehmer unter der auflösenden Bedingung*
   a. *der Geltendmachung gesetzlicher Pflichtteil- Zusatzpflichtteils- und Pflichtteilsergänzungsansprüche.*
   b. *der Abtretung der Vermächtnisforderung vor der wirksamen Bestimmung des Vermächtnisnehmers.*

VIII. *§ 2184 BGB findet bis zu dem in Abs. 3 S. 1 genannten Zeitpunkt keine Anwendung. Der bis dahin im Unternehmen erwirtschaftete Gewinn steht – unbeschadet der Regelung in § 4 Abs. 4 S. 2 – meinem Erben zu.*

§ 3 Untervermächtnis

I. *Den nach § 2 zum Unternehmensnachfolger bestimmten Vermächtnisnehmer belaste ich mit Untervermächtnissen zugunsten meiner übrigen Kinder. Danach können meine nicht zum Unternehmensnachfolger bestimmten Kinder von dem Unternehmensnachfolger nach dessen Wahl im Sinne des § 2154 BGB*
   a. *die einmalige Zahlung eines Geldbetrages in der Höhe ihres gesetzlichen Pflichtteils- und Pflichtteilsergänzungsanspruchs oder*
   b. *die Einräumung einer stillen Beteiligung an dem Unternehmen verlangen. Die Höhe der vermachten Einlage beträgt in diesem Fall 120% des sich aus § 3 Abs. lit. a ergebenden Betrages.*

II. *Den Untervermächtnisnehmern steht ein Auskunftsanspruch gegen den Unternehmensnachfolger in analoger Anwendung des § 2314 BGB zu.*

III. *Ist eines meiner Kinder im Zeitpunkt der Bestimmung des Unternehmensnachfolgers gemäß § 2 bereits verstorben, treten dessen Abkömmlinge als Ersatzuntervermächtnisnehmer im Verhältnis ihrer gesetzlichen Erbquote an die Stelle meines verstorbenen Kindes. Sind Abkömmlinge nicht vorhanden, entfällt das Untervermächtnis ersatzlos.*

IV. Die Ausübung des Wahlrechts gemäß Abs. 1 hat durch schriftliche Erklärung gegenüber dem jeweiligen Untervermächtnisnehmer zu erfolgen. Die Entscheidung steht im freien Ermessen des Unternehmensnachfolgers und unterliegt keiner Überprüfung. Der Unternehmensnachfolger ist berechtigt, das Wahlrecht gegenüber jedem Untervermächtnisnehmer isoliert auszuüben.

V. Die Untervermächtnisse fallen im Zeitpunkt der wirksamen Bestimmung des Unternehmensnachfolgers gemäß § 2 an. Der Unternehmensnachfolger hat das Wahlrecht innerhalb einer Frist von sechs Wochen auszuüben. Die Frist beginnt mit der Übertragung des Unternehmens auf den Unternehmensnachfolger zu laufen. Trifft der Unternehmensnachfolger innerhalb der zuvor genannten Frist keine Entscheidung, geht das Wahlrecht auf den jeweiligen Untervermächtnisnehmer über. Dies gilt nicht, wenn der Unternehmensnachfolger aus einem von ihm nicht zu vertretenden Grund an der Ausübung des Wahlrechts gehindert war und die Entscheidung unverzüglich nach dem Wegfall dieses Grundes nachholt.

§ 4 Testamentsvollstreckung undAuflagen

I. Hinsichtlich des gemäß § 2 vermachten Unternehmens ordne ich für den Zeitraum bis zur Übertragung des Unternehmens auf den Vermächtnisnehmer Testamentsvollstreckung an. Zum Testamentsvollstrecker ernenne ich meinen Prokuristen P. Der Testamentsvollstrecker hat das Unternehmen bis zur Übertragung auf den Vermächtnisnehmer im eigenen Namen und unter eigener persönlicher Haftung als Treuhänder auf Rechnung meines Erben zu führen (Ermächtigungstreuhand). Die Testamentsvollstreckung endet mit der Übertragung der jeweiligen Unternehmensbestandteile auf den Vermächtnisnehmer.

II. Ist P im Zeitpunkt des Erbfalles bereits verstorben, nicht mehr voll geschäftsfähig oder nimmt er das Amt trotz einer gerichtlichen Fristsetzung gemäß § 2202 Abs. 3 BGB nicht an, ernenne ich P_2 ersatzweise zum Testamentsvollstrecker.

III. Meinen Erben verpflichte ich im Rahmen derAuflage, das Unternehmen unmittelbar nach meinem Tod im Wege der Ermächtigungstreuhand auf den Testamentsvollstrecker zu übertragen und die im Anhang enthaltene Treuhandvereinbarung abzuschließen. Dasjenige meiner Kinder, das gemäß § 2 wirksam zum Vermächtnisnehmer und Unternehmensnachfolger bestimmt wird, verpflichte ich im Wege derAuflage, die in Satz 1 genannte Treuhandvereinbarung mit allen daraus folgenden Rechten und Pflichten im Wege der Vertragsübernahme von meinem Erben zu übernehmen und meinen Erben von allen aus der Treuhandvereinbarung folgenden Pflichten freizustellen.

IV. Für seine Tätigkeit kann der Testamentsvollstrecker eine Vergütung in Höhe von XXXX Euro monatlich verlangen. Ergänzend erhält der Testamentsvollstrecker 25 % des in der Zeit zwischen dem Erbfall und dem in § 2 Abs. 3 S. 1 genannten Zeitpunkt erwirtschafteten und im Jahresabschluss ausgewiesenen Netto-Reingewinns als Vermächtnis. Dieses Vermächtnis steht unter der aufschiebenden Bedingung der Annahme des Amtes des Testamentsvollstreckers.

Anlage: Treuhandvertrag

I. Der Erbe verpflichtet sich, das im Nachlass enthaltene Unternehmen (Firma F) im Wege der Ermächtigungstreuhand auf den Testamentsvollstrecker zu übertragen.
II. Der aus §§ 2218, 670 BGB folgende Regressanspruch des Testamentsvollstreckers ist auf einen Gesamtbetrag in Höhe von XXXX Euro begrenzt. Der Anspruch wird mit der wirksamen Bestimmung des Vermächtnisnehmers fällig.

II. Fortführung des Unternehmens im Namen des Erben mit ergänzender Umwandlungsanordnung

§ 1 Erbeinsetzung

I. Hiermit setze ich meinen Ehepartner E zu meinem Alleinerben ein.
II. Ersatzerben sind meine Kinder A, B und C zu gleichen Anteilen. Steht eines meiner Kinder als Ersatzerbe nicht zur Verfügung, wächst sein Anteil den verbleibenden Ersatzerben im Verhältnis ihrer Erbteile an.

§ 2 Bestimmungsvermächtnis

I. Hiermit vermache ich mein unter der Firma F geführtes einzelkaufmännisches Unternehmen mit allen Aktiva und Passiva und dem Betriebsvermögen, wie es sich aus der letzten Jahresbilanz vor dem in § 2 Abs. 3 genannten Zeitpunkt ergibt, meinen Kindern A, B und C in der Weise, dass mein Ehepartner E gemeinsam mit meinem Prokuristen P nach meinem Tod entscheiden soll, welches meiner Kinder das Vermächtnis erhalten soll. Erfolgt eine Umwandlung des Unternehmens in eine Gesellschaft, ist die Vermächtnisforderung auf die Abtretung der entsprechenden Geschäftsanteile gerichtet.

II. *Ersatzvermächtnisnehmer werden nicht bestellt. Als Vermächtnisnehmer kann nur bestimmt werden, wer im Zweitpunkt der Drittbestimmung noch lebt und voll geschäftsfähig ist.*

III. *Die Bestimmung des Vermächtnisnehmers darf nicht erfolgen, bevor mein jüngstes Kind (C) das 25. Lebensjahr vollendet hat. Die Bestimmung soll spätestens sechs Monate nach dem in Satz 1 genannten Zeitpunkt erfolgen.*

IV. *Kann eine einvernehmliche Bestimmung des Vermächtnisnehmers innerhalb der in Abs. 3 genannten Frist nicht erzielt werden, geht das Bestimmungsrecht zur alleinigen Entscheidung auf meinen Ehepartner E über. Ist eine der bestimmungsberechtigten Personen in dem in Abs. 3 S. 1 genannten Zeitpunkt bereits verstorben oder nicht mehr voll geschäftsfähig, steht das Bestimmungsrecht der jeweils anderen Person zur alleinigen Entscheidung zu.*

V. *Als Vermächtnisnehmer soll bestimmt werden, wer aufgrund seiner Ausbildung, seines beruflichen Werdegangs, seiner handwerklichen Fähigkeiten und seiner sozialen Führungskompetenz zur Führung des Unternehmens am besten geeignet ist. Die Beurteilung dieser Kriterien liegt im Ermessen des Bestimmungsberechtigten. Die Ermessensentscheidung unterliegt der Kontrolle der staatlichen Gerichte. § 319 Abs. 1 S. 1 BGB ist entsprechend anzuwenden.*

VI. *Stellt das Gericht die Unwirksamkeit der Vermächtnisnehmerbestimmung fest, geht das Bestimmungsrecht auf ein Schiedsgericht über. Das Schiedsgericht hat die Bestimmung des Vermächtnisnehmers unter Beachtung der Rechtsauffassung des Gerichts vorzunehmen. Dem Schiedsgericht sollen angehören:*
   a. *Mein Ehegatte, ersatzweise mein nächster lebender Verwandter, der nicht mit dem Bestimmungsvermächtnis bedacht ist*
   b. *Ein Mitglied des Vorstandes der örtlichen Industrie- und Handelskammer*
   c. *Die dritte Person wird durch die beiden Vorstehenden gemeinsam bestimmt.*

VII. *Die Zuwendung des in Abs. 1 genannten Bestimmungsvermächtnisses steht für jeden der genannten Vermächtnisnehmer unter der auflösenden Bedingung*
   a. *der Geltendmachung gesetzlicher Pflichtteil- Zusatzpflichtteils- und Pflichtteilsergänzungsansprüche.*
   b. *der Abtretung der Vermächtnisforderung vor der wirksamen Bestimmung eines Vermächtnisnehmers.*

VIII. § 2184 BGB findet bis zu dem in Abs. 3 S. 1 genannten Zeitpunkt keine Anwendung. Der bis dahin im Unternehmen erwirtschaftete Gewinn steht – unbeschadet der Regelung in § 4 Abs. 4 S. 2 – meinem Erben zu.

§ 3 Untervermächtnis

II. Den nach § 2 zum Unternehmensnachfolger bestimmten Vermächtnisnehmer belaste ich mit Untervermächtnissen zugunsten meiner übrigen Kinder. Danach können meine nicht zum Unternehmensnachfolger bestimmten Kinder von dem Unternehmensnachfolger nach dessen Wahl im Sinne des § 2154 BGB

a. die einmalige Zahlung eines Geldbetrages in der Höhe ihres gesetzlichen Pflichtteils- und Pflichtteilsergänzungsanspruchs oder

b. die Einräumung einer stillen Beteiligung an dem Unternehmen verlangen. Die Höhe der vermachten Einlage beträgt in diesem Fall 120% des sich aus § 3 Abs. 1 lit. a ergebenden Betrages.

III. Den Untervermächtnisnehmern steht ein Auskunftsanspruch gegen den Unternehmensnachfolger in analoger Anwendung des § 2314 BGB zu.

IV. Ist eines meiner Kinder im Zeitpunkt der Bestimmung des Unternehmensnachfolgers gemäß § 2 bereits verstorben, treten dessen Abkömmlinge als Ersatzuntervermächtnisnehmer im Verhältnis ihrer gesetzlichen Erbquote an die Stelle meines verstorbenen Kindes. Sind Abkömmlinge nicht vorhanden, entfällt das Untervermächtnis ersatzlos.

V. Die Ausübung des Wahlrechts gemäß Abs. 1 hat durch schriftliche Erklärung gegenüber dem jeweiligen Untervermächtnisnehmer zu erfolgen. Die Entscheidung steht im freien Ermessen des Unternehmensnachfolgers und unterliegt keiner Überprüfung. Der Unternehmensnachfolger ist berechtigt, das Wahlrecht gegenüber jedem Untervermächtnisnehmer isoliert auszuüben.

VI. Die Untervermächtnisse fallen im Zeitpunkt der wirksamen Bestimmung des Unternehmensnachfolgers gemäß § 2 an. Der Unternehmensnachfolger hat das Wahlrecht innerhalb einer Frist von sechs Wochen auszuüben. Die Frist beginnt mit der Übertragung des Unternehmens auf den Unternehmensnachfolger zu laufen. Trifft der Unternehmensnachfolger innerhalb der zuvor genannten Frist keine Entscheidung, geht das Wahlrecht auf den jeweiligen Untervermächtnisnehmer über. Dies gilt nicht, wenn der Unternehmensnachfolger aus einem von ihm nicht zu vertretenden Grund an der Ausübung des Wahlrechts gehindert war und die Entscheidung unverzüglich nach dem Wegfall dieses Grundes nachholt.

§ 4 Testamentsvollstreckung undAuflagen

I. *Hinsichtlich des gemäß § 2 vermachten Unternehmens ordne ich für den Zeitraum bis zur Übertragung des Unternehmens auf den Vermächtnisnehmer Testamentsvollstreckung an. Zum Testamentsvollstrecker ernenne ich meinen Prokuristen P. Der Testamentsvollstrecker hat das Unternehmen bis zur Übertragung auf den Vermächtnisnehmer im Namen meines Erben und unter deren persönlicher Haftung als Bevollmächtigter zu führen. Die Testamentsvollstreckung endet mit der Übertragung der jeweiligen Unternehmensbestandteile auf den Vermächtnisnehmer.*

II. *Ist P im Zeitpunkt des Erbfalles bereits verstorben, nicht mehr voll geschäftsfähig oder nimmt er das Amt trotz einer gerichtlichen Fristsetzung gemäß § 2202 Abs. 3 BGB nicht an, ernenne ich P_2 ersatzweise zum Testamentsvollstrecker.*

III. *Meinen Erben verpflichte ich im Rahmen derAuflage, dem Testamentsvollstrecker zum Zwecke der Fortführung des Unternehmens eine unbeschränkte Generalvollmacht zu erteilen. Der Testamentsvollstrecker ist von den Beschränkungen des § 181 BGB befreit.*

IV. *Der Testamentsvollstrecker soll das Unternehmen im Wege der Ausgliederung im Sinne der §§ 123, 124, 152 UmwG in eine GmbH umwandeln. Bei der Entscheidung über die Umwandlung sind der Zustand des Unternehmens und die Interessen des Erben in angemessener Weise zu berücksichtigen.*

V. *Für seine Tätigkeit kann der Testamentsvollstrecker eine Vergütung in Höhe von XXXX Euro monatlich verlangen. Ergänzend erhält der Testamentsvollstrecker 10 % des in der Zeit zwischen dem Erbfall und dem in § 2 Abs. 3 S. 1 genannten Zeitpunkt erwirtschafteten und im Jahresabschluss ausgewiesenen Netto-Reingewinns als Vermächtnis. Dieses Vermächtnis steht unter der aufschiebenden Bedingung der Annahme des Amtes des Testamentsvollstreckers.*

10. Kapitel: Fazit

Die Anordnung eines Bestimmungsvermächtnisses bringt in tatsächlicher Hinsicht eine nicht zu unterschätzende Unsicherheit mit sich. Dennoch kann das Bestimmungsvermächtnis im Einzelfall ein geeignetes Mittel zur Regelung der Unternehmensnachfolge darstellen. Die Untersuchung hat gezeigt, dass dem Erblasser im Geltungsbereich der §§ 2151 ff. BGB ein umfassender Gestaltungsspielraum zusteht. Dies verleiht ihm die Möglichkeit, die mit der nachträglichen Bestimmung des Vermächtnisnehmers einhergehenden rechtlichen und wirtschaftlichen Risiken bereits im Rahmen der Nachfolgeplanung abzuwägen und durch eine gezielte Testamentsgestaltung Vorsorge zu treffen. Dabei muss ein besonderer Schwerpunkt auf der Erarbeitung einer gerechten Abfindungsregelung für die übergangenen Vermächtnisnehmer und der rechtlichen Ausgestaltung der Schwebephase bis zur Bestimmung des Vermächtnisnehmers liegen.

Trotz des rechtlichen Gestaltungsspielraums wird der Anwendungsbereich des Bestimmungsvermächtnisses in der Praxis jedoch voraussichtlich auf seltene Ausnahmefälle begrenzt bleiben. Diese Annahme ist aber weniger durch die rechtlichen als durch die tatsächlichen Unwägbarkeiten einer solchen Gestaltung begründet. Nur wenige Erblasser werden im Rahmen der Testamentserrichtung bereit sein, die Nachfolge in das von Ihnen womöglich über Jahrzehnte aufgebaute Unternehmen derart aus den Händen zu geben. Auch das Fehlen eines geeigneten Testamentsvollstreckers kann die Nachfolge im Wege der Drittbestimmung vereiteln. Die Eignung des Bestimmungsvermächtnisses als Mittel zur Regelung der Unternehmensnachfolge kann daher nicht pauschal, sondern immer nur bezogen auf die konkreten Umstände des Einzelfalles beurteilt werden. Dabei sind neben der Anzahl und dem Alter der als Unternehmensnachfolger in Betracht kommenden Personen, die Rechtsform und der wirtschaftliche Zustand des Unternehmens, der Wert und die Zusammensetzung des Nachlasses und die dem Erblasser zur Verfügung stehenden Gestaltungsalternativen in die Betrachtung einzustellen.

www.ingramcontent.com/pod-product-compliance
Ingram Content Group UK Ltd.
Pitfield, Milton Keynes, MK11 3LW, UK
UKHW021853290926
8980IPUK00005B/811

9 783631 838440